国家中等职业教育改革发展示范学校项目建设成果

客房服务与管理

易　敏　主编

张　兰　张欢欢　高　俊　副主编

科学出版社

北　京

内 容 简 介

客房服务是酒店管理专业的一门主干专业课程。本课程的主要任务是讲授酒店客房实务的基础知识，训练学生进行酒店客房服务的操作技能，培养学生从事酒店客房服务与客房部基层管理工作的能力，适应行业发展规律与职业变化的能力。本书内容包括客房产品开发、客房的清洁保养、对客服务工作、客房服务用语、酒店公共区域及面层材料的清洁保养、布件的洗烫与特殊污渍的清除、客房部人力资源管理、客房部物资管理、客房部质量管理等项目。

本书既可作为中等职业学校酒店管理专业教材，也可作为相关从业人员的培训、参考用书。

图书在版编目（CIP）数据

客房服务与管理/易敏主编. —北京：科学出版社，2015
（国家中等职业教育改革发展示范学校项目建设成果）
ISBN 978-7-03-044123-2

Ⅰ. ①客… Ⅱ. ①易… Ⅲ. ①客房-商业服务-中等专业学校-教材②客房-商业管理-中等专业学校-教材 Ⅳ. ①F719.2

中国版本图书馆 CIP 数据核字（2015）第 079144 号

责任编辑：沈力匀 / 责任校对：刘玉靖
责任印制：吕春珉 / 封面设计：曹 来

科学出版社 出版
北京东黄城根北街 16 号
邮政编码：100717
http://www.sciencep.com

北京教图印刷有限公司 印刷

科学出版社发行 各地新华书店经销
*

2015 年 5 月第 一 版 开本：787×1092 1/16
2019 年 1 月第三次印刷 印张：15 3/4
字数：390 000

定价：50.00 元
（如有印装质量问题，我社负责调换〈北京教图〉）

销售部电话 010-62142126 编辑部电话 010-62135235（SH）

前　言

《客房服务与管理》结合了饭店客房服务与管理工作的实际情况，由客房产品开发、清洁用品开发、客房清扫、客房服务、客房管理等内容组成。作者从完成工作项目的角度出发，确定了客房服务与管理岗位操作必须掌握的知识、技能及工作态度，设置了教学效果的检查与评估项目，制定了每个项目的知识目标和能力目标，每个项目分别以任务的形式提出要求，并提供现场模拟情景和知识链接，最后通过学生、教师和自我评价来衡量学习的收获，形式新颖，实用性强。

本书在编写上吸取了先进的职业教育教学理念和培养模式，引入情景导入、情景摸拟、走进酒店、思考与练习，结合我国职业教育的知识结构，衔接职业技能鉴定的要求，关注服务业的发展和人才需求动向，注重学生的能力培养。

本课程建议参考课时为 69 学时。

参考学时安排表

项目序号	项目名称	参考学时/小时
项目一	客房产品开发	6
项目二	客房的清洁保养	18
项目三	对客服务工作	20
项目四	客房服务用语	6
项目五	酒店公共区域及面层材料的清洁保养	3
项目六	布件的洗烫与特殊污渍的清除	3
项目七	客房部人力资源管理	4
项目八	客房部物资管理	3
项目九	客房部质量管理	6

本书由易敏任主编，张兰、张欢欢、高俊任副主编。具体编写分工如下：项目一和项目二由张兰编写，项目三和项目四由易敏编写，项目五和项目六由张欢欢编写，项目七、项目八和项目九由高俊编写。

本书在编写过程中，得到了荣昌恒荣假日酒店等企业的大力支持，并提供了很多案例图片素材。在此，对给予支持的相关企业、相关作者及评审人员表示衷心的感谢。

由于编者水平有限，书中错漏之处在所难免，恳请广大读者批评指正。

目　　录

项目一　客房产品开发

❖ **知识目标**

　　1. 了解客房部的组织机构及岗位设置要求。

　　2. 熟悉客房功能设计的基本原则。

❖ **能力目标**

　　1. 掌握消费者对酒店产品的基本要求。

　　2. 掌握客房产品的固有特性及满足客人住宿要求能力的内涵。

　　3. 掌握客人对酒店产品的基本要求，了解消费者的心理需求，以便提供个性化及人性化的服务。

　　客房部作为酒店营运中的重要部门，其主要的工作任务就是为宾客提供一个舒适、安静、优雅、安全的住宿环境，并针对宾客的习惯和特点做好细致、便捷、周到、真诚的服务。

任务一 认识客房部岗位

【任务目标】

1. 了解客房部的组织机构。
2. 掌握客房部分支机构的职能。
3. 熟悉客房部的岗位职责。

【任务准备】

1. 将学生分成五个学习小组，调查现阶段酒店客房部的组织机构设置，并画成图表。

2. 将以下客房部的岗位职责调查清楚并整理：客房部经理、客房服务中心主管、客房中心联络员、夜间服务员、楼层主管、客房服务员、楼层勤杂工、酒店公共区域主管、夜班领班、公共区域清洁工、打理工。

▌情景导入

小王是某学院酒店管理专业的应届毕业生，刚刚应聘到一家四星级酒店客房部工作。经过入职培训，她发现客房部的岗位设置与在学校中所学的有差别，于是便在休息时间向培训专员询问。培训专员告诉她，在学校学的是理论知识，不同酒店的具体岗位设置会根据酒店的规模等因素各有差别，但基本岗位和职能都是大同小异的。

酒店的基本功能是向客人提供食宿，满足其旅居生活的基本需要。客房是客人旅游投宿的物质承担者，也是酒店经济收入的主要来源之一。在我国旅游酒店的建筑结构中，客房的建筑面积一般占总面积的 60% 以上。它既是酒店的基本设施和存在的基础，又是酒店档次和服务质量的重要标志。

作为主管酒店所有客房及设施设备的部门，客房部又称房务部或管家部，是酒店的主要营运部门之一。客房部主要负责组织好客房接待服务工作，保证酒店的清洁保养水准，加快客房的周转，协调好与其他部门的关系。客房部担负着管理酒店固定资产的重要任务，是降低物耗节约成本的重要部门，而客房服务更是衡量酒店服务质量的重要指标之一。

一、大中型酒店的客房部组织机构

在大中型酒店里，客房部的责任范围较大，管辖的区域往往也较多，因此这类酒店客房部组织机构的规模比较大，其分支机构和机构层次较多，且工种齐全、分工细致、职责明确。大中型酒店客房部一般分为客房服务中心、公共区域和洗衣房三个部分，有的还将楼层和布件房单列，从而分为五个部分。大中型酒店的客房部组织机构如图 1-1 所示。

客房部经理

客房服务中心主管　　公共区域主管　　洗衣房主管

楼层领班　　公共区域领班　　夜班领班　　布件房领班　　洗衣房领班

中心联络员　夜间服务员　　楼层服务员　楼层勤杂工　　区域清洁工　打理工　特殊清洁工　　夜间清洁工　　布件收发员　　接线员　客衣服务员　熨烫工　水洗工　干洗工

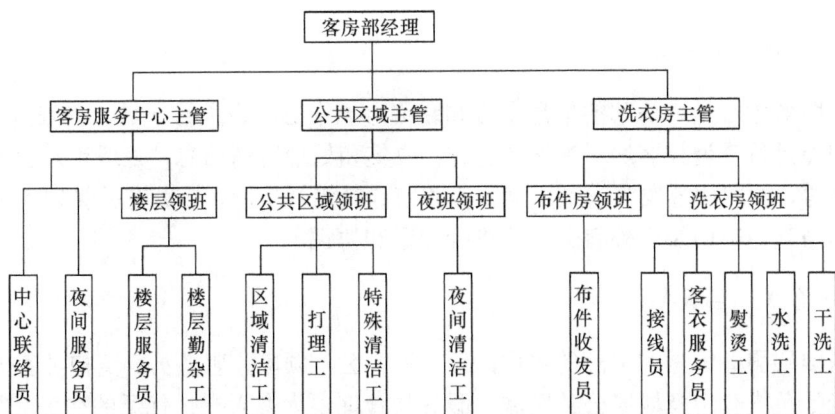

图 1-1　大中型酒店的客房部组织机构

二、小型酒店的客房部组织机构

与大中型酒店相比，小型酒店的规模小，配套的附属设施设备较少，其组织机构设置也比较精简。因此，在小型酒店里，往往不单设客房部，而是将客房部分与前厅部分合并为房务部，即将客房部作为房务部的一部分。在小型酒店组织机构中，即使将客房部单设，其分支机构、工种岗位和机构层次也比较少。小型酒店的客房部组织机构如图 1-2 所示。

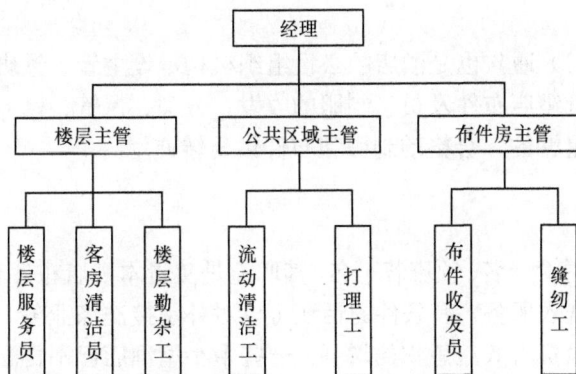

经理

楼层主管　　公共区域主管　　布件房主管

楼层服务员　客房清洁员　楼层勤杂工　　流动清洁工　打理工　　布件收发员　缝纫工

图 1-2　小型酒店的客房部组织机构

三、客房部分支机构的职能

（一）客房部经理办公室

客房部经理办公室主要负责处理客房部的日常事务，以及与其他部门之间的联络协调等事宜，一般设经理、副经理（助理）各一名。在大多数酒店里，客房部经理办公室都与客房服务中心设在一起，其好处是便于管理、节约场地。

（二）客房服务中心

客房服务中心是客房部的信息中心和联络协调中心，设主管一名，值班员若干名。其基本职能是统一调控客房对客服务工作，收集和处理客情信息，处理客人遗失物品和遗留物品等，领取和分发客房部所需物资并统计其消耗情况，协助有关管理人员进行人力调配，与其他部门及店外有关单位进行沟通和协调。

（三）客房楼层服务组

客房楼层服务组是客房部的主体，设主管一名，领班、服务员、清扫员若干名。其主要职能是负责客房及楼层公共区域的服务与管理，为客人提供优质的客房产品。

（四）公共区域服务组

酒店公共区域管理机构是大多数酒店的必设组织机构，设主管一名，园艺员一名，地毯清洗工一名，领班、清扫员若干名。其主要职能是负责酒店各部门办公区域、公共洗手间、衣帽间、大堂、楼梯、通道、花园和门窗等公共区域的清洁卫生工作。在部分酒店里，酒店公共区域管理机构还负责酒店的园林绿化工作。另外，部分酒店的公共区域管理机构在保证满足酒店内部需要的前提下也开展对外清洁保养业务，为酒店创收。

（五）布件房

布件房（布草房）通常也是酒店的必设组织机构，设主管、领班各一名，缝补工若干名。其职能是负责酒店布件及员工制服的收发、分类、保管、修补，以及部分布件的加工制作，并储备足够的、合格的制服和布件供周转使用。

（六）洗衣房

酒店洗衣房设主管一名、领班若干名，其职能是负责本酒店布件和员工制服的洗烫，并为住店客人提供洗衣服务，有条件的话还可以对外承接洗涤业务。随着洗涤业社会化程度的提高和酒店投资者效益意识的增强，一些中小型酒店已不再配置专属洗衣房，而是将洗涤业务交由专业的洗衣公司承担。

四、客房部的岗位职责

岗位职责是组织对其员工进行选择、培训和考核的依据，也是各个员工选择岗位、了解工作、自我检查和自我约束的依据。

（一）客房部经理

1）职务：客房部经理。
2）直接上级：总经理、分管副总经理、房务总监。
3）管理对象：本部门各组织机构主管和部门内勤。

4）岗位职责：全面负责客房部的经营管理，制定并监督实施本部门的工作计划，带领本部门全体员工完成各项工作任务，实现部门的经营管理目标，为客人提供符合本酒店规模标准的客房服务及清洁、美观、舒适、安全的住宿环境。

5）具体工作：

① 根据酒店的经营方针和政策，以及总经理室下达的任务和目标，制定客房部的年度工作计划并负责实施。

② 负责制定本部门的岗位职责、规章制度和工作程序，定期评估客房部组织机构，并提出相应的修改方案。

③ 制定人员编制，参与员工招聘、员工培训，合理分配及调度人力，制定客房部年度培训计划，努力造就和保持一支高素质的员工队伍。

④ 负责本部门经营物资的管理与控制，在保证质量标准的前提下减少消耗、降低费用。

⑤ 参与客房装饰布置方案的设计和客房更新改造计划的制定。

⑥ 负责客房部的安全工作，保证客人与员工的人身和财产安全。

⑦ 合理调配和使用人力，在保证正常运行和服务质量的前提下，努力降低人力消耗。

⑧ 监督、指导、协调全部房务工作，为住客提供具有规范化、程序化、制度化的优质服务。

⑨ 做好重要客人及特殊客人的接待与服务工作，如看望慰问生病客人，拜访长住客人，处理客人的投诉等。

⑩ 与酒店其他部门密切协作。

⑪ 加强与店外有关单位的沟通协作，保持和发展业务关系。

⑫ 努力学习，勇于创新，不断提高经营管理水平和服务质量。

⑬ 按时参加酒店例会，传达并落实会议决议、决定，及时向总经理、分管副总经理汇报工作，主持每周部门例会。

⑭ 处理投诉，发展同住店客人的友好关系。

6）任职条件：

① 具有大学专科及专科以上学历或同等文化程度，从事客房部管理工作至少三年（或从事宾馆管理工作至少四年）。

② 精通酒店客房部管理业务，有强烈的事业心、责任感和协作精神。

③ 具有较强的计划、组织、指挥、督导、协调能力和良好的人际关系。

④ 具有较强的口头和书面表达能力，熟悉一门外语，能够阅读本专业外文资料，并能用外语进行日常对话。

⑤ 身体健康，精力充沛，性格开朗，仪表端庄。

（二）客房服务中心主管

1）职务：客房服务中心主管。

2）直接上级：客房部经理、副经理。

3）管理对象：客房服务中心服务员。

4）岗位职责：负责客房服务中心的日常管理，确保信息沟通的时效性、服务工作的连续性，以及客房部物资管理的规范性。

5）具体工作：

① 对部门物资的消耗进行统计和分析，协助经理控制物资的消耗。

② 协助客房部经理处理文件的收发与起草等工作。

③ 负责客房部物资设备档案的管理。

④ 负责客房中心库房的管理工作，确保客房部经营物资的正常供应。

⑤ 负责全酒店遗留物品的管理工作。

⑥ 负责下属的排班，并对其进行培训和考核。

⑦ 检查督导下属员工的工作。

⑧ 领发本部门员工餐券及劳保福利用品。

⑨ 负责客房部维修项目的申报与跟踪落实。

⑩ 协助和配合经理及其他管理人员分配任务、调配人力等。

⑪ 在下属员工休息、用餐时为其代班。

⑫ 完成上级安排的其他工作。

⑬ 不断学习，经常提出合理化建议。

6）任职条件：

① 具有高中以上学历或同等文化程度。

② 具有丰富的客房部工作经验。

③ 具有较强的外语对话和书写阅读能力，反应敏捷、声音悦耳。

④ 工作认真，思维敏捷，有较强的沟通协调和应变能力。

⑤ 身体健康，仪表端庄。

（三）客房服务中心联络员

1）职务：客房服务中心联络员。

2）直接上级：客房服务中心主管。

3）岗位职责：负责接听客人的电话，及时向有关人员或部门反馈客人的服务要求并督促落实，确保为客人提供高效、优质的服务；做好部门之间和部门内部的信息传递，为部门的正常运行创造良好的条件。

4）具体工作：

① 受理住店客人的服务要求并安排落实、跟踪检查。

② 及时、准确地传递有关客人进店、离店和结账等客情信息。

③ 与有关部门沟通协调。

④ 掌握客情，为部门人力调配和工作安排提供依据。

⑤ 接听电话并做记录，将客人的要求或进店、离店、结账等信息准确、迅速地通知到相应人员。

⑥ 发放、回收和保管员工的工作单、工作钥匙和对讲机等。

⑦ 监督员工上下班时的签到和签离。

⑧ 登记、保管和处理遗落物品。

⑨ 负责客房服务中心的清洁整理。

⑩ 完成主管安排的其他工作。

5）任职条件：

① 具有中专以上学历或同等文化程度。

② 口头表达能力强，语言流畅、清晰、准确，具有两种以上外语的听说能力，能说标准的普通话，能听懂国内的一些主要方言。

③ 熟悉酒店的设施设备、服务项目、营业时间、电话号码等，能快速、准确地回答客人的询问。

④ 工作认真、反应敏捷。

⑤ 具有一定的客房部工作经验，熟悉客房服务的程序和标准。

⑥ 能适应客房服务中心的排班要求。

⑦ 身体健康，仪表端庄。

（四）客房夜间服务员

1）职务：客房夜间服务员。

2）直接上级：客房服务中心主管、公共区域夜班领班。

3）岗位职责：负责夜间客房的清扫、整理和对客服务工作。

4）具体工作：

① 巡视检查客房楼层，确保工作间、楼层公共区域处于整洁有序的状况。

② 根据总台安排和客人要求清扫、整理客房。

③ 对夜间走客的房间进行检查。

④ 为夜间进店的客人提供迎接服务。

⑤ 为住客提供擦鞋、租借物品等服务。

⑥ 协助客房送餐部收集订餐牌。

⑦ 负责楼层的安全，发现安全隐患和异常情况应立即报告并及时处理。

⑧ 完成上级安排的其他工作。

5）任职条件：

① 具有中专以上学历或同等文化程度。

② 能用外语对客服务。

③ 熟悉客房楼层业务。

④ 工作责任心强，自觉性高。

⑤ 能上夜班。

⑥ 最好是男性。

⑦ 身体健康，仪表端庄。

▌案例分析

牢记客人的要求

7月5日早晨8008房间的客人反映: 在7月4日23:00左右服务员去房间送针线包时, 他向服务员要了一包方便面, 当时服务员答应得很好, 但是等了一个晚上, 方便面也没有送过来, 客人挺不满意。接待员向客人致歉并向餐饮部调拨了一个果盘, 送到客人房间, 并对酒店的服务不周再次向客人致歉。

问题: 如果你是该名服务员你会怎么做?

(五)楼层主管

1)职务: 客房楼层主管。

2)直接上级: 客房部经理及副经理。

3)管理对象: 楼层客房领班、客房服务员、楼层勤杂工。

4)岗位职责: 负责所管客房楼层的日常管理, 监督实施各项服务程序和规章制度, 确保对客服务和清洁保养的质量标准, 严格控制各项消耗。

5)具体工作:

① 负责所管楼层的人员排班。

② 对下属员工进行培训和考核。

③ 检查督导下属员工的工作, 确保工作效率和质量。

④ 解决员工工作中遇到的疑难问题。

⑤ 处理客人的投诉, 处理好当天的紧急事故。

⑥ 负责楼层物资的管理与控制。

⑦ 发扬团结合作精神, 与其他部门保持良好的合作关系。

⑧ 负责楼层的安全工作, 保证宾客及员工的人身和财产安全。

⑨ 完成上级安排的其他工作。

6)任职条件:

① 具有中专以上学历或同等文化程度, 有较强的外语对话能力。

② 精通客房清洁保养和对客服务工作, 熟练掌握和运用消防安全知识。

③ 从事楼层管理工作至少一年。

④ 具有很强的质量意识, 能严格把好质量关。

⑤ 具有较强的培训能力, 能承担一般的培训工作。

⑥ 乐观开朗, 善于处理人际关系。

⑦ 工作认真细致, 能吃苦耐劳。

⑧ 身体健康, 仪表端庄。

（六）客房服务员

1）职务：客房服务员。

2）直接上级：客房楼层主管/领班。

3）岗位职责：负责客房及楼层公共区域的清洁保养和对客服务工作，为住客提供安全、清洁、舒适和美观的住宿环境。

4）具体工作：

① 负责客房的日常清扫整理和完成计划卫生。

② 负责客房杯具的更换和清洗消毒。

③ 为住客提供整理房间、添补用品、擦鞋洗衣、租借物品、访客接待等各项服务。

④ 根据接待规格和客人要求设计、布置客房，并提供针对性、个性化、特色化服务。

⑤ 掌握客房状况，及时修改房态，填写房况表，掌握客人动态。

⑥ 负责客房小酒吧的物品的存放、补充与协调。

⑦ 负责楼层物资的管理，合理控制物资的消耗，防止物资流失，清洁、整理工作车及工作间。

⑧ 填写工作报表，做好交接班工作。

⑨ 协助、配合其他部门人员在楼层的工作。

⑩ 承担楼层工作间和走道、电梯厅等处的清洁整理工作。

⑪ 做好楼层的安全工作，发现不安全隐患或异常情况立即向上级报告。

⑫ 完成上级安排的其他工作。

5）任职条件：

① 具有高中以上学历或同等文化程度，接受过客房服务培训。

② 能用外语进行对客服务。

③ 具有客房服务、安全保卫、物品管理的基本常识，懂得常用清洁器具和清洁剂的性能和使用方法。

④ 熟悉本酒店的营业设施和服务项目。

⑤ 乐观开朗、热情好客，具有较强的应变能力。

⑥ 自律守纪，能吃苦耐劳。

⑦ 身体健康，仪表端庄。

（七）客房楼层勤杂工

1）职务：客房楼层勤杂工。

2）直接上级：客房楼层主管/领班。

3）岗位职责：主要负责客房楼层的辅助工作，协助客房服务员做好清洁保养和对客服务工作，提高客房楼层工作的效率。

4）具体工作：

① 搬运垃圾、布件及家具设备，补充楼层用品。

② 注意客房区域的安全，发现异常情况立即上报。

③ 协助客房服务员做好重、难、险的清洁保养等工作。

④ 完成主管安排的各项工作。

5）任职条件：

① 具有初中以上文化程度。

② 能吃苦耐劳，工作认真，责任心强。

③ 熟悉客房楼层工作，能从事客房清扫整理和一般的对客服务工作。

（八）公共区域主管

1）职务：公共区域主管。

2）直接上级：客房部经理、副经理。

3）管理对象：酒店公共区域领班、公共区域服务员。

4）岗位职责：负责酒店公共区域清洁保养工作的管理，确保为客人提供符合标准的清洁、美观、舒适、安全、标准的公共环境，并充分利用各种条件努力拓展对外业务，为酒店创收。

5）具体工作：

① 制定酒店公共区域清洁保养计划，并负责实施。

② 制定并落实酒店特殊清洁保养工作计划。

③ 负责对下属员工进行培训、排班和考核。

④ 巡视检查和督导下属员工按制度、按标准、按程序工作。

⑤ 根据需要，做好人员、物资等方面的调整。在不降低标准的前提下，努力控制成本开支。

⑥ 负责酒店公共区域的虫害控制工作。

⑦ 接洽对外协作和经营业务，确保质量和效益。

⑧ 了解和研究有关酒店清洁保养的新技术、新产品，不断提高酒店保养工作的效率和质量。

⑨ 负责按酒店的标准安排鲜花、绿色植物的装饰和布置工作。

⑩ 完成上级安排的其他工作。

6）任职条件：

① 具有高中以上学历或同等文化程度。

② 精通酒店清洁保养业务。

③ 熟悉客房部的其他工作。

④ 工作认真，能吃苦耐劳，有较强的管理能力。

⑤ 身体健康，仪表端庄。

（九）公共区域夜班领班

1）职务：酒店公共区域夜班领班。

2）直接上级：酒店公共区域主管。

3）管理对象：酒店公共区域夜班清洁工、客房夜班服务员。

4）岗位职责：负责酒店夜间清洁和客房夜间对客服务工作。

5）具体工作：

① 安排酒店夜间清洁保养工作。

② 巡视检查夜间清洁工的工作状况和工作质量。

③ 巡视检查客房部所管理区域的清洁卫生和客房状况、当班服务员的工作状况和服务质量。

④ 对客房部夜班员工进行考核。

⑤ 完成主管安排的其他工作。

6）任职条件：

① 具有高中以上学历或同等文化程度。

② 熟悉客房楼层及公共区域的工作程序和质量标准。

③ 有一定的外语会话能力。

④ 能独立处理一般疑难问题。

⑤ 能上大夜班。

⑥ 最好是男性。

⑦ 身体健康，仪表端庄。

（十）公共区域清洁工

1）职务：公共区域清洁工。

2）直接上级：公共区域主管。

3）岗位职责：按照清洁保养质量标准，负责指定区域的日常清洁保养工作。

4）具体工作：

① 按规定的程序和要求对所管区域进行常规性的清洁保养，并达到标准。

② 检查所管区域的设施设备是否正常完好，发现问题及时报告上级领导。

③ 正确使用和妥善保管器具用品。

④ 回答客人的询问，并积极地向客人介绍酒店的服务设施设备和服务项目。

⑤ 服从上级的调配，完成上级安排的其他工作。

5）任职条件：

① 具有初中以上学历或同等文化程度。

② 掌握有关公共区域清洁保养的知识和技能。

③ 熟悉客房清洁保养和对客服务业务。

④ 工作认真自觉，能吃苦耐劳。

⑤ 熟悉酒店的服务设施和服务项目。

⑥ 略懂外语，身体健康，仪表端庄。

（十一）洗衣部主管

1）职务：洗衣部主管。

2）直接上级：客房部经理、副经理。

3）管理对象：洗衣部服务员。

4）岗位职责：负责洗衣部的日常管理，确保为客人提供优质的客衣清洗服务，为其他部门和员工提供符合酒店要求的布件和制服服务。充分利用各种条件努力拓展对外业务，为酒店创收。

5）具体工作：

① 协助客房部经理制定洗衣部的岗位职责、工作流程、规章制度。

② 负责机器设备的日常使用及维修保养、管理工作，保证机器设备的正常运作。

③ 监督下属员工按程序进行操作，负责下属员工排班及考评。

④ 负责洗衣部物资的管理与控制。

⑤ 制定洗衣部员工培训计划并实施。

⑥ 计划、落实布件和制服的盘存工作，合理控制库存，严格控制流失。

⑦ 合理安排人力，并根据客情变化，及时做好人员、物资等方面的调整工作。

⑧ 掌握洗涤技术，了解新的洗涤产品，不断提高洗涤质量；研究市场新出现的布件，提出布件和制服采购建议。

⑨ 在不降低标准的前提下，严格控制物品消耗，降低成本。

⑩ 负责洗衣部机器设备、布件、制服的档案管理。

6）任职条件：

① 精通酒店洗衣房的相关业务。

② 熟悉酒店情况。

③ 工作认真，能吃苦耐劳。

④ 身体健康，精力充沛，仪表端庄。

【情景模拟】

分组扮演不同部门的不同岗位人员，并分别描述自己的岗位职责。

■ 走进酒店

希尔顿酒店首任经理的故事

一天夜里，已经很晚了，一对年老的夫妻走进一家旅馆，他们想要一个房间。前台侍者回答说："对不起，我们旅馆已经客满了，一间空房也没有剩下。"看着这对老人疲惫的神情，侍者不忍心深夜让这对老人出门另找住宿。而且在这样一个小城，恐怕其他的旅店也早已客满打烊了，这对疲惫不堪的老人岂不会在深夜流落街头？于是好心的侍者将这对老人引领到一个房间，并说："也许它不是最好的，但现在我只能做到这样了。"老人见眼前其实是一间整洁又干净的屋子，就愉快地住了下来。第二天，当他们来到前台结账时，侍者却对他们说："不用了，因为我只不过是把自己的屋子借给你们住了一晚。祝你们旅途愉快！"原来侍者自己一晚没睡，他在前台值了一个通宵的夜班。两位老人十分感动，他们说："孩子，你是我见到过的最好的旅店经营人。你会得到报答的。"侍者笑了笑说，这算不了什么。他送老人出了门，转身接着忙自己的事，之后便把这件事情忘了个一干二净。没想到有一天，侍者接到了一封信函，打开一看，里面有一张去纽约的单程机票并有简短附言，内容是聘请他去做另一份工作。他乘飞机来到纽约，按信中所标明的路线来到一个地方，抬眼一看，是一座金碧辉煌的大酒店。原来，几个月前的那个深夜，他接待的是一个有着亿万资产的富翁和他的妻子。富翁为这个侍者买下了一座大酒店，并深信他会经营管理好这个大酒店。这就是全球赫赫有名的希尔顿酒店首任经理的传奇故事。

多布施一些爱心，不一定都会有好的机遇，但你的机会至少会比别人多一些。这种爱心不是为了达到某种目的而做的，是你善良的内心促使你这样做的。所以，好的机会大多是留给有心的人。

【思考与练习】

到当地一大型酒店考察后，了解其组织设置情况，并说明其组织的核心是什么。

任务二　　认识客房产品

【任务目标】

1. 了解客房产品的基本要求。
2. 掌握消费者对客房产品的基本要求。
3. 了解客房产品的特点。
4. 掌握客房的不同种类。
5. 了解不同星级酒店客房的基本要求。

【任务准备】

1. 将学生分成五个小组做市场调查，了解消费者对酒店的要求。
2. 确定询问的问题后准备市场调查问卷。

▌情景导入

错误超越客人

某天早上，1818 房间的欧阳先生与夫人从房间出来，边说着话边向电梯厅走去。他们是饭店的长住客人，总是习惯在八点钟左右到中餐厅用早茶。欧阳先生是一家公关公司的老总，由于职业的原因，他对饭店的服务、服务员的礼仪举止十分在意。欧阳先生正和夫人交谈时，一名客房服务员突然从他们的中间穿过，欧阳夫妇都吓了一跳，而该服务员竟连一点歉意都没有。欧阳先生生气地叫住了这位无礼的服务员，说："这位先生，你怎么这么没有礼貌呢？"服务员马上意识到了自己的错误，红着脸说："对不起，欧阳先生，我有点急事。"欧阳先生说："你有急事可以超过我，但你知不知道应该怎么超越？"

在楼层巡视的客房主管看到了刚刚发生的事情，就走了过来，向欧阳夫妇道歉说："对不起，这是我们的错，我们会加强对员工的教育。"欧阳先生说："其实我倒没关系，我只是觉得我们做服务的人，应当时时有一种好的精神面貌、礼节礼貌修养和宾客意识，处处体现出严谨和规范。"

一、消费者对客房产品的基本要求

客房是酒店的重要产品之一。客人对酒店产品的基本要求，同时也是对客房产品的基本要求。

（一）心理需求

在现代酒店创立之前，清洁卫生、舒适美观、方便快捷、安全环保四个方面就已成为酒店经营者追求的目标。如今，这四个方面已成为消费者选择和衡量酒店的最基本要求。这四个方面满足的是消费者的心理需求。

1. 清洁卫生

清洁是每一个酒店消费者十分关切和重视的基本需求。美国康奈尔大学酒店管理学院通过对 3 万名旅游者的调查获悉，60％的人把清洁列为第一需求。消费者要求清洁，不仅是对中高档酒店的要求，而且是对所有酒店的基本要求。酒店的清洁卫生主要体现在以下几方面：①环境整洁；②设施设备清洁卫生，无破损；③用品、用具清洁卫生，无污渍，无破损；④酒店食品清洁卫生，操作间清洁卫生；⑤酒店装饰、天花板、墙壁、地面洁净；⑥无虫鼠等。

2. 舒适美观

酒店主要是一个休息场所。作为旅游者的家外之"家"，应为其创造舒适、安静的环境和条件。我国旅游酒店星级标准将舒适度作为客房的核心。客房舒适度涵盖了布件规格、床垫枕头、温度湿度、隔音遮光、照明效果、方便使用、和谐匹配、音画良好八个方面，全面保障客人在客房内的触觉、听觉、视觉等多种感官的舒适度要求。舒适，并不一定是高档，而是能满足客人休息和心理上的需要。因此，酒店应注意店址的选择、隔音设施的采用、装饰材料色彩的协调以及服务工作的轻声化等方面的问题。

3. 方便快捷

客人选择酒店时考虑的一个重要因素就是方便，如酒店的地理位置是否便利活动，酒店的设施设备是否符合自己的需要，酒店的服务项目是否能满足生活和工作需要等。随着社会的发展，客人对"方便"的要求会越来越多，涉及的面也会越来越广。客人在酒店内生活方便，心理上就会产生舒适和愉快的感觉，从而消除种种不安和烦躁情绪。酒店应对客人的需求变化加以预测，以便为客人提供更多的便利服务。

4．安全环保

保障客人的安全是酒店一项非常重要的任务，也是客人对酒店的最基本要求之一。客人的安全不仅包括人身、财产安全，还包括健康安全。为保障客人的人身、财产安全，酒店应有严格的防火、防盗措施和设施设备。为保障客人健康安全，酒店应有严格的食品卫生监控措施和高质量、高标准的饮食卫生环境，让客人看着舒心，吃着放心。

另外，酒店的装修应采用环保性的材料，崇尚自然，推崇绿色客服。

（二）物质需求

1. 客房空间

客房要有足够的空间，以便客人休息、办公、会客、用餐等。

2. 客房设备用品

客房设备用品包括床、电视、电话、空调、家具、客用消耗用品、客用租借用品等。

3. 客房运转

客房要保持清洁高雅、温度适中、美观、设施设备齐全完好的状态，为客人提供优质服务。

4. 客房卫生

卫生是客人选择酒店住宿的首要条件。不管酒店档次、房价高低，对清洁卫生的要求却有着共同之处。例如，客房的卫生间就要做到"四无"（即无水迹、无皂迹、无发迹、无灰尘），让客人感到舒心、安心。

5. 客房安全

客人外出，考虑的主要问题是安全。因此，要在酒店的客房区域创造一种安全的气氛，如配备完好的设施设备，以便防火、防盗、防疾病；保护客人的隐私，尊重客人对房间的使用权，让客人不受到骚扰和侵犯等。客房的安全状况是客房商品的重要组成部分。

只有符合以上几个方面的基本要求，酒店的客房才具备与客人进行商品交换的基本条件，客人才会得到最低限度的满足。

二、客房产品的特点

随着现代旅游业的迅猛发展，旅游酒店市场竞争更加激烈。到酒店的客人对客房环境、客房的设施设备、清洁卫生质量，以及服务质量等都提出了更高的要求。同时，客房业务又必须在保证客房规格和满足客人需要的前提下，加强客房费用的控制，这就给客房服务与管理提出了新的课题。因此，要搞好客房部的工作，不仅要了解客房作为商品的基本要求，而且还必须研究客房经营在新形势下的特点。

（一）价值不能储存

一般产品都可以储存，如一架照相机、一台电视机，今天没有卖出，可以储存起来待来日再出售。客房产品却是不可储存的，没有宾客的消费，客房的价值和使用价值就无法实现。客房产品的时间性很强，以每晚租金 280 元的酒店房间为例，如果全天此房间租不出去，那么，这 280 元的价值就无法实现。也就是说，它的价值具有不可储存性，价值实现的机会如果在规定的时间内丧失，便一去不复返。所以，酒店业的业内人士称客房为"易坏性最大的商品""只有 24 小时寿命的商品"。这就是酒店业普遍以"顾客第一"为经营信条，以及有时甚至以低于成本的价格销售酒店商品，而不愿酒店设施闲置的根本原因。

（二）所有权不发生转移

客房商品的特殊性，主要表现在它是出租客房和提供服务，而不发生实物转移。客人付出房租而获得的仅仅是房间暂时的使用权和居住权，而房间的所有权仍然归酒店。在客房的运转过程中，服务人员一方面要尊重客人的使用权和居住权，以设备、供应物品为凭借，通过接待服务，不断地向客人提供使用价值和服务；另一方面又要做好对客房物资用品的保管和使用过程的控制，以达到增收节支的目的。

（三）以"暗"的服务为主

在酒店里，客人看得见的服务为"明"的服务，看不见的服务为"暗"的服务。

客房作为客人休息、睡眠的区域，酒店必须为客人创造一个安静的环境；同时，客房作为客人的私人领域，客人是不愿让别人干扰自己的私生活。客人住店期间，喜欢按自己的习惯安排起居，出于无奈才求助于酒店的服务员。因此，客房服务不能像餐饮服务那样，服务于客人眼前，而是应该注意服务过程的"三轻"，即"说话轻、走路轻、操作轻"。将服务工作做在客人到来之前或客人不在房内期间，让客人感到酒店处处都在为自己服务，却又看不见服务的场面（即"暗"的服务），如同在自己家里一样方便、称心。

（四）随机性与复杂性

客房业务工作的内容是零星琐碎的，从客房的整理、补充物品、设备维修到客人的进店、离店，都是一些具体琐碎的事务性工作，具有很强的随机性。客人在何时、何地、何种情况下，需要哪些服务，事先都难以掌握；再加上客人来自世界各地，风俗和兴趣爱好不一，从而使客房业务增加了复杂性。客房工作的随机性与复杂性，需要客房部职工既要主动，又要善于揣摩客人心理，进行规范性和个性化相结合的服务。客房服务的好坏，取决于服务人员的素质和经验。

三、客房的种类

（一）单人间

单人间（single room）是放一张单人床的客房。单人间又叫单人房，适于从事商务旅游的单身客人住用，是酒店中最小的客房。为了使客人得到更好的享受，有的酒店还在单人房中放置了一张小双人床。

酒店单人房数量一般不多，且常常把面积较小或位置偏僻的房间作为单人房。由于单人间近年来颇受单身旅游者的青睐，不少酒店增加了此类房间的数量，在面积和装饰布置的档次上也有所提高，摆脱了传统的单人间仅仅是经济房间的概念。单人间如图 1-3 所示。

（二）大床间

大床间（double room）是在房内配备一张双人床的客房，它适合夫妻旅游者居住，也适合单身客人居住。大床间如图 1-4 所示。

（三）双人间

双人间（twin room）又称标准间（standard room），是在房内放两张单人床，既可住两位客人，也可供一人居住的房间。带卫生间的双人间，一般用来安排旅游团队或会议客人。这类客房在酒店占绝大多数。双人间如图 1-5 所示。

图 1-3 单人间

图 1-4 大床间

图 1-5 双人间

为了提高出租率和方便客人，有的酒店配备了单双两便床（Hollywood bed）。在大床间供不应求时，可将两张单人床合为一张大床，作为大床间出租。

（四）三人间

三人间（triple room）是指可以供三位客人同时住宿的房间，房内放三张单人床，属经济型房间。这类客房在酒店，特别是高档酒店很少见。当客人需要三人同住一个房间时，往往采用在双人间加一张折叠床的方式来解决。三人间如图1-6所示。

图1-6 三人间

此外，还有同时供三人以上居住的房间，房内放置多张单人床。此类房间多见于一般的旅馆或招待所，我国的高档酒店一般不设置这类客房。

（五）套间

套间分为标准套间（standard suite）和豪华套间（deluxe suite）两种。标准套间又称普通套间（junior suite），一般为连通的两个房间，一间为起居室（living room），即会客室，另一间为卧室（bed room），内放一张大床或两张单人床，并配有卫生间，如图1-7所示。豪华套间可以是双套间，也可以是三套间，分为卧室、起居室、餐室，卧室中配备大号双人床或特大号双人床，如图1-8所示。

图1-7 标准套间

图1-8 豪华套间

（六）总统套间

总统套间（presidential suite）简称总统房，由五个以上的房间组成。套间内总统与夫人的卧室分开，男女卫生间分用。总统套间拥有客厅、写字室、娱乐室、会议室、随从室、警卫室、餐室或酒吧间以及厨房等，有的还有室内花园。整个房间装饰布置极为讲究，设备用品富丽豪华，常用名贵的字画、古董、珍玩装点其间。总统套间房价昂贵，出租率较低。

总统套间一般要三星级以上的酒店才有，它标志着该酒店已具备了接待总统的条件和档次，一般是政界要人、商贾大亨、演艺名人等入住。总统套间如图1-9所示。

图 1-9　总统套间

（七）特殊客房

特殊客房（special room）是为某一类人特别设计和布置的客房。例如，专为残疾人服务的客房，房间内配置有能满足残疾人生活起居一般要求的特殊设备和用品。又如，近几年根据不同客人需要，客房从功能上可分为商务客房、办公客房、娱乐客房、健身客房、知识客房、男性客房、女性客房、VIP客房、医疗客房、家人团聚客房等，各种客房各有不同的特点，但又有很强的兼容性。特殊客房如图1-10所示。

图 1-10　特殊客房

（八）连通房

将两套相邻的客房连通，即成为连通房，可以满足人数较多的家庭、朋友等入住需求。

（九）特设楼层

在高星级酒店，为面向同类消费客人，利用某些楼层的全部或一部分客房，集中进行设置的楼层叫特设楼层（special floor），如商务楼层、行政楼层、女士楼层等。

1. 商务楼层

商务楼层（business floor）是为接待商务客人而设置的楼层。楼层上设有专门的商务中心、商务洽谈室、自助餐厅、咖啡厅等，直接在楼层上提供入住至离店的一系列服务，有效提高了商务客人的办公效率，越来越为商务客人所喜爱。

2. 行政楼层

行政楼层（executive floor）客房的家具、日用品等都非常高档，室内装饰也极其豪华，住宿客人一般是高级别的行政官员、金融大亨、社会名流。行政楼层一般处于酒店最上部，设有专用的大厅（内有休息室、洽谈室、餐厅等），入口处有接待吧台，为客人提供开房、退房、复印、打字、咨询等服务业务。客房内一般都配备可供上网的计算机、传真机、电话机等。在一些酒店，要到行政楼层，必须持有该层的房间钥匙，在电梯里将房间钥匙插入确认口，电梯才能在行政楼层停下来。

3. 女士楼层

女士楼层（lady's floor）是酒店为了方便女性客人，专门向女士开放的楼层。随着单身女性宾客的快速增长，此类客房需求量也越来越大。女士楼层具有以下几个特点：
1）尊重女性客人的隐私权。
2）提供与女性情感相符的室内装饰、设计，以及适宜女性需求的家具、日用品等。
3）提供女性必需的化妆品、服装衣物用设备等。
4）提供安全警卫服务。

【情景模拟】
模拟在走廊与客人碰面时的谈话。

▍走进酒店

经营之道——喜来登酒店的"十诫"

1）不要滥用权势和要求特殊待遇，对此不加抵制就是放纵。
2）不要收取那些有求于你的人的礼物。
3）一切装修喜来登酒店的事要听玛丽·肯尼迪的。玛丽·肯尼迪是经过一次装潢比赛从8名装潢大师中脱颖而出的。此后她一直被喜来登酒店聘为酒店客房、餐厅与大堂装潢的总主持人。

4）不能反悔已经确定了的客房预订。

5）在没有让下属完全弄清确切目的之前不得向下属下达命令。

6）经营小旅店的长处，也许是管理大饭店的忌讳。

7）不得为做成交易而榨尽对方"最后一滴血"。

8）放凉了的菜不得上桌。

9）决策要靠事实、计算与知识。

10）对下属的差错，不要急于指责。

【思考与练习】

1．客房产品有何特点？为什么说客房服务是以"暗"的服务为主？

2．试比较三星级酒店和四星级酒店在客房标准上的差异。

3．什么是客房服务的有形性？什么是客房服务的无形性？

任务三　客房的功能及设备用品的配置

【任务目标】

1．了解客房设计的基本原则。

2．掌握客房的功能设计要点。

3．了解客房用品的配备。

【任务准备】

1．根据任务二的调查，了解客人对酒店住宿的最根本要求。

2．设计实验且分组进行单人间、标准间、双人间、套房的功能设计。

情景导入

叫醒失误的代价

小明是刚从旅游院校毕业的大学生，到某酒店工作后，因为要从基层接受锻炼，他被安排在房务中心工作。今天是他到房务中心上班的第二天，轮到他值大夜班。接班没多久，电话铃响了，小明接起电话："您好，房务中心，请讲。""明天早晨5点30分叫醒。"一位中年男子沙哑的声音。"5点30分叫醒是吗？好的。没有问题。"小明知道，叫醒虽然是总机的事，但一站式服务理念和首问负责制要求自己先接受客人的要求，然后立即转告总机，于是他毫不犹豫地答应了。当小明接通总结电话后，才突然想起来，刚才竟忘了问客人的房号！再看一下电话机键盘，把他吓出一身冷汗——这部电话机根本就没有号码显示屏！小明慌了，立即将此事向总机说明。总机说无法查到房号。于是小明的领班马上报告值班经理。值班经理考虑到这时已是三更半夜，不好逐个查询。再根据客人要求一大早叫醒情况看，估计十有八九是

21

明早赶飞机或火车的客人。现在只好把希望寄托在客人也许自己会将手机设置叫醒；否则，只有等待投诉了。

早晨 7:30，一位睡眼惺忪的 VIP 客人来到总台，投诉说酒店未按他的要求叫醒，致使他误了飞机，神态沮丧而气愤。早已在大堂等候的大堂副理见状立即上前将这位 VIP 客人请到大堂咖啡厅接受投诉。原来，该 VIP 客人是从县郊先到省城过夜，准备一大早赶往机场，与一家旅行社组织的一个旅游团成员汇合后乘飞机出外旅游。没想到他在要求叫醒时，以为服务员可以从电话号码显示屏上知道自己的房号，就省略未报。酒店方面立即与这家旅行社联系商量弥补的办法。该旅行社答应可以让这位 VIP 客人加入明天的另一个旅行团不过今天这位 VIP 客人在旅游目的地的客房预订金 270 元要由客人负责。接下来酒店的处理结果是，为 VIP 客人支付这笔定金，同时免费让 VIP 客人在本酒店再住一夜，而且免去 VIP 客人昨晚的房费。这样算下来，因为一次叫醒失误，导致酒店经济损失共计 790 元。

一、客房设计的基本原则

客房是生活的室内环境，客房设计的基本原则是以人为本、功能第一、安全性、舒适性及氛围的整体性。

（一）以人为本

客房设计要以客人为中心，将满足客人的需求作为客房设计的出发点。一个好的客房产品设计，必须使客人有宾至如归的感觉，各种客房的用品和备品，要按酒店的星级和档次配置齐全，各种设施设备和用品要按客人起居、睡眠的习惯定量定位便于客人使用。例如，客房内的整体照明和目的物照明，以及床头电源总控开关的设置等都应充分体现"以人为本"的原则。

（二）功能第一

客房的主要功能是满足客人休息、睡眠的需要。因此，客房建筑空间的处理、设施设备的配备、家具的制作和摆放、客房用品和工艺品的选择、照明的投射范围，以及各类电器的开关位置等，都应在满足客房主要功能的前提下，注重优美环境的营造，使客人在客房得到充分的"美"的享受。

（三）安全性

安全性首先表现在对火灾的预防上。为此，客房设计时应考虑以下防火措施。

1. 设置火灾报警系统

烟感报警、温感报警和自动喷淋报警系统是当前常用的火灾初期报警系统。其中，烟感报警对烟雾反应最为灵敏，温感报警的误报率最低，自动喷淋报警系统除报警外还能发挥防止初期火灾蔓延的作用。

2. 减少火荷载

火荷载是指酒店内可燃烧的建筑材料、家具、陈设、布件等的总和。客房设计时应尽量采用难燃或不燃的建筑、装修材料。

除了对火灾的预防以外，酒店客房设计时还应注意保护客人的隐私。客房是客人休息的场所，要求安静、不受干扰。有些酒店楼层走廊两侧的客房门对着门，这样容易引起互相干扰。因此，建筑设计时可考虑将走廊两侧客房门错开。

（四）舒适性

舒适性主要靠感官来感受，它往往涉及人体工程学的内容。舒适度主要是通过人的眼、耳、鼻、舌、皮肤，即视觉、听觉、嗅觉、味觉和触觉来体会的。

1. 棉织品的舒适度

1）枕芯、棉被等床上用品柔软宜人。
2）洗浴针织品轻柔质优。
3）床垫硬度适中、无变形。
4）卫生间浴巾、卫生纸方便客人取用。

2. 隔音

客房噪声的来源主要有以下几个方面。
1）窗外，如环境噪声。
2）相邻客房，如来自隔壁房间的电视机、音响设备、空调机、电话、门铃、旅客的谈话、壁橱取物、门窗开关及扯动窗帘等的声音。
3）客房内部，如上下水管流水、马桶盖碰撞、扯动浴帘、淋浴、空调器及冰箱等的声音。
4）走廊外，如开关客房门、人员谈话、推动服务车、使用吸尘器等的声响。
5）其他，如空调机房、排风机房及其他公众活动用房等的声音。
对于上述可能出现的噪声，在客房设计时都应考虑并加以控制。

3. 照明

室内照明的主要作用是为人提供良好的光照条件，获得最佳的视觉效果，使室内环境具有某种气氛和意境，增强室内环境的美感与舒适感。现代酒店室内照明除了提供视觉所需的光线外，还有以下四方面的作用：组织空间、改善空间感、渲染气氛、体现特色。

（1）客房室内照明设计的基本原则
1）舒适性。室内照明应利于客人在客房内进行活动、阅读、会客和从事其他活动，即在生理上能保护人的视力，在心理上能鼓舞或安定人的情绪。
2）艺术性。室内照明应有助于丰富空间的深度和层次，有利于强调空间的特色，能与空间的大小、形状、用途和性质相一致。

3）安全性。电源的线路、开关、灯具的设置都要有可靠的安全措施。

（2）照明设计的主要内容

1）灯光范围。灯光范围可分为整体照明、局部照明和目的物照明。

2）灯具位置。灯具位置应按照客人的活动范围和家具的位置来安排。

3）灯具的选择。灯具可分为吸顶灯、镶灯、吊灯、壁灯、立灯和活动灯等。每种灯具都用于特定的情况之下，灯具的选择，如造型、色彩是客房整体的一部分，必须与客房的色调相配，不能孤立对待。

4）照度的高低。照度是指被光照射的物体表面在单位面积上所受的光量。不同功能的室内环境有不同的照度要求。客房照度包括客房与卫生间的照度两方面。按国际照明学会标准，客房照度应为 50～100 勒克司。近年来，客房卫生间已发展成为客人化妆的主要场所，所以卫生间的照度越来越高。国际照明学会的卫生间照度标准是 70 勒克司，但为了便于客人化妆，实际照度均大于 100 勒克司，有时在人面部的照度达 200 勒克司以上。

4. 空调

空调的设计、选用和安装在保证一定的湿度和温度的前提下，应使噪声减少到最低程度，并能提供充足的新鲜空气，不会使客人在房内感到头痛，威胁客人的健康。

5. 环保性

环保性是指布置客房时，应加强环保意识，在装修、装饰、宾客用品上应采用环保性能的材料，对人体及环境有害的材料应禁止使用。

6. 空间尺寸

一般来讲，客房的面积越大，舒适度就越高。对一个双床间而言，国际上流行的开间为 3.6～4.2 米，进深为 7.6～10 米。酒店客房净高通常应为 2.7 米以上。剖面中，净高 2.7 米与开间 3.6～4.2 米所形成的比例是接近黄金分割的矩形剖面比例，有利于形成亲切、舒适的客房空间气氛。

7. 家具的摆设

现在，酒店注重实用功能，客房的设计、家具的摆设一定要给客人以方便、舒适之感。美国里纳尔多国际室内装潢公司总裁里纳尔多指出："那种把电视机和传真机隐藏在大柜子里的设计是不妥当的，我们的客人并不希望讲究到要开了'门'才能看电视、发传真。"

8. 窗户的设计

客房开窗是为了采光、日照，但与观景也有直接关系。"窗即景框"，宜"佳则收之，俗则屏之"。面对绚丽风光，窗户越大越能感到环境之优美，舒适感越强。因而，有的高层酒店客房设计落地玻璃窗，使客房与环境融为一体。

窗户离地不宜太高，通常不应高于 0.7 米，这样，客人坐在房内沙发或椅子上，就可以较好地观赏到窗外景色。

窗户的大小还应考虑到酒店所在地的气候条件。一般来讲，炎热地区的酒店窗户宜大，以便使客人有视野开阔、心情舒畅的感觉。而位于寒冷地区的酒店窗户则宜小不宜大，以便客人在客房内有温暖、舒适、亲切之感，同时还可以在一定程度上为酒店节省能源。

此外，酒店客房窗户的高宽比以 1∶2 为好。这样能使客人产生人们所喜爱的宽银幕画面的效果。符合人们的审美心理。当然，窗户的设计也不能千篇一律。为了追求奇特的艺术效果，窗户也可以设计成圆形或锯齿形等。

9. 色彩及装修风格

根据人对色彩的感觉，色彩的和谐原理及满足客人心理需要的客房装修风格也能为客人提供舒适感。

（1）人对色彩的感觉

客房室内环境舒适与否，在一定程度上取决于视觉的满足程度。在人的视觉中，色彩起着重要作用。

1）冷暖感觉，即大家所熟知的冷暖色。暖色一般显得柔和，冷色显得沉着。

2）重量的感觉。色彩的明度越大感觉越轻，反之越重。这主要是人类的联想所引起的，如棉花、泡沫、雪花的明度较大，而钢铁的明度则较小。

3）距离的感觉，又称亲疏感。高明度的色彩感觉近，低明度的色彩感觉远；暖色感觉近，冷色感觉远。

4）软硬的感觉。一般暖色、亮色感觉软而柔和，冷色、暗色感觉硬而沉着。

5）视觉的感觉。暖色调较冷色调更易引起人们的视觉疲劳，不同色彩会引起人们的兴奋和沉静，对视觉疲劳的影响也不同，其中蓝、紫引起视觉疲劳最快，红色次之，绿色最慢。

正因为色彩对人的生理和心理活动具有一定的影响，在人们长期使用色彩的实践活动中，不同的色彩便具有了不同的含义，给人不同的联想，色彩成了无声的语言。色彩的象征如表 1-1 所示。

表 1-1 色彩的象征

色 彩	正 面 象 征	反 面 象 征	联 想
红	庄严、热烈、革命、热情、欢喜	恐怖、危险、焦急	血、火
黄	明朗、愉快、高贵、爱情、健康、希望	警告、郁闷、猜疑、野心、叛逆	信号、皇冠
橙	温情、活泼	疑惑、放浪	柑橘、柿
绿	希望、生命、青春、安全、和平	阴暗	森林、田野
蓝	清澄、深远、理智、意志、深奥	冷酷、威压、失意、寂寞、感伤	大海、天空
紫	优雅、高贵、庄严、神秘	不安、孤独、丧气	紫罗兰
白	光明、坦率、纯洁、尊严、朴素	叛逆、冷酷	雪
黑	庄严、绝对	恐怖、罪恶、神秘	死亡、夜晚

在客房室内的装修中，要重视色彩对人的物理的、生理的和心理的作用。例如，在地面缺少阳光或其他阴暗的房间里采用暖色，可增添亲切温暖的感觉；在阳光充足的房间或炎热地区，则宜多采用冷色，降低室温感；在酒店大堂、电梯间和其他一些逗留时间短暂的公共场所，适当使用高明度、高彩度色，可以获得热烈兴奋的气氛；在酒店客房、写字楼等房间，采用各种调和灰色可以获得安全、柔和、宁静的气氛；在空间低矮的房间，采用具有轻远感的色彩来冲淡压抑感，反之则采用具有收缩感的色彩避免使人感到空旷；在同一个房间中，从天花板、墙面到地面，往往是从上到下，色彩亮度渐轻、渐暗、渐重，以丰富色彩层次，扩展视觉空间，加强空间稳定感。

（2）色彩的和谐原则

简单地说，和谐的色彩就是相配的颜色。一般说来，和谐的色彩具有共同的基本成分，这些色彩共同使用时，由于这种共同的成分而产生和谐的效果。例如，一间客房的一切陈设以杏黄色为主色调，家具为褐色，地毯为深杏黄色，墙纸是杏黄色，床罩和窗帘均为杏黄色和棕色相间的图案花，整个房间就会产生一种宁静柔和、温暖和谐的气氛。掌握色调和谐最可行的原则，就是遵照从自然界找到的色调规律。因此，深色适用于地板，中间色适用于墙壁，而较淡色适用于天花板。这是一个很好的通则，而且很切合实际。

（3）满足客人需求心理的装修风格

满足客人需求心理的客房装修风格，可分为两大类：一类希望客房符合客人本人的生活习惯与水平，走进客房如回到家中一样方便舒适；另一类则希望能使客人感受新鲜有趣的异族文化。因此，酒店在进行客房设计装修时，应充分考虑这两方面的要求。高档酒店有中餐厅与西餐厅之分，客房的装修也可考虑既有西式客房，又有具有民族特色的客房，以满足不同客人的不同心理需求。

（五）氛围的整体性

追求秩序与和谐是人的本性。有序、和谐给人带来愉悦；无序、混乱则让人产生厌烦感。客房产品在设计上主要要求是，视觉所及范围内的图像必须是整体的、协调的统一体。同时，客房设计离不开一定的文化积淀，客房装修、设计必须与酒店的文化主题相匹配，必须突出酒店的文化主题。氛围的整体性除了上面所讲色彩的协调性以外，还应注意以下几个方面：

1）艺术品、装饰品搭配协调、布置雅致。

2）家具、电器、灯饰档次匹配，色调和谐。

3）电视机和背景音乐的音、画质量良好，节目及音量调节方便有效。

4）家具的配置。

① 色彩和谐。成套家具的色彩是一致的，不成套的家具在色调上要协调搭配。另外，家具的颜色一定要与室内环境的用色协调起来，墙面、地面是家具的背景和衬托，彼此的色调应能构成一个整体。

② 式样一致。在一个房间里，家具的样式应该是一致的。有时家具虽然是同一种风格，但可能在式样上存在一些差异，如家具的腿、脚、拉手和图案形状不一等，这种

细节的差别也会影响整体的完美。

③ 风格协调。家具的美观不仅是造型、色彩和装饰纹样等方面的美，更重要的是整体风格的协调统一。要求家具配套、家具与环境协调，形成统一的风格。例如，若客房是中国古典式风格，应选择中式家具，而不应摆放西式家具；若客房是古典西式建筑，就不应摆放中式家具。

5）观赏物品的选择。客房观赏物品按其布置特点可分为墙饰品（中国书画、西画和工艺类装饰）和摆件。客房内设观赏性物品必须充分考虑客房的装饰主题、风格、客房功能及客人的兴趣爱好。例如，传统中式的房间要用中国书画和民族传统的工艺类饰品布置；现代式房间则用现代派绘画、装饰画及水彩画布置。至于墙饰品的横或竖、单或双、多或少、大或小，应根据客房建筑的格局及家具的摆放等情况来确定。

二、客房的功能设计

客房是客人在酒店逗留期间的主要生活场所，这就要求酒店合理地设计客房的布局并配备相应的家具和设备，使客房具备满足客人生活需要的各种功能。下面以标准间为例进行说明。

（一）睡眠空间

睡眠空间（图 1-11）所需的设备有床、床头柜、床头灯、电话、便签、笔等；所需的物品有床上用品、一次性拖鞋、擦鞋纸等。

1. 床

睡眠空间是客房最基本的空间，其中配备的最主要的家具是床（图 1-12）。我国星级酒店所用的床都是由床架、床垫和床头软板组合成的。床的质量要求是重量轻、牢度好，弹簧床垫（席梦思）软硬度适宜；床架底部有活动走轮和定向轮，可以方便移动，以及有优美的造型。有的酒店为增加床的美观还专门配置了床裙。

图 1-11 睡眠空间   图 1-12 床

2. 床头柜

床头柜（图1-13）是客房中必不可少的家具之一。床头柜可分为单人用床头柜和两人共用床头柜。现在酒店多采用多功能床头柜，客人能很方便地控制电源开关、电视开关、收听音频，设置"请勿打扰"和"请即打扫"等。在床头柜上往往还放置有电话、便纸条和一支削好的铅笔，为客人通信联络提供便利。

（二）盥洗空间

盥洗空间即浴室，又称卫生间（图1-14）。卫生间的设计要注意宽敞、明亮、舒适、安全、方便、实用和通风。盥洗空间所需设备有面台、浴缸、便器、毛巾架、镜子、电源插座、吹风机、电话副机等；所需物品有香皂、一次性牙膏和牙刷、沐浴露、洗发水、卫生纸、各类巾、梳子、漱口杯、面巾纸、洗衣袋等。

卫生间的主要卫生设备有浴缸、便器、面台三大件。

图1-13　床头柜

图1-14　卫生间

1. 浴缸

浴缸（图1-15）应配置有标志的冷热混合水龙头，并装有既能固定也可手拿的淋浴喷头。浴缸底部采用光面和毛面相间的防滑结构并配置防滑垫。浴帘杆固定在浴缸上方

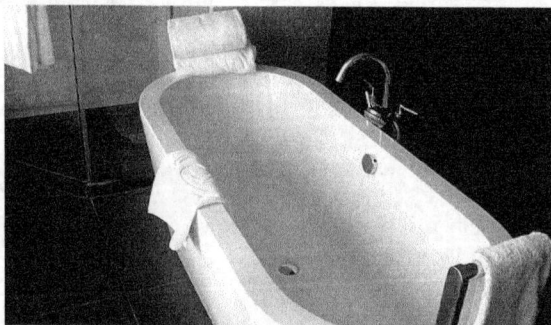

图1-15　浴缸

两头，与缸外沿垂直线齐，与缸上沿平行。浴巾架固定在浴缸水龙头对面的墙上。另外，还有活动的晾衣绳供客人晾衣物用。高星级酒店还配有访客等待按钮及紧急呼救按钮。豪华房间的浴缸内还可装上能产生漩涡的装置，也可在卫生间装上带有小型电动蒸汽发生器的桑拿浴和蒸汽浴装置。

2. 便器

便器分坐式和蹲式两种。一般房间只装坐便器，但高级套房两种都装，并在坐便器旁设有下身冲洗器。

3. 面台

洗脸盆一般镶嵌在由大理石面、人造大理石面或塑料板面等铺设而成的面台（图 1-16）里，上装冷、热水龙头各一个，还可装有供客人冷饮的凉水龙头一个。在墙面配一面大玻璃镜，大镜面里或大镜面侧装有放大镜，以供客人剃须或化妆使用。为了解决因客人沐浴而使镜面蒙上水蒸气的问题，有的酒店还在镜子的背面装有除水雾装置。

面台上可放置各种梳洗、化妆及卫生用品。在云台侧面墙上，设有国际标准型（扁形和圆形）的 110/220 伏不间断交流电的电源插座（供客人使用电动剃须刀）。有的酒店还装有吹风机、电话副机。

此外，卫生间应有通风换气设备，地面还应有泄水的地漏口。

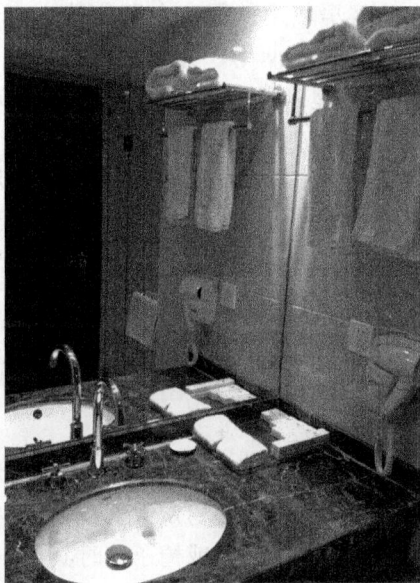

图 1-16 面台

（三）起居空间

起居空间（图 1-17）应在标准间的窗前区。这里放置着软座椅、茶几（或小圆桌）供客人休息、会客、观看电视等，此外还可供客人在此饮茶、吃水果及简便食品。

（四）办公区域

标准间的书写与梳妆空间在床的对面，沿墙设置一长条形的多功能柜桌。这就是房间的办公区域（图 1-18），该区物品一般包括行李架、写字台、化妆台和电视机柜。

1. 行李架

所有客房都应设有行李架或行李台。它可以设计成写字台、化妆台的扩充部分或者作为单独的一件家具，能方便客人放下行李箱和拿取衣物。行李架的表面一般都有木条并按一定间距固定在面层，以防止皮箱的金属饰钉损害行李架，同时不能有任何尖锐物体凸出，以免损坏客人的皮箱。

图 1-17   起居空间

图 1-18   办公区域

2. 写字台、化妆台

客房使用的写字台和化妆台一般为全木制品。标准间的写字台和化妆台可分开配置或兼作两用，并装有抽屉，可放置文具。它的宽度应与其他家具统一，通常为40～50厘米，其高度为70～75厘米，相应的梳妆凳高度为43～45厘米，最小的膝盖净空为19厘米。

写字化妆合用台所靠的墙面应设有梳妆镜，梳妆镜的高度应能使客人站在写字台前照全其头部。为了达到好的化妆效果，化妆台上方应装有照明灯以提高亮度。

3. 电视机柜

电视机柜（架）是每个房间的必备物品，有木制、金属和金属与木料混合结构三种类型。电视机柜上方放电视机，下方柜内往往是放置各种饮料的小冰箱，即mini-bar。

电视机台上配有可转动的47厘米或51厘米电视机的托盘，一般为圆形或方形，底托的重量越大，其稳定性就越强。电视机架的高度一般为45～47厘米或65～70厘米，正好是人坐在沙发或椅子上时其视线低于或平视电视屏幕的高度，以减轻看电视时眼睛的疲劳，起到保护视力的作用。

（五）储存空间

储存空间（图1-19）主要是指设在房门进出小过道侧面的壁橱和与其紧靠的小酒柜。储存空间所需设备有衣柜、行李架、小冰箱、保险柜、电熨斗等；所需物品有衣架、衣服刷、鞋拔子、睡衣等。

图 1-19   储存空间

1. 壁橱

壁橱设在客房入口的小过道内侧，便于客人在离开酒店时检查橱内东西是否取完。橱门可以用推拉门，也可用折叠门，壁橱内应有照明灯。采用随门开启而亮的照明灯是节约用电、方便客人的一种举措。有的橱内还设有鞋箱、私人保险箱等。

2. 酒柜

酒柜和小冰箱的设计形式多种多样，酒柜上层摆放酒水、酒具、茶水具及小吃食品，下层为储存饮料的小冰箱，可以满足客人饮用酒水的需要；同时还可让茶几留出更多的面积，供客人摆放自己的物品。

（六）客房内的其他主要设备

1）房门安全装置。客房门上装有窥视镜（警眼）和安全链（安全环）及双锁。门后张贴有安全指示图，标明客人现在所在的位置及安全通道的方向。

2）消防装置。房内天花板上设有烟感报警器（烟感）和温感喷淋头，供报警和自动灭火之用。

3）空调。中央空调系统或房间空调器，可调节房内的温度和湿度，并有提供新鲜空气的出风口。

酒店标准间客房必须具备以上功能，才能满足客人住宿的基本要求。套房则是分别用专设的房间来各司其职，或具备主要功能同时兼顾其他功能，例如，标准套间是一间作卧室，另一间作起居室。在五间以上的套房里，每间可各司一主要功能，如卧室、卫生间、起居室、书房、餐室等。

三、客房用品的配备

为了满足客人在客房中生活的需求，酒店在客房中除配备各种家具、设备外，还应配置各种用品，供客人使用。

（一）客房用品配置的基本要求

客房布置的内容有两大类：一类是客房在生活功能上所必需的家具、设备、用品的布置，它兼有装饰客房的作用；另一类是单纯装饰作用的物品的布置，如字画、工艺品、鲜花、古玩或复制品等。这两类客房用品的配置须遵循以下原则。

1. 体现客房的礼遇规格

不同酒店的各类客房由于等级、规格、风格不同，房间用品在配置上可根据各自的经营方针及实际需要而增减，但不能违背经营原则和降低客房规定的标准。要从满足客人需要出发，使客房用品的价与值相符。高档房间应配置高档的用品，低档房间配备相应的用品，这样就能让客人感受到酒店对其住店生活的关心和礼遇规格，还能使客人容易接受酒店的房价，产生物有所值之感。

2. 广告推销作用

客房用品不仅是供客人使用的，而且还是很好的宣传广告品。客人既是酒店服务的对象，也是义务推销员。酒店应在客房用品上印制酒店的名称、标志、地址及电话等，以加深客人对酒店的印象和了解，起到广告宣传作用，通过他们的广泛传递，招徕更多的客人。

3. 客房设施设备的配套性

客房设施设备的配套性有两层含义：一是设施设备、用品的外观配套，包括外观、色彩、造型、质地的统一，否则会给人一种东拼西凑之感；二是某一用途的设备用品要自身配套，例如，使用地毯的房间必须配备浴帘和地巾等物品。一个酒店的设施设备做到配套且有专门的标志，便可以在总体上给客人清楚明白的暗示，有利于保持客房本身独特的品位和档次。

4. 摆放的协调性

客房的服务设施设备和用品大多是可以移动和变更的，摆放的协调性是指各种设备和用品配套齐全后，应形成一个协调的整体，给客人以舒适感和方便感。同一等级、面积和布局的客房的各种设备、用品必须位置固定，同时保持适当的距离和通道，既照顾客人的活动空间，又方便客人取用物品和服务员的工作。

（二）客房用品配置的规格

客房用品包括一次性消耗用品及多次性的消耗用品。一次性消耗用品是指供客人一次性使用或馈赠客人而供应的用品，如香皂、信封、明信片、礼品袋、针线包等，也称供应品。多次性消耗用品是指可供多批客人使用，但不能让客人带走的客用品，如布件、烟灰缸、酒具等，也称客备品。下面以标准间为例做具体说明。

1. 房间用品

（1）壁橱

1）挂衣横杆上备有带店徽的衣架。衣架数量按床位计，每床二个西服衣架、二个裙架、二个裤架，共12个。五星级酒店可另配少量缎面衣架或落地衣架。

2）柜下面放置叠放好的洗衣袋、大购物袋、小购物袋。袋的数量按床位计，每床一个。每个洗衣袋放上干、湿洗衣单各一份。有的酒店将袋子放置在梳妆台的抽屉里。

3）衣服刷、鞋拔子（有的酒店还配两套浴衣）。

（2）小酒吧

小酒吧配备的用品水杯、冰桶、开瓶器、杯垫、纸巾、调酒棒、饮料单等。

（3）梳妆台

梳妆台（书写桌）配备的用品：酒店介绍册、服务指南、征求意见表、房间用餐菜单、游览图、客房价目表、电话使用说明、烟灰缸、普通信封、航空信封、国际信封、信纸、明信片、传真纸、便笺、笔、针线包、行李标签、客人意见书、火柴、不锈钢纸篓、礼品袋等。

（4）茶几

茶几配备的用品：烟灰缸、茶水具、茶叶、热水瓶、花瓶。设酒柜的客房，茶几面上仅摆烟灰缸、火柴和花瓶。

（5）床头柜

1）电话簿、电话卡、晚安卡、环保卡。

2）便笺、笔、一次性拖鞋、擦鞋器（纸）。以上用品均印有店徽，摆放时应注意将店徽摆正。

（6）床（按单床配用量计）

1）保护垫（褥子）一条。

2）床单二条或三条。

3）被子一床。

4）鸭绒枕芯、木棉枕芯各一个，枕套二个。

5）毛毯一条（一般放在壁橱中，冷时用）。

6）床罩一床。

2．卫生间用品

1）面台（洗脸台）：

① 烟灰缸、火柴、花瓶、消耗品托盘（篮）、小方巾、不锈钢污物桶、口杯、面巾、体重秤。

② 杯垫、香皂、牙具、面巾纸、沐浴液、洗发液、护发素、润肤液、浴帽、梳子、指甲具、剃须刀。

2）坐便器旁：卫生卷纸、女宾卫生袋。

3）浴缸旁：大浴巾、小浴巾、地巾、防滑橡胶垫。

4）皂盒内：小香皂一块。

【情景模拟】

分组进行客房功能设计，将设计好的客房推销给客人，并就其功能进行说明。

走进酒店

酒店人性化管理之情感化管理

情感化与制度化管理并非冰炭而不相容，两者结合，体现了刚柔并济的管理之道。随着员工综合素质的日益提高，应该逐步弱化制度管理，而强化情感管理。强调管理要讲究"人情味"，主管对下属要有关爱之心。

管理不仅表现在对员工的工作，管理者还应从生活上多关心员工，为员工提供各种方便，解除员工的后顾之忧。譬如，首先，管理者应高度重视员工宿舍、员工餐厅的建设，为员工提供各种文体活动场所，丰富员工的业余精神生活，真正为员工营造一个"家外之家"。其次，管理人员还应对员工进行感情投入。在节日、员工生日的时候送上贺卡、礼物等祝福；为有家庭后顾之忧的员工提供托儿与家庭关照服务。如果员工家里有什么困难，应尽力提供支持与帮助。另外，酒店还可以考虑一部分员工的特殊需要，为员工提供弹性工作时间、工作分担等方式，以方便员工。

此外，倡导情感化管理还应加强与员工的沟通、交流对话，要坦诚相待。缺乏表达自己思想机会的员工往往有被遗弃的感觉和由此而产生的孤独感，以致很难与酒店建立一种亲密关系。当这些直接和顾客接触的员工知道他们的意见和顾客一样受到饭店重视时，会极大地提高工作的积极性。西方酒店特别注重信息共享，其主要表现在：让员工了解酒店经营绩效、财务目标、长期目标、新技术信息、经营哲学等；让员工能使用顾客信息，作为个性化服务的依据；确保酒店信息的上传下达与横向流动的顺畅与及时，强化内部沟通。

经营管理成功的世界著名酒店管理集团，在诸多成功的原因中，给员工营造一个家的感觉和环境，都是其中的一条。万豪的管理哲学是"照顾好你的员工，你的员工就会照顾好你的客人，你的客人就会不断地回头"。万豪的管理者们所要做好的就是照顾好员工，令员工快乐。万豪从关心员工的切身的薪酬福利到人文关怀，从完善的培训到提供个人发展机会，从公平对待到开放沟通，无一不是为了令员工快乐。

【思考与练习】

1. 试举例说明客房设计的基本原则。
2. 到当地一家星级酒店参观，尝试绘制一张标准客房的平面图。
3. 到当地一家星级酒店参观，了解其客房的现代化设施设备的发展有何新的特点。

项目二 客房的清洁保养

❖ **知识目标**
1. 掌握客房清扫的准备程序。
2. 掌握客房的清洁整理程序。
3. 掌握如何对客房进行消毒。

❖ **能力目标**
1. 客房服务人员能熟练运用每一个服务程序，熟悉每个程序的标准。
2. 严格按照饭店清扫的程序和标准进行清扫，达到规定的质量标准。
3. 熟练运用各种礼仪面对客人，灵活处理应对各种特殊情况。

客房的清洁保养是客房部的主要任务之一。这项工作的基本目标：一是搞好清洁卫生，即去除尘土、油垢、杀菌消毒，以保持客房清新的环境；二是更换添补客房用品，为客人提供一个舒适、方便的"家"；三是维护保养，满足客人对产品质量的要求，延长客房设施设备的使用寿命，增加客房创造的利润。

任务一   客房清洁的准备工作

【任务目标】

1. 让学生能够按照客房清洁的要求工作。
2. 做好客房清扫前的准备工作。

【任务准备】

1. 准备好房务工作车。
2. 仪容仪表的检查。
3. 了解房态。

情景导入

有洁癖的客人

住在902房的来自英国的简妮太太有洁癖。对房内卫生要求特别高，到了近乎苛刻的程度。例如，进她房间的所有人都必须脱鞋。服务员们无不努力满足她的各种要求，开始倒也相安无事。

这一天，简妮太太告诉楼层服务员，她房内的台灯电源开关有毛病，服务员立即通知工程部。不一会儿，电工小顾就来到楼层，进房前值台服务员小裘特意关照他，这位英国太太挺难服务，得小心点。

可是，当简妮太太开门见到挎着电工包的小顾时，便挡在门口，她用手指着他的电工胶鞋，硬是不让他进房，又比划着手势，意思是要他脱下鞋才能进房。赤脚操作可是违反电工安全条例的，这下小顾为难了。于是他马上请来了楼层值台服务员小裘，请她帮助解释。小裘向简妮太太反复解释了好几遍，可她依然无动于衷。小顾在一旁有点不耐烦了，大声说了几句。简妮太太听了也恼火起来。双方相持不下，形成僵局，又引来了一群看热闹的客人。还是小裘头脑冷静，她劝住了小顾，转身到客房部请来姜经理。姜经理赶来，弄明白刚才发生的情况后，觉得现场观看的人太多，会给客人造成压力，应该让客人换一个环境，以利于问题的解决。于是，他向简妮太太表示歉意，然后请客人到大厅咖啡屋小座，耐心地听取了她的陈述，不时点头表示理解。待客人情绪平静下来以后，姜经理从容地提出自己的意见：“简妮太太，话也要说回来，按照我们国家的规定，电工在操作时必须穿上胶鞋，以保障安全。刚才那位电工并不是有意要破坏您的习惯，这一点也请您谅解。当然，您的习惯应该得到尊重。我想是不是这样，我们先把床单铺在您房间的地毯上，待电工修完后，再撤走床单，并请楼层服务员仔细吸一下灰尘。您看如何？”简妮太太觉得姜经理的建议合乎情理，表示同意，不过她还有一点要求，她要亲自在旁看着才可以放心。姜经理一口应允，并让她在这儿休息一会儿，待他安排好后再来请她。

姜经理回楼层请小顾再去维修902房的电器，把刚才商定的变通办法告诉小顾和小裘，并嘱咐他们一定要主动向简妮太太打招呼，态度要热情，说话要和平。两人心领神会。一会儿，简妮太太回到 902 房时，铺床单的准备工作已经就绪。小顾和小裘完全按照姜经理的要求做了。大家耐心周到，尽心尽力地服务，终于感动了这位"上帝"。当维修结束后，简妮太太主动和小顾、小裘等握手，表示感谢。

客房清扫被称做房，为保证客房的清扫质量，节约时间，提高工作效率，服务员每天必须做好客房清扫的准备工作。客房清扫的准备工作一般包括六个方面工作内容。

一、签领客房钥匙

服务员在清扫客房前，应先签领客房工作钥匙和《客房清扫日报表》。钥匙的管理方式有两种：一是房务中心管理钥匙，一是楼层服务员管理钥匙。

二、了解、分析房态

了解、核实客房状况的办法是看工作表和实地查房。通常工作表上已经标明每间客房的状况，服务员只要看工作表就可以了解。但是，由于客房状况是经常不断变化的，服务员还是应该到实地去了解、核实。客房状况如表 2-1 所示。

表 2-1　客房状况

房　态	英文简写	说　明
住客房（occupied）	OCC	客人正在住用的房间
走客房（check out）	C/O	客人已结账并已离开的客房
续住房（stay）	S	客人会续住的房间
未清扫房（vacant dirty）	VD	表示该客房为没有经过打扫的空房
外宿房（sleep out）	S/O	表示该客房已被租用，但住客昨夜未归。为了防止发生逃账等意外情况，客房部应将此种客房状况通知总台
维修房（out of order）	OOO	又称待修房，表示该客房因设施设备发生故障，暂不能出租
已清扫房（vacant clean）	VC	又称 OK 房，表示该客房已清扫完毕，可以重新出租
请勿打扰房（do not disturb）	DND	表示该客房的客人因睡眠或其他原因而不让服务人员打扰
贵宾房（very important person）	VIP	表示该客房住客是酒店的重要客人
请即打扫房（make up room）	MUR	表示该客房住客因会客或其他原因需要服务员立即打扫
长住房（long stay）	LS	又称长包房，即长期由客人包租的房间
轻便行李房（light baggage）	L/B	表示住客行李很少的房间，为了防止逃账，客房部应及时通知总台
无行李房（no baggage）	N/B	表示该房间的住客无行李，这种情况应及时通知总台
准备退房（expected departure）	ED	表示该客房住客应在当天中午 12 时以前退房，但现在还未退房
加床（extra-bed）	E	表示该客房有加床
空房（vacant）	V	昨日暂时无人租用的房间

三、确定清扫顺序

1）应马上打扫的客房：①房间挂有"请即打扫"牌或亮有"请即打扫"指示灯的客房；②客人口头上提出要求清扫的客房；③总台或领班、客务中心指示立即清扫的客房。

2）VIP 房的卫生要在客人离开后立即打扫。

3）一般清扫顺序：MUR—OCC—LS—C/O—DND。

4）开房率高时清扫顺序：MUR—C/O—OCC—LS—DND。

5）"请勿打扰"房需在 14:00 打电话致房间，询问客人是否可以清扫房间。如不可以，应征求客人清扫房间时间并在清扫日记表上做好记录。

四、准备房务工作车

房务工作车（房口车）的准备工作，一般在前一天下班前做好，第二天做房前做好检查工作，如发现物品短缺应及时补充。一次性用品每次补充 12 个房间数量，棉织品补充五个房间数量。房务工作车准备程序如下：

1）清洁工作车，检查工作车是否损坏，使用是否灵活。

2）挂好垃圾袋、布草袋（左边垃圾袋，右边布草袋）。

3）配备车上用品（棉织品、客用品、清洁桶），摆放整齐、有序。

五、准备吸尘器

清扫前，检查吸尘器是否完好，尘袋有无倒净，准备好清扫所需的其他配件。吸尘器在前一天下班前应清理干净，表面擦净。

六、准备清扫

检查仪容仪表，准备清扫房间。

七、客房清洁卫生质量标准

1. "十无"

1）四壁无灰尘、蜘蛛网。

2）地面无杂物、纸屑、果皮。

3）床单、被套、枕套表面无污迹和破损。

4）卫生间清洁，无异味。

5）金属把手无污锈。

6）家具无污渍。

7）灯具无灰尘、破损。

8）茶具、冷水具无污痕。

9）楼面整洁，无"六害"（指老鼠、蚊子、苍蝇、蟑螂、臭虫、蚂蚁）。

10）房间卫生无死角。

2．"六净"

清扫后的房间要做到以下几点：
1）四壁净。
2）地面净。
3）家具净。
4）床上净。
5）卫生洁具净。
6）物品净。

【情景模拟】
模拟进行客房清洁的准备工作，并检查是否符合卫生质量标准。

走进酒店

优质服务的真谛

清晨，史密斯先生走出房门，一位美丽的泰国服务小姐微笑着打招呼："史密斯先生，早！""你怎么知道我的名字？"史密斯非常奇怪，因为这是他第一次入住这家酒店。小姐笑笑，像个邻家女孩般和他轻声聊天，"先生，我们每一楼层服务员都要熟记客人的房间和名字。"

史密斯先生心情愉快，乘电梯下到餐厅所在的楼层。刚刚走出电梯门，另一名泰国小姐带着朝霞般的笑容，说："史密斯先生，里面请。""啊，你也知道我的名字？"他再次疑惑，因为还没拿出房卡呢。"上面的电话刚刚告诉我，说您已经下楼了。"原来，她们每个人都带着对讲机。

走进餐厅，一名服务生微笑着问："史密斯先生，您需要什么样的位置？是靠窗的吗？"看到史密斯先生惊讶的目光，服务生主动解释说："我刚刚查过电脑记录，您昨天入住后在楼下咖啡厅喝过两小时咖啡，坐在内侧第二个窗口的位子上。"原来，他们有客户档案记录。

上餐时餐厅赠送了史密斯先生一盘小而精致的泰国水果拼盘，五颜六色。史密斯先生问："这是什么？"服务小姐看一眼，后退半步，说："这是泰国特有的热带水果××"。每次回答问题她都会上前看一眼，再退半步开口回答。原来，她是怕自己说话时口水不小心溅在食物上……

三年过去了，史密斯先生没有去过泰国。一天，他收到了一份贺卡，来自这家酒店："亲爱的史密斯先生，自从三年前5月16日您离开我们的酒店，我们再没见过您。大家非常想念您，真希望再见到您。今天是您的生日，我们祝您生日愉快！"原来，这天是史密斯先生的生日。

这家酒店，就是泰国的东方酒店，拥有110年的历史，是世界十大酒店之一。它基本永远客满，入住至少需要提前三个月预订。

我们在讲服务关键时刻时，总会提到：在整个服务链中，每名服务人员在和客户发生关系时，无论多么微小，不管多么短暂，他留下的是一个整体的服务印象；我们在讲服务礼仪时，总会讲到 3A 原则：即在 100 种服务技巧的训练之上，最重要的是首先要接受我们的服务对象，了解我们的服务对象，重视我们的服务对象，真正从心底开始"以客为尊"；我们在探讨提升服务质量时，更会一遍遍告诉大家，服务是一种心理上的感知，服务满意度 = 实际服务感知 – 预先期望值。所以只有从每一个细节打动客户，满足他们的需求，超越他们的期望，才能获得更高的服务满意度。

泰国东方酒店的故事，是一个最好的案例。从服务心态到服务技巧，从客户关系管理到服务关键时刻，引人思考，值得学习。服务不是"对他人的侍奉"，服务也不是完成服务手册上的条条款款。让客人享受到期望之外的细节和关心，让客人体验到我们如朋友般关注的照顾和关怀，这才是优质服务满意对方、成就自己的真谛。

【思考与练习】

1．客房的清扫有哪些规定？为什么？

2．客房清扫前要做哪些准备工作？一个服务员要完成每天的房间清扫任务，究竟需要配多少种类、多少条抹布？请到一家酒店进行考察研究。

任务二 　　敲门进房

【任务目标】

1．运用礼貌礼仪知识学会规范敲门进房。

2．根据客人实际情况，灵活地应对进房后可能出现的特殊情况。

【任务准备】

1．学生组成四个学习小组，搜集现阶段酒店客房敲门的规范。

2．以情景模拟的形式汇报进房后如有客人应如何处理。

■ 情景导入

误 闯 客 房

一天下午，负责清扫客房卫生的服务员推着工作车来到 804 房间门口，准备清扫804 房间的卫生。这个房间住的是一位国内女宾，服务员在敲了两下门后，随手用磁卡钥匙打开了客房的门。推开门就要往里走，一抬头看见 804 房间的客人身着内衣坐在沙发上，正在看电视。

过了一会儿，这位客人找到饭店大堂的经理投诉，说服务员未经允许闯入她的房间，侵犯了她的隐私，并要求索赔，结果饭店领导向客人又是赔礼道歉，又是减免房费，最后还将清扫卫生的服务员辞退。

一、观察

观察客房门外是否挂有"请即打扫"、"请勿打扫"、"维修房"等挂牌。目的是查清房态，看客房是否需要打扫。

二、正面对着房门窥视镜

服务员要正面对门眼，距离门眼 30～50 厘米，身体正对房门窥视镜。目的是让里面的客人能看到外面是谁。

三、敲门

服务员用食指或中指敲门与按门铃重复三次，并口报"house keeping"或"您好！服务员"。每隔 3～5 秒再按门铃和敲门一次，再次口报"您好！服务员"，如还无回应，可自行开门。注意：①敲门用中指关节，以房内听得清为宜；②按门铃在先敲门在后。

四、开门

1）房内无人回答时，再一次通报"house keeping"或"您好！服务员"，门推开至 1/3 时，要目视房内确实无人后才能进入，并观察房间内的状况。

2）如果发现客人正在休息，则应马上退出，轻关房门。若有人应声，服务员应待客人允许后，方可进房进行清扫。

3）客人在洗手间里或正在睡觉时，要安静离开房间并锁上房门。

4）客人醒来，要首先向客人问候，询问客人何时可以清理房间。

5）房门被安全链锁住，要安静地关上房门，保持安静，并说"报歉，打扰您了。"

6）客人不在房间内，则按程序进入清理房间。

【情景模拟】

模拟开门并询问客人是否可以打扫房间、是否有衣物送洗，并往客房里添加客用品或酒水饮料。

▌走进酒店

丽思-卡尔顿酒店的"黄金标准"和员工满意度

丽思-卡尔顿酒店的管理理念在它的"黄金标准"所表述的公司核心价值中得到了充分体现。丽思-卡尔顿酒店的员工们在任何时候都随身携带"黄金标准"信条卡，丽思-卡尔顿酒店要求每一名新员工都能自觉奉行公司的标准，这些标准包括"信条""服务三步骤""座右铭""二十个基本点"及"员工承诺"。全部内容反复强调的宗旨是，永远把注重每个客人的个性化需要放在第一位，为每一位客人提供真正热情体贴的服务。所有员工每日都要时时提醒自己，他们是"淑女与绅士为淑女与绅士服务"，并且他们必须积极热诚地为客人服务，预见客人的需要。丽思-卡尔顿酒店在世界各地的每日训言都是一成不变的："超越客人的期望，是公司最重要的使命。"

员工满意度是"黄金标准"中的闪光点。"淑女与绅士为淑女与绅士服务"这句话可以看作是员工满意度和顾客满意度的结合。丽思-卡尔顿酒店视拥有并保持出色的员工群体是公司的首要任务，公司培训员工的方法是以此为基础的。丽思-卡尔顿酒店公司能在饭店业多年保持远远高出同业平均值66%的员工保持率，使酒店节约了成本，提高了利润。这一培训方法被世界各地的众多公司——从《财富》全球500强公司到成功的家族企业，作为经典模式进行引用和效仿。

给员工授权是员工满意度的重要体现。员工每年要接受100多个小时的客户服务培训，大约一半的丽思-卡尔顿酒店员工都属于某个具有授权的自我指导工作团队，这些团队发起了许多服务创新，从而提高了客人的满意度并提高了利润率。在包括 J.D.鲍瓦尔（联合经营）公司进行的客人满意度调查的诸多调查中，丽思-卡尔顿酒店公司获得了最高评价和近乎满分的客人回头率。

【思考与练习】

1．为什么房间没有客人也要敲门才能进入？

2．当服务员应客人之前要求的半小时后打扫房间，但半小时后服务员再次敲门，客人仍在房间，服务员应该怎么做？

3．晚上服务员将要进行开夜床服务，那他敲门进房应该怎么做

任务三　　走客房的清扫

【任务目标】

1．熟悉走客房清扫的要求。

2．掌握卫生间清扫的程序。

【任务准备】

1．规范仪容仪表：按规定着工作服，戴好工牌，整理仪容仪表，检查个人卫生，精神饱满，微笑着面对一天的工作。

2．班前会：接受值班经理或主管分配给每位服务员的工作任务。

3．五人一组，准备好工作车、垃圾袋、干净布件、清洁用具、吸尘器等，全班分成几组完成走客房的清扫。

4．核查房态。

情景导入

做个细心人

7月7日晚服务员在清理8235房间时，把所有的垃圾都收走了。22:02，张先生回房间后发现，他花费了好长时间才收藏的一可口可乐瓶子被当成垃圾收走了，这引起了

张先生的极度不满。事后服务员向客人道了歉，主管李世辉去垃圾站找回收藏品，和总值班王经理一同送到客人房间，并再次向客人赔礼道歉，最后还做了升值服务，以消除顾客的不满情绪。

一、卧室清扫"十字诀"

1）开。开门、开灯、开空调、开窗帘、开玻璃窗。

2）清。清理烟灰缸、纸篓和垃圾（包括地面的大垃圾）。

3）撤。撤出用过的茶水具、玻璃杯、脏布件。如果有客人用过的餐具也一并撤去。

4）做。做床。

5）擦。擦家具设备及用品。从上到下，环形擦拭灰尘。

6）查。查看家具用品有无损坏，配备物品有无短缺，是否有客人遗落物品，要边擦拭边检查。

7）添。添补房间客用品、宣传品和经洗涤消毒的茶水具（此项工作后应进行卫生间的清扫整理）。

8）吸。地毯吸尘由里到外，同时对清扫完毕的卫生间地面吸尘。

9）关（观）。观察房间清洁整理后的整体效果；关玻璃窗、关纱帘、关空调、关灯、关门。

10）登。在"服务员工作日报表"上做好登记。

二、卧室清扫具体步骤

规范要求：进入房间→拉开窗帘，开窗，开空调→撤走房内用餐的餐车、餐具，撤走用过的茶杯、烟灰缸，清理垃圾→撤床→做床→抹尘→补充房间用品→清洁整理卫生间→补充房间用品→吸尘→检查→关灯、关门→填写清洁报表。

第一步：打开房门。

按照酒店规定的进入客房的规范开门进房。将房门完全打开（可用顶门器把门支好），直到该房间清扫完毕。

第二步：插入房卡、检查灯具。

进房后，将房卡插入给电口中，调整工作车至正对房门口，把"正在清洁"牌挂在门把手上，将房间里所有的灯具开关打开，将门完全打开。检查灯具是否有毛病。检查后随手将灯关上，只留清洁用灯。一旦发现灯泡损坏，立即通知维修人员前来更换。

第三步：拉开窗帘，打开玻璃窗，观察室内情况。

拉开窗帘时应检查帘子有否脱钩和损坏情况，如有损坏，马上做好记录并报告领班。必要时应打开空调，加大通风量，保证室内空气的清新。同时，检查空调开关是否正常，检查客人是否有遗落物品和房内设备用品有无丢失和损坏，以便及时报告领班。如果有客人遗留物品，应及时报服务中心交还客人，免得客人不安。最后，检查房内有无异味。

第四步：检查酒水饮料及消费品等。

用额定量减去现存量即是客人消耗数量，服务员要注意以下四点：①要特别留意酒瓶的封口和罐装饮料的底部，以防客人偷龙转凤；②客人离店时，须及时检查；③及时报服务中心，保证准确；④及时补充，这样既可满足客人的需要又便于下一次检查。

第五步：收拾桌面，清理烟灰缸和垃圾。

① 将烟灰缸里的烟灰倒入指定的垃圾桶内，在浴室内洗净，用布擦干、擦净。注意不要有未熄灭的烟头，也不能将烟头等脏物倒入便器内，以免便器堵塞。

② 收拾桌面和地面的垃圾及尖硬物品，将其放进垃圾桶或纸篓中；可回收利用的物品要回收。

③ 清理纸篓（垃圾桶）。为了防止火灾，减少火荷载，纸篓一般用不锈钢材料制成。倒纸篓时，可先检查纸篓内有无贵重的东西，若有，则不要倒掉。在清理纸篓时，如发现有电池、刮胡刀片或碎玻璃片等锐利废弃物，应及时单独处理。

第六步：撤走房内用餐的桌、盘、杯、碟等；撤走用过的茶水具、玻璃杯；撤走用过的床单和枕套，把脏布件放进清洁车内的布件袋。

撤床步骤：①将床上用品逐一撤除；②将撤下的床单、枕套、被套放入工作车上的布草袋内；③从工作车上取出相同规格同及等数量的床单枕套被套；④检查褥垫床裙等是否需更换清洗。

撤床注意事项：①在撤床单时，要抖动几次，确认里面无衣物或其他物品；②若发现床单、褥垫等有破损及受污染情况，应立即报告领班；③注意不要把布件扔在地毯或楼面走道上；④客人用过的床铺一定要重新整理；⑤撤下的用品不得放于地上；⑥有特殊污迹和破损的用品要专门处理；⑦防止裹进其他物品。

如果客人不换新的床上用品，则会在枕头上放一绿色环保卡，服务员就不必撤换床上布件。

第七步：铺床。

按铺床的程序，换上新的床单、枕套。铺床的方法由于各酒店要求不同而多少有些差异。中式铺床程序如表2-2所示，西式铺床程序如表2-3所示。

表2-2　中式铺床程序

主要步骤	图　　示	方法及标准
拉床		为了操作方便，将床拉出约60厘米。注意床垫的翻转，贴上标签（每周头尾调换一次，每月上下翻转一次），使床垫受力均匀，床垫与床座保持一致

续表

主要步骤	图　示	方法及标准
铺单		① 将折叠的床单正面向上，两手将床单打开，利用空气浮力定位，使床单的中线不偏离床垫的中心线，两头垂下部分相等 ② 包角时注意方向一致、角度相同、紧密、不露巾角
套被套		① 将被芯平铺在床上 ② 将被套外翻，把里层翻出 ③ 使被套里层的床头部分与被心的床头部分固定 ④ 两手伸进被套里，紧握住背心床头部分的两侧，向内翻转，用力抖动，使被芯完全展开，被套四角饱满 ⑤ 将被套开口处封好 ⑥ 调整棉被位置，使棉被床头部分与床垫床头部分齐平，棉被的中线位于床垫的中心线 ⑦ 将棉被床头部分翻折 30 厘米。注意：使棉被平整、挺括、美观
套枕套		① 将枕芯装入枕头，使枕头四角饱满，外形平整 ② 两只枕头并列斜靠在床头板的中间，与床成 45° 斜角
推床		① 将铺好的床向前推进，与床头办吻合 ② 检查铺床的整体效果
注意事项		整个中式铺床用时 3 分钟，在整个铺床过程中，还应注意以下几点：站住；行走路线不重复；不跪床；动作轻松不重复，一次到位

表 2-3　西式铺床程序

主要步骤	方法及标准
将床拉离床头板	① 弯腰下蹲，双手将床架稍抬高，然后慢慢拉出 ② 将床拉离床头板约 50 厘米 ③ 注意将床垫拉正对齐
清理床垫	① 清除床面杂物（毛发等） ② 将床垫、床褥、床裙整理好
垫单（第一张床单）	① 开单：用手抓住床单的一头，右手将床单的另一头抛向床面，并提住床单的边缘顺势向右甩开床单 ② 打单：将甩开的床单抛向床头位置，将床尾方向的床单打开使床单的正面朝上，中线居中 ③ 手心向下，抓住床单的一边，两手相距 80～100 厘米 ④ 将床单提起，使空气进到床尾部位，并将床单鼓起 ⑤ 在离床面约 70 厘米高度时，身体稍右前倾，用力拉下去 ⑥ 当空气将床单尾部推开的时候，利用时机顺势调整，将床单尾方向拉正，使床单准确地降落在床垫的正确位置上 ⑦ 床单必须一次性到位，两边所落长度须均等
铺衬单（第二张床单）	① 衬单与铺垫单的方法基本相同,不同的地方是铺好的衬单单沿须包角 ② 甩单必须一次性到位，两边所落长度须均等 ③ 衬单的中线必须与垫单的中线重合
铺毛毯	① 将毛毯甩开平铺在衬单上 ② 使毛毯上端与床垫保持 5 厘米的距离 ③ 毛毯商标朝上，并落在床尾位置，床两边所落长度须均等 ④ 毛毯必须一次性到位
铺护单	① 方法与铺垫单、衬单的方法相同 ② 床头部分与毛毯平齐
包角边	① 将长出床垫部分的衬单翻起盖住毛毯（单折）60 厘米或 30 厘米 ② 从床头做起，依次将衬单，毛毯一起塞进床垫和床架之间，床尾两角包成直角 ③ 掖间包角动作幅度不能太大，勿将床垫移位 ④ 边角要平紧而平，床面整齐、平坦、美观
放床罩	① 在床尾位置将折叠好的床罩放在床上，注意对齐两角 ② 将多余的床罩反折后在床头定位 ③ 两手抓住袋口，边提边抖动，使枕芯全部进入枕袋里面 ④ 将超出枕芯部分的枕袋掖进枕芯里，把袋口封好 ⑤ 被压处朝上压倒的朝下，枕套口与床头柜是相反的方向 ⑥ 套好的枕头必须四角饱满、平整，且枕芯不外露

主要步骤	方法及标准
套枕头	① 将枕套抖开放在床上 ② 将平整饱满的枕芯对折，右手抓住枕芯的两边（前半部） ③ 左手将枕套口从中缝处提起，使开口分开 ④ 右手将枕芯的后部压住枕套口的下边 ⑤ 两手合力将枕芯装进枕套 ⑥ 两手抓住枕套口边提起并用力抖动，使枕芯全部进入枕套并到位 ⑦ 封口 ⑧ 两个枕头放置居中 ⑨ 下面的枕头应压住床罩 15 厘米，并进行加工处理 ⑩ 均匀放在床侧两边
罩枕头	① 将折起的床罩向床头拉起罩住枕头 ② 将多余部分压在两只枕头的中间 ③ 整理加工，使其美观
将床复位	将床推进，紧靠床头板，与床头柜平行
整理	① 将床面抹平 ② 将床尾及两边的床罩整理好，使整个床面平整、美观

第八步：擦拭灰尘，检查设备。

从房门开始，按环形路线依次把房间各种家具、用品抹干净，不漏擦。在除尘中注意需要补充的客用品和宣传品数量，同时检查设备是否正常，并注意擦拭墙脚线。擦拭顺序如表 2-4 所示。

表 2-4　抹尘的步骤和方法

步骤	做法	要点	原因
备好抹布	备好一干一湿两块抹布	① 湿抹布须洗干净并拧干 ② 干抹布干净无绒毛	脏抹布起不到除尘作用
抹门	用湿抹布抹门框、门面、闭门器、走火图、门锁等	① 抹尘的路线：门→衣柜→全身镜→行李柜→梳妆镜→台灯→梳妆桌→椅→落地灯→电视机→冰柜→冰箱→窗→茶几→圈椅→床头灯→床靠板→床头柜→壁画→空调调节器→取电牌处 ② 遵循顺时针方向、从上至下、从里至外的原则 ③ 抹布的伸展面积要适中，不要拧成一团 ④ 在抹尘时清点并记住需补充的物品	① 如不按顺序操作容易遗漏 ② 正确使用抹布可提高时效 ③ 清点物品避免走重复路线

步　骤	做　法	要　点	原　因
抹全身镜	① 用湿抹布抹镜柜 ② 用干抹布抹镜面，使其光洁明亮 ③ 镜面较脏或有特别污渍时，喷洒少量玻璃水	① 不要用干硬的抹布擦拭镜面 ② 不要在镜面上留下抹布的绒毛	以防损坏镜面
抹衣柜	用湿抹布适度地按以下顺序抹：棉被架→挂衣杆→衣架→衣架内壁→衣刷→鞋拔→衣柜底部→衣柜门	所有物品抹完后要按规格摆放好	—
抹行李柜	① 用湿抹布从上到下、从里到外擦 ② 行李柜面用干抹布清洁	如行李柜面有沙粒等留待吸尘时用吸尘器吸除	—
抹梳妆镜	同全身镜		—
抹台灯（落地灯、床头灯等）	① 用左手抓住灯罩沿，右手拿干抹布绕灯罩里外各一圈 ② 擦拭灯泡，灯身及底盘	① 切断电源后再操作 ② 抓紧灯罩，使之不要晃动 ③ 用干抹布擦拭	以免发生事故和损坏设备
梳妆台	用湿抹布从上到下擦拭	① 注意边角位的清洁 ② 检查家具是否有脱漆或破损现象 ③ 抹完尘将用品按规格摆放好	
抹梳妆椅	① 用湿抹布抹椅边周围 ② 用干抹布抹椅面	① 检查椅面有无头发等杂物 ② 椅面为软面，禁用湿抹布擦拭	用湿抹布抹软面家具会适得其反，将其弄得更脏
抹电视机	用干抹布擦拭机身、屏幕	切忌用湿抹布擦电视机	① 以免影响电视机使用寿命 ② 以防发生事故
抹冰柜、冰箱	① 用湿抹布抹冰柜面、侧等 ② 打开冰柜门及冰箱门，检查酒水，并把接水盘取出，把水倒入卫生间 ③ 用干抹布擦拭冰箱内外 ④ 关好冰箱门，用湿抹布抹冰柜内侧及冰柜门	① 冰箱必须干净、无污渍、无异味 ② 清点酒水 ③ 冰箱门一定要关紧	以免影响冰箱的正常使用
窗	① 喷洒少量玻璃水，用玻璃刮将窗玻璃刮干净，然后用干抹布擦，使之干净明亮 ② 用湿抹布将窗框、窗台抹干净	① 不得到窗台上操作 ② 检查玻璃有无破损、窗台有无脱漆等	注意安全
茶几	用湿抹布从上到下抹	干净、无尘、无污渍	—
抹托盘	① 先将托盘内的东西移开，用湿抹布清除污渍，再用干抹布抹干 ② 将用品还原	① 如有严重污渍可用中性清洁剂擦 ② 无尘无水渍 ③ 所有物品抹完后，要按规格摆放好	—
抹圈椅	① 用湿抹布抹扶手及椅脚 ② 用干抹布清洁靠垫及椅面	① 无杂物、无污渍、抹后要复原 ② 靠垫及椅面为软面家具，不得用湿抹布擦	湿抹布抹软面家具会适得其反，将其弄得更脏

续表

步　骤	做　法	要　点	原　因
床靠板	① 用干抹布抹床靠板内侧及软面部位 ② 用湿抹布抹木饰条	禁用湿抹布抹内侧及软面	用湿抹布抹内侧会弄脏墙面
抹床头柜	① 用湿抹布依次将床头柜里外抹干净 ② 用干抹布抹床头控制板、夜灯、门铃 ③ 将鞋篮擦干净后还原	① 防止抹布绒毛留在控制板上 ② 注意清洁边角处 ③ 床头控制板、夜灯用干抹布抹 ④ 擦夜灯时关闭电源	家具边角处易积尘及污垢
抹挂画	用干抹布擦拭画框及玻璃面	玻璃表面光洁明亮	—
抹空调调节器	用干抹布清洁	将空调开关调至常温	—
抹廊灯、卫生间开关、取电牌处	用干抹布将整个开关抹干净	忌用湿抹布清洁	以防事故发生
抹地脚线	从左至右，用湿抹布抹地脚线一圈	确保无污渍、无灰尘	

第九步：按酒店规定的数量和摆放规格添补客用品和宣传品。注意：①用干净的托盘将已消毒的茶水具、玻璃杯等用具托至房间中；②更换添补的物品均应无水迹和脏迹。

第十步：清洁卫生间。按卫生间的清扫程序操作。

第十一步：吸尘。吸尘的步骤和方法如表 2-5 所示。

表 2-5　吸尘的步骤和方法

步　骤	做　法	要　求
开启机器	把电线插头插上，确认吸尘机设备正常及配件齐全否，打开电源开关	吸尘前必须先检查吸尘机是否正常
吸房间地毯尘	① 双手握住吸管，挺起腰背，身体与握吸管的手成 60°角 ② 从里到外退着吸	① 吸尘路线是靠窗的床侧→茶几附近→落地灯附近→梳妆桌椅附近→床头柜附近→行李柜附近→走廊→卫生间房门口 ② 坚硬的砂石、钉头等不能用吸尘器吸除 ③ 防止堵塞吸管 ④ 将吸尘机耙头向同一方向推拉，以确保地毯的平整
吸家具底部尘	搬开能移动的家具，以便把家具底下的灰尘吸干净，吸床底时应去掉吸尘机的耙头将吸管放进床底吸	要清除干净地毯上的灰尘沙粒等杂物
吸房间边角位尘	用吸尘器吸管吸边角位置	可先用湿抹布清洁
吸卫生间尘	① 先把耙头上的毛刷转换开关打开 ② 从里到外退着吸	① 吸尘机耙头不直接接触地面 ② 不要用吸尘机吸水

续表

步　骤	做　法	要　求
关机	① 把吸尘机的开关关上 ② 拔掉电线插头	① 不要未关上吸尘机便直接断电源 ② 不要直接抓住电线从电源插座上拉开插头
收机	将电线绕在吸尘机盖上。	要避免电线扭成一团。
摆放	把吸尘机靠在走廊一侧的墙边，与工作车平行，吸管斜靠在机身上	① 靠边放，防止绊倒客人 ② 吸管不能卧放在走廊地毯上

第十二步：服务员离开客房之前要自我检查和回顾一遍，看是否有漏项，家具摆放是否正确，床是否美观，窗帘是否拉到位等，如有漏项应及时补做。

第十三步：关掉空调和所有灯具，然后将房门锁好。

第十四步：登记客房清洁整理情况。每间客房清扫完成后，要认真填写清扫进出客房的时间，所用布件、服务用品、文具用品的使用和补充情况，以及需要维修的项目和特别工作等。

【情景模拟】

分组完成对走客房的清洁整理工作。

■ 走进酒店

如何做好酒店客房的清洁与保养

酒店的客房清洁工作看似简单，实则很多细节往往容易被我们忽略，而往往也是这些细节，直接影响到了顾客住宿的舒适度。有了高级的清洁设备和齐全的清洁用品，如果没有好的清洁程序执行的话，同样也无法为顾客营造一种宾至如归的感觉。以下是客房清洁需要注重的几个细节。

1）装饰品清洁：除了地面、装饰物、摆设物、地毯以外，客房内的清洁保养工作也是非常重要的。客房内的家私，设备设施和配放的物品，包括浴缸、马桶、面盆、杯具、床上用品等，这些直接与客人接触的用具和设施，都必须坚持每天在客人使用后，进行清洁、消毒、更换和保养。

2）除渍：由于人力原因，地毯上不时会出现局部的污渍，如口香糖、茶渍、果渍、油渍等，尤其是茶渍和非天然色素果渍，如不能及时发现和处理，它将永远残留在地毯上，无法将其清洗掉。要去除这些污渍，除要用专业的相适应的去渍剂外，还要除渍及时，方能达到除渍的目的。

3）表面清洗：地毯经过15～30天后，一些表面性的污渍就会显露出来，或者已经失去了地毯本身的清新程度，此时就要对其进行有效的表面清洗。最常用方法是用单擦机配干泡地毯清洁剂进行清洗处理，干泡地毯剂有快速分解和还原本色的作用，且挥发迅速，经清洗和吸水（尘）工序约四小时后，地毯即可正常使用。

4）彻底清洗：经过两三个表面清洗周期以后，就必须进行一次彻底清洗，其作用和目的就是把沉淀于地毯根部的沙土、污渍清理掉，甚至把藏在地毯中的毯虫消灭，从而达到杀虫消毒的作用，使地毯重新还原，给人以松蓬、柔软、清新的感觉。其主要方法是用抽洗机配清洁用品抽洗地毯清洁剂（低泡剂）以强力浸透和分解，以强力吸水作用把污渍吸走。一般使用挥发性较强的低泡地毯剂，经清洗约五小时后，地毯可恢复正常使用。大家要牢记，地毯本身是封闭性的，在清洗时水分不易在空气中流通挥发，若选择挥发性差的低泡地毯剂，极有可能会造成地毯底部的麻质层变质发霉，从而产生怪异味，会直接影响客人的感受，进而影响酒店的经营。

【思考与练习】

1. 客房的清扫有哪些规定？为什么？

2. 客房清洁卫生质量的感官标准与生化标准的具体内容有哪些？为什么必须重视客房的生化标准？

3. 客房清扫前要做哪些准备工作？一个服务员要完成每天的房间清扫任务，究竟需要配多少种类、多少条抹布？请到一家酒店进行考察研究。

任务四　卫生间的清扫

【任务目标】

1. 熟悉卫生间及杯具的清洁程序及方法。

2. 根据客人实际情况，灵活地应对可能出现的特殊情况。

【任务准备】

1. 五人一组，全班分成几组完成卫生间的清扫。

2. 请调查本地几家星级酒店卫生间清洁状况，是否存在乱用"五巾"的现象。

情景导入

到底是谁的错

一天中午，住在2972 VIP房间的VIP客人从外面回到饭店，进到客房内，发现客房的卫生还没有打扫。VIP客人有些不满意地找到了九楼的服务员说："我都出去半天了，怎么还没有给我的房间打扫卫生？"服务员对VIP客人说："您出去的时候没有将'请即打扫'的牌子挂在门外。"VIP客人说："看来倒是我的责任了。那么现在就打扫卫生吧，过一会儿我还要休息。"于是，服务员马上为2972房间打扫卫生。

第二天早晨，VIP客人从房间出去时，把"请即打扫"的牌子挂在了门外的把手上。中午VIP客人回来后，客房卫生仍然没有打扫。这位VIP客人又找到这名服务员说："昨天中午我回来的时候我的房间还没有清扫，你说是因为我出去的时候没有把'请即打扫'的牌子挂上，今天我出去时把牌子挂上了，可是我现在回来了，还是没搞卫生。这又是什么原因呢？"这名服务员又用其他的理由解释说，一名服务员一天要清扫十几间房，得一间一间的清扫，由于比较忙，没注意到挂了"请即打扫"的牌子……VIP客人问：

"你工作忙，跟我有什么关系，挂'请即打扫'的牌子还有什么意义？"服务员还要向VIP客人解释。VIP客人转身向电梯走去，找到大堂经理投诉。事后，这名服务员受到了客房部的处理。

一、开灯换气

开亮浴室的灯，打开换气扇，将清洁桶放进卫生间，留意灯泡有无损坏。有的酒店还在卫生间入口放上一块毛毡，防止将卫生间的水带入卧室。放水冲净马桶，然后在抽水马桶的清水中倒入酒店规定数量的马桶清洁剂。注意不要将清洁剂直接倒在釉面上，否则会损伤抽水马桶的釉面。马桶清洁剂要浸泡数分钟后方能发挥效用。

二、收整物品

取走用过的"五巾"（浴巾、面巾、澡巾、地巾、方巾）放入清洁车上的布袋中（可留下一大浴巾和脚巾，以备后用）。收走卫生间用过的消耗品，清理纸篓垃圾。将烟灰倒入指定的垃圾桶内。烟灰缸上如有污迹，可用海绵块蘸少许清洁剂去除（烟灰缸的清理也可与卧室烟灰缸一并进行）。

收整物品时应注意以下几个事项：
1）切勿将布草放在地上。
2）有的毛巾虽未被用过，但如果不干净也得撤出。
3）注意回收卷纸、肥皂等可以再利用的物品。
4）防止将客人的用品收走。

三、清洁浴缸

先用清水粗洗一遍，将污物清除；然后将下水口塞好，将清洁剂均匀地喷洒在浴缸壁及底部；用浴缸刷仔细洗刷内壁、外壁、墙壁、浴帘、水龙头等处，最后打开活塞，用清水冲洗净。

清洁浴缸时应注意以下几个事项：
1）要特别留意下水口及水塞，看是否有毛发等污物，而且浴帘须每天洗抹底部。检查浴帘挂钩有无脱落，晾衣绳是否完好，如果有损坏，要及时修复或更换。
2）擦洗墙面时，也可采取另外一种方法，即先将用过的脚巾放入浴缸，然后用蘸上中性清洁剂的海绵或抹布清洁浴缸内侧的墙面，随后立即抹干，否则浴者容易滑倒。
3）用海绵块蘸少许中性清洁剂擦除镀铬金属件，包括开关、水龙头、浴帘杆、晾衣绳盒等上的皂垢、水斑，并用干抹布擦干、擦亮。
4）注意清洁并擦干墙面与浴缸接缝处，以免发霉。
5）注意清洁浴缸的外侧。
6）清洁金属件时，不要使用酸性清洁剂，以免"烧坏"电镀表层。
7）留意对皂盒缝隙的清洁，必要时可用牙刷刷净。
8）清洁浴缸应由上至下清洁。

四、清洁脸盆和大理石台

1）用百洁布蘸上清洁剂对台面、脸盆进行清洁，然后用清水刷净，用布擦干；或是将清洁剂均匀喷洒在面盆上，用面盆刷洗刷面盆及台面，然后用清水冲洗干净。

2）用海绵块蘸少许中性清洁剂擦除脸盆不锈钢件的皂垢、水斑，然后用干布擦干、擦亮。

3）注意下水口及水塞，看是否有毛发等污物；要特别留意大理石台的边缘；小心操作，不要打翻客人的化妆品等。

五、擦净物品

注意将毛巾架、浴巾架、卫生间服务用品的托盘、吹风机、电话副机、卫生纸架等擦净，并检查是否有故障。擦干镜面，当镜面较脏或有特别的污迹时，喷洒玻璃水，用抹布将镜面擦拭干净，使其光洁明亮，但不要在镜面上留下抹布的绒毛。

六、清洁马桶

1）将清洁剂均匀洒在马桶内壁，放进洗涤剂后，可待浸泡片刻后再洗刷，用马桶刷洗刷内壁，冲水。

2）马桶刷须用清水冲洗后方可放回清洁桶内，要特别留意出水孔及"U"字形的地方。

3）用专用的干布将抽水马桶擦干。

4）缸、马桶的干、湿抹布应严格区别使用，禁止用"五巾"做抹布。

七、消毒

卫生间消毒的方法有多种，无论选用哪种方法，都必须对卫生间进行严格消毒。

1）客人退房后，服务员的第一项工作就是对卫生间进行消毒，具体可用 2%～3%的来苏水液擦拭消毒，也可用"84"消毒剂进行擦拭消毒。消毒完毕，要紧闭门窗约2个小时，然后进行房间通风。这种方法只适合于酒店的淡季或搞计划卫生的时候。

2）擦拭完卫生间卫生洁具后，将含有溶剂的消毒剂装在高压喷罐中，进行喷洒消毒。

3）在清洁剂中加入适量的消毒剂，或者采用杀菌去污剂，以达到清洁消毒的双重目的。此种方法操作比较简便，但消毒剂的腐蚀性和有毒性会对人体造成损害，故必须小心使用并注意防护。最后还必须清洁和擦干所有痕迹和残留的余渣，以免损伤客人的肌肤。

八、补充用品

按规定的位置摆放好"五巾"和浴皂、香皂、牙具、浴帽、浴液、洗发液、梳子、香巾纸（面纸）、卫生卷纸及卫生袋等日用品。走客房的客用品必须全部更新，为下一位客人提供全新的住宿条件。

九、洗抹地面

用专用抹布将地面洗抹干净，保证无毛发，无污迹，无水迹，特别注意对边角、坐便器底座、下水口等处的清洁。要从里到外退着洗抹，最后吸尘，以保证卫生间不留一丝线头、毛发和残渣。

十、自我检查

环视卫生间和房间，检查是否有漏项和不符合规范的地方。调整浴帘的位置，拉出三分之一为客人示范使用。然后带走所有的清洁工具，将卫生间门半虚掩，关上浴室灯。

小提示

清洁卫生间时的注意事项：

1）清洁卫生间时必须注意，不同项目使用不同的清洁工具和清洁剂，绝不能一块抹布抹到底。

2）卫生间的清洁卫生一定要做到整洁、干燥、无异味、无毛发、无污迹、无皂迹和无水迹。

3）对于浴缸的旋塞，必要时可以取出来清洁。清洁时，需彻底冲洗滤网。重新安上旋塞时，要拧紧。清洁脸盆活塞时也如此。

4）可在卫生间的金属制品上涂上一层薄蜡，以免因脏水溅污而产生锈斑。

5）清洁卫生间必须配备合适的清洁工具和清洁用品。要了解如何使用清洁剂和消毒剂，以便有效地进行清洁工作。

【情景模拟】

模拟进行卫生间的清扫工作，并检查自己的疏漏之处。

■ 走进酒店

一个耐人寻味的故事

许多年前，一个年轻人来到一家著名的酒店当服务员。这是他涉世之初的第一份工作，他将在这里正式步入社会，迈出他人生关键的第一步。谁知上司竟然安排他洗马桶，而且工作质量要求高得惊人：必须把马桶洗刷得光洁如新！为此，他心灰意冷，一蹶不振。正在这关键时刻，一位前辈出现在他的面前。她并没有用空洞理论去说教，而是言传身教，身体力行，亲自洗马桶给他看一遍。首先，她一遍遍地抹洗马桶，直到抹洗得光洁如新；然后，她从马桶里盛了一杯水，一饮而尽，丝毫没有勉强。这件事让他深受震撼。于是他痛下决心："就算是一辈子洗马桶，也要做一名洗马桶最出色的人！"从此，他脱胎换骨，成为一个全新的人，他的工作质量也达到了无可挑剔的高水准。为了检验自己的自信心，为了证实自己的工作质量，也为了强化自己的敬业心，他也多次喝过马桶的水。几十年光阴一晃而过，后来，他建立了享誉全球的希尔顿酒店。

这个故事很有哲学内涵：一个能洗马桶的人，不会洗一辈子马桶；一个洗不好马桶的人很可能要洗一辈子马桶，甚至，连洗马桶这个差事也会丢掉。

干好手头的工作是成长的基础。追求工作的完美是生命的义务。人与人之间经济上的差距，事业上的差距，都可以归结为敬业态度和日常工作完美度上的差距。成功永远不会恩典吊儿郎当、玩世不恭的人。

【思考与练习】

卫生间的用品如何能做到不浪费？

任务五　　其他状态客房的清扫

【任务目标】

掌握住客房的清扫、空房的整理、夜床的整理、小整服务。

【任务准备】

1. 仪容仪表检查。

2. 将学生分为四组，按照各状态房清扫程序及标准进行清扫，老师予以点评。

▌情景导入

客房特殊状态的布置

史密斯先生是酒店的长住客，今天他告诉酒店前台，他的夫人就要来中国了，他希望夫人能在中国待上一段时间，但是夫人有洁癖，对房内卫生要求特别高，到了近乎苛刻的程度。其中，她就希望房间里面所有的物品都应该是白色的，请求酒店能够满足要求。前厅部很快将这个信息告知客房部，客房部高度重视，在极短时间内就做好了接待准备。

一、住客房的清扫

1. 敲门进房

进入客人房间前先敲门或按门铃。房内无人方可直接进入。房内若有人应声，则应主动征求意见，得到允许后方可进房。

如果客人暂不同意清理客房，则将客房号码和客人要求清扫的时间写在工作表上。

2. 进房整理

尊重客人的生活习惯。清扫时将客人的文件、杂志、书报稍加整理，但不要随便合上，不要随意移动位置，更不准翻看。不要触摸客人的手机、笔记本电脑、钱包、手表、相机等贵重物品。除放在纸篓里的东西外，即使是放在地上的物品也只能替客人做简单的整理，千万不要自行处理。客人放在床上或搭在椅子上的衣服，如不整齐，可挂到衣柜里。睡衣、内衣也要挂好或叠好放在床上。

女性用的化妆品，可稍加整理，但不要挪动位置。即使化妆品用完了，也不得将其扔掉。

如果客人在房间，除了必要的问候外，不要主动与客人闲谈，在清扫时不要影响客人正常的休息。如果客人在打扫的中途退房，服务员应礼貌查验住宿凭证，核查客人身份。

3. 清洁

擦壁柜时，只搞大面卫生即可。注意不要将客人的衣物弄乱、弄脏。擦拭行李架时，一般不挪动客人行李，只擦去浮尘即可。如果在清扫的过程中不小心损坏了客人物品，应及时道歉，并如实向上级反映。如果客人要求赔偿，应视情况由客房部出面赔偿。

4. 退出房间

房间整理完毕，应立即离开客房，不应在客房逗留。客人在房间时，要向客人表示谢意，然后退后一步，再转身离开房间，轻轻将房门关上。

二、空房的整理

1. 换气

每天进房开窗、开空调，通风换气。

2. 抹尘

用干抹布除去家具、设备及物品上的浮尘。

3. 卫生间整理

每天将浴缸和脸盆的冷热水及马桶的水放流 1～2 分钟。

4. 吸尘

如果房间连续几天为空房，则要用吸尘器吸尘一次。

5. 检查

检查房间有无异常情况。检查浴室内"五巾"是否因干燥而失去弹性和柔软度，必要时，要在客人入住前更换。

三、夜床的整理

夜床服务（turn down service）也称"晚间服务"，包括做夜床、整理房间等内容，是一项高雅而亲切的对客服务方式。

1. 敲门进房

夜床服务通常在 18:00 以后开始，并尽量在客人用餐时进行，以免打扰客人休息。

夜床服务一般规定用时为五分钟。

1）进客房要敲门或按门铃，并通报自己的身份和目的。如果客人在房内，则需经客人同意方可进入，并礼貌地向客人道晚安；如果客人不需要开夜床，服务员应在做夜床表上做好登记。晚间进入客房要特别小心谨慎。

2）开灯，查看灯是否都亮，并将空调开到指定的刻度上。

3）将所有窗帘拉拢并使之悬挂。

2. 做夜床

1）靠床头柜处的被子向外折成45°或90°角，并将边角折叠整齐，以方便客人就寝。

2）拍松枕头并将其摆正，如有睡衣应叠好放置于枕头上。

3）将浴衣叠好放置于床尾处。

4）标准间一人住时，开靠近卫生间的那张床或客人用过的床。以床头柜为准，开墙边近浴室的一张床，折角应朝向卫生间；双人床睡两人时，可两边都开；二人住双床间，则各自开靠床头柜的一侧，也可同方向开。

5）酒店如果规定有一次性拖鞋，则在开夜床折口处地上摆好拖鞋。

3. 清扫整理房间

清理烟灰缸、桌面和倒垃圾，将房内各处的灰尘污迹清除干净，如有房内用餐的餐具也一并撤除。客人的报刊、写有字的纸片，不能当作垃圾处理掉，除非客人已作处理；注意有无未熄灭的烟头；留意垃圾桶内有无客人误扔、误放的有用物品。如有加床，则在这时打开整理好。

4. 添置物品

1）撤出客人用过的杯子和烟灰缸。如果杯中有客人新泡的茶水或留有饮料、酒等则不能撤走和更换。

2）补充所缺少的物品，冷热水不够须更换。

3）将床头柜上晚安卡面向客人放好。

4）将拖鞋放在规定的地方（通常放在床前）。

5）将电视的床头开关打开。

5. 整理卫生间

1）抽水马桶放水。

2）洗刷面盆、面盆台面、浴缸及马桶，马桶不脏时只冲水即可。

3）将用过的毛巾整理并放好，湿毛巾进行更换；将所有物品整理好。

4）浴帘放入浴缸内，并拉出1/3，以示意客人淋浴应将浴帘拉上并放入浴缸内，将防滑垫摆放在浴缸内。将地面抹干净并铺好地巾，如有加床，则要增添一份。最后，检查一遍卫生间及房间。

6. 检查并关灯

将空调调节好，除夜灯和廊灯外，所有的灯都关掉，并关上房门。如果客人在房内，不用关灯，向客人道别后退出房间，轻轻将房门关上。最后，在开夜床报表上登记。

> **小提示**
>
> 小整服务的内容大致与夜床服务相似，主要是整理客人午睡后的床铺，必要时补充茶叶等用品，使房间恢复原状。有的酒店还规定对有午睡习惯的客人，在其去餐厅用餐时应迅速给客人开床，以便客人午休等。小整服务一般是为 VIP 客人提供的。是否需要提供小整服务，以及小整服务的次数等，各酒店应根据自己的经营方针和房价的高低等做出相应的规定。

【情景模拟】

敲门并询问客人是否需要小整服务、夜床整理服务，并灵活应对客人提出的要求。

■ 走进酒店

万豪酒店发展史

万豪国际集团是世界上著名的酒店管理公司和入选《财富》全球 500 强名录的企业。万豪国际集团创建于 1927 年，总部位于美国华盛顿。万豪国际集团目前拥有 18 个著名酒店品牌，在全球经营的酒店超过 2700 家，年营业额近 200 亿美元，多次被世界著名商界杂志和媒体评为首选的酒店业内最杰出的公司。

万豪国际集团的发展起源于 1927 年，由已故的威拉德·玛里奥特先生在美国华盛顿创办了公司初期的一个小规模的啤酒店，起名为"热卖店"，以后很快发展成为服务迅速、周到、价格公平、产品质量持之以恒的知名连锁餐厅。其成功经验的关键是自公司成立之日起，就以员工和顾客为企业的经营之重。

威拉德·玛里奥特先生创立的经营思想是"你如能使员工树立工作的自豪感，他们就会为顾客提供出色的服务"。在此基础上，连锁"热卖店"的成功经营为玛里奥特涉足酒店业提供了先天的条件。

首家万豪（Marriott）酒店于 1957 年在美国华盛顿开业，在公司的核心经营思想指导下，加之早期成功经营的经验为基础，万豪酒店很快得以迅速成长，并取得了长足的发展。新加盟的酒店从一开始就能以其设施豪华而闻名，并以其稳定的产品质量和出色的服务在酒店业享有盛誉。到 1981 年，万豪酒店的数量已超过 100 家，并拥有 40 000 多间高标准的客房，创下了当年高达 20 亿美元的年销售额。

20 世纪 80 年代，万豪集团根据市场的发展和特定需求，精心设计并创立了万怡（Courtyard）酒店。1983 年，第一家万怡酒店在美国正式开业。由于万怡酒店是在广泛听取商务客人的意见，经过精心设计而推出的中等价位客房并保持高水准服务的酒店，万怡酒店一问世，即获成功，很快，便成为同业中的佼佼者。

1984 年，以公司创办者的名字命名的 J.W.万豪（J.W.Marriott）酒店在美国华盛顿市开业。J.W.万豪酒店品牌是在万豪酒店标准的基础上升级后的超豪华酒店品牌，向客人提供更为华贵舒适的设施和极有特色的高水准的服务。此后，在 1987 年万豪公司收购了"旅居"连锁酒店（Residence Inn），其特点是，酒店房间全部为套房设施，主要为长住客人提供方便实用的套房及相应服务。同年，万豪又推出了经济型的 Fairfield Inn 和万豪套房酒店（Marriott Suites）两个新品牌酒店。至 1989 年年末，万豪已发展到拥有 539 家酒店和 134 000 间客房的大型酒店集团。

万豪国际集团在持续快速发展中，又于 1995 年收购了全球首屈一指的顶级豪华连锁酒店公司——丽嘉酒店（Ritz-Carlton）。这一举措使万豪成为首家拥有各类不同档次优质品牌的酒店集团。此后又在 1997 年，相继完成了对万丽连锁酒店公司（Renaissance）及其下属的新世界连锁酒店（New World），以及华美达国际连锁酒店（Ramada International）的收购。此举使万豪国际集团在全球的酒店数量实现了大幅增长，特别在亚太地区，一跃成为规模领先的酒店集团。

【思考与练习】

1. 晚间服务的内容有哪些？其意义何在？
2. 走客房、住客房、空房，以及夜床服务的清扫有何区别？

任务六　客房的计划卫生、消毒及虫害控制

【任务目标】

1. 掌握计划卫生的项目。
2. 能够做好计划卫生的安排并做好检查记录。
3. 通过学习，熟悉客房消毒的要求。
4. 掌握常用的消毒方法。
5. 了解虫害的防治方法。

【任务准备】

1. 准备计划卫生项目检查表。
2. 让学生走进酒店，调查卫生计划项目及时间安排、虫害防治方法等情况。

情景导入

为什么不为客人搞卫生

一天上午，客房服务员小肖看到一间客房的门把手上挂着"请即打扫"的牌子，就走过去敲了敲门，客人在房间内把门打开。小肖向客人问过好，走进房间准备清扫房间。这时小肖看到客人在收拾行李，估计客人可能会在当天退房。小肖想，如果清扫完这间

客房的卫生以后，客人用过后又退房了，自己不是又得多打扫一遍吗？为了确认客人是否退房、为了自己省一点事，小肖问客人："先生您今天是不是要退房？"客人说："是。"小肖说："既然今天您不住了，那等您走后我再为您清扫房间吧。"客人一听不高兴了："我走了以后你再清扫，那怎么能说是为我清扫呢？我现在还没有退房，就是退房，我也把今天的房费付了。我今天要是退房，你就不给搞卫生啦？我为什么要把"请即打扫"的牌子挂在门上？就是需要搞卫生，过一会儿有朋友来我房间说事，房间乱七八糟的很不礼貌。你倒想等我退了房再搞卫生，那不是为我搞的卫生，你这是想让我赶紧走是吧？"随后，客人气呼呼地找到大堂经理投诉。

一、客房的计划卫生

1. 客房计划卫生的内容

客房计划卫生分为日常计划卫生、周计划卫生、月计划卫生、季度计划卫生、半年计划卫生、年计划卫生。日常计划卫生由主管制定计划卫生表，由领班协助落实并分配到个人进行计划实施跟踪，并根据计划定期检查。月计划卫生由部门主管安排，由领班协助落实并分配到个人，每天进行抽查，月末进行评比。季度和半年的计划卫生由部门主管安排，由领班协助落实并分配到个人，以及进行逐项检查。年计划卫生由部门经理安排，由主管协助落实并分配到领班，以及进行逐项检查。

客房计划卫生项目具体内容如表 2-6 所示。

表 2-6　客房计划卫生项目

项　　　目	内　　　容
日常计划卫生	① 地毯局部污渍处理 ② 壁纸脏迹处理 ③ 浴帘更换 ④ 防滑垫清洁 ⑤ 检查洗发水
周计划卫生	① 马桶水箱清洁：将马桶水箱盖放于大理石台面上，用牙刷刷水箱内壁及水箱底部，必要时用全能清洁剂，然后放水冲刷。刷洗时不要损坏内部机件 ② 电话消毒：将酒精少许倒在抹布上，擦拭话筒及话机 ③ 冰箱除霜：将冰箱温挡拧到"0"处。四小时后冰霜融化，用干抹布将水擦拭干净，之后将饮料按标准码放归位 ④ 清洁卫生间地面、地漏、马桶底座 ⑤ 家具上蜡：将家具蜡喷在抹布上，擦拭家具表面，使之均匀 ⑥ 地漏喷药
月计划卫生	① 卫生间排风扇清洁 ② 空调出风口及回风口清洁 ③ 窗槽、窗框、窗玻璃清洁 ④ 家具移位、床底地毯吸尘：将家具移位，吸地角与地毯接缝处毛絮；将床拉出半米距离，一人将床垫尾部抬起，另外一人吸尘

项 目	内 容
月计划卫生	⑤ 筒灯、灯具的灯口、电器的电线清洁：擦拭筒灯时用干抹布；清洁灯口和电线时先拔下电源，然后分别用旧牙刷、潮抹布操作； ⑥ 顶棚盖板清洁：用干抹布擦拭表面灰尘 ⑦ 家具后、沙发边角、地毯吸尘，地脚线抹尘 ⑧ 热水壶清洁：将热水壶撤到工作间操作；将去锈灵倒至热水壶三分之一处，盖上壶盖晃动，使溶液充分发挥作用；将去锈灵倒出，用清水反复冲刷热水壶，直至无异味（注意：冲刷时注意壶底部不要沾水，去锈灵可反复使用） ⑨ 冰箱清洁
季度计划卫生	① 床垫翻转：在每个季度第一个星期的星期一完成，翻转顺序如下：第一季度床尾右侧显示"W"字样；第二季度将床垫从右面向左翻转180°，床尾左侧显示"M"字样；第三季度将床垫从床头向床尾翻转180°，床尾左侧显示"W"字样；第四季度将床垫从左向右翻转180°，床尾右侧显示"M"字样。每年每季度按此重复循环交替 ② 床裙拆洗：将床裙撤出送洗衣房洗涤、熨烫 ③ 根据地毯的颜色深浅、污染程度对地毯进行干洗 ④ 壁纸吸尘
半年计划卫生	① 纱帘拆洗 ② 护垫拆洗 ③ 沙发清洗
年计划卫生	① 厚窗帘清洗 ② 湿洗地毯

2. 客房计划卫生的分类

1）单项计划卫生。由于人力的安排、开房率的高低等因素的影响，服务员每天清扫客房时应有所侧重，也就是说，服务员在每次清扫房间的同时，对客房的某一部位进行彻底清扫，经过若干天对不同部位和区域的彻底清扫，完成所有客房的计划卫生工作。

2）客房周期大清洁。单凭单项的计划卫生较难维持客房的格调，所以还应对客房卫生进行周期性、全面、彻底的清洁，以确保客房处于清洁如新的状态，使客房的卫生质量保持和达到较高水平。其具体做法是以季度为工作周期，保证在一个周期内对全部客房完成大清洁。

3. 计划卫生中要注意安全

客房的计划卫生中，有不少是需要高空作业的项目，如通风口、玻璃窗、天花板等的清洁。因此，在清扫天花板、墙角、通风口、窗帘盒或其他高处物体时，要使用脚手架或凳子，站在窗台上擦外层玻璃时要系好安全带。总之，要处处注意安全，防止事故发生。

4. 做好清洁工具和清洁剂的准备工作

要做好客房的计划卫生，就要重视清洁工具及清洁剂的准备工作。如果这一环节没抓好，不仅会浪费清洁剂和降低工作效率，而且往往达不到预期的清洁、保养效果，甚至会带来额外的麻烦。例如，给木质地板上蜡，本应用油性蜡，如误用水性地面蜡，不仅不美观，而且会给木质地板造成损坏。因此，根据计划卫生的内容，选择适合的清洁工具和清洁剂是搞好计划卫生的重要一环。

二、客房的消毒

（一）客房消毒的要求

1）客房要每天进行通风换气、日光照射。遇到特殊情况（如住客患病）应及时进行消毒。

2）客房卫生间：卫生间的设备用具易于沾染病菌，因此卫生间必须每天彻底清扫，定期消毒，保持整洁。卫生间洁具每换一客，必须进行严格的消毒。

3）客房杯具：客房内用过的需要更换的杯具应每日一换，并在楼层消毒间进行严格的洗涤消毒。

4）其他客用品：客房布草在洗涤过程中，应按规定进行消毒。

5）客房工作人员：①严格实行上下班要换工作制服制度；②清扫客房时，双手应尽量不要触摸物品，尤其是杯具等经过严格消毒的物品；③清理卫生间时，应戴好手套；④每年体检身体，防止疾病传染。

6）清洁用具：各种抹布送洗衣房洗涤、消毒。

（二）常用的消毒方法

1. 物理消毒

（1）高温消毒

1）煮沸消毒法：在100℃沸水中煮15～30分钟，适用于瓷器，不适用于玻璃器皿。
2）蒸汽消毒法：在蒸汽箱中蒸15分钟，适用于各种茶水具、酒具和餐具。
（2）干热消毒法
1）干烤法：多用红外线照射杀菌，即将洗净的杯具放入消毒柜中，将温度调至120℃，干烤30分钟。
2）紫外线消毒法：一般安装一支30瓦紫外线灯管，灯距地面2.5米，每次照射2小时。

2. 化学消毒

1）浸泡消毒法：用氯亚明、漂白粉、高锰酸钾、"84"消毒液等消毒液浸泡消毒。
2）擦拭消毒法：房间家具、设备可用10%浓度的碳酸水溶液、2%浓度的来苏水溶液擦拭，卫生间洁具可用2%～3%的来苏水溶液或"84"消毒液擦拭。

3. 喷洒消毒

房间死角和卫生间可用浓度为1%～5%的漂白粉澄清液进行消毒。

4. 室外日光消毒

定期翻晒床罩、床垫、毛毯、枕头等，如此可以利用阳光紫外线的作用杀死一些病,菌，既起到消毒作用，又可使其松软舒适。

5. 室内采光

室内采光消毒是指让阳光通过门窗照射到地面，以杀死病菌。例如，冬季有三小时日照，夏季有二小时日照即可杀死空气中大部分致病微生物。

6. 通风

服务员每天在清扫客房时打开门窗，使房内空气对流，达到通风效果。这样不仅可以改善空气环境，还可以防止细菌。

小提示

杯具的清洁与消毒方法如下。

1）去污清洗：把杯具内的剩余茶叶倒掉，按说明书的要求配制清洁洗涤剂放于面池中，把茶杯放入池中，逐一彻底清洗，去掉附着物。

2）浸泡消毒：将准确配制的漂白剂放入池中，把洗净的茶杯浸入池内，浸泡10～15分钟。

3）清水冲洗：取出消毒后的茶杯，用流动的水冲刷（不要用手去触摸）两三遍，冲净茶杯残留的消毒剂。

4）保洁存放：将消毒冲净的杯具，擦干放入消毒柜内消毒，再分类放入保洁柜存放，取用时手不得触摸杯具内侧。保洁柜有白色纱布和毛巾，并定期消毒。

三、虫害的防治

1. 虫害的诱因

1）内部因素：饭店内通风不佳、环境潮湿、垃圾生根、残羹剩饭乱倒、新鲜食物控制不当的现象，让虫害的滋生和蔓延有了可乘之机。

2）外部因素：对建筑基地的隐患未予以勘察与处理、饭店周围有建筑物拆迁或公共设施修整、每天进出饭店的各种车辆和物品等因素也能造成虫害。

2. 虫害的类别

1）昆虫类：臭虫、虱子、跳蚤、苍蝇、蟑螂、蚊子等。

2）齿类：褐家鼠、小家鼠等。

3）菌类：霉菌等腐生菌。

3. 虫害防治的基本方法

（1）控制虫害的起因

1）外来货物必须经检查认可。

2）食物不许乱丢。

3）对垃圾要进行严格的卫生管理。

4）做好地下室、库房、阳台等死角的计划卫生。

5）饭店必须从各个环节控制好环境卫生。

（2）及时发现和治理虫害

多数害虫昼伏夜出，如不是泛滥，白天是不易发现其活动的，因此酒店员工都必须警惕虫害的迹象，发现问题应及时汇报，以便尽早采取措施处理。

小提示

清洁保养酒店家具时的注意事项如下。

1）要避免阳光直射。有些高档酒店的房间是面向大海、面朝阳光的，很多顾客会把窗帘拉开观海景，这时就会有阳光射入，所以酒店一定要设计好家具的摆放。板式和原木家具如果一直暴露在阳光之中，很容易退色、变脆甚至损坏。

2）避免热源。无论什么材料的高档酒店家具都需要远离热源，而且至少要30厘米以上。因为家具受热像曝晒在阳光中一样，容易退色、变脆、变干，最后直到损坏。

3）要防止灰尘。尘土直接影响美观，而且沾染灰尘的家具容易吸水受潮。

4）注意防潮。家具一定不要放在潮湿的地方，因为这样容易受潮。如果受潮，实木家具可以用保护蜡或专门的清洁剂均匀地涂在家具表面，然后轻轻擦拭，以保持其光泽并防潮；板式家具要注意保持接缝部位的清洁，以免灰尘杂质吸湿膨胀，造成开裂；布艺家具，可用吹风机吹干或用烘干机烘干，但要注意吹风机与布表面保持一定的距离。

5）打扫的时候要检查用具，先要确定所用的抹布是否干净，最好用毛巾、棉布或者绒布等吸水性好的布料来擦家具。

6）要用湿布对家具进行擦拭，很多人习惯用干的抹布来清洁擦拭家具表面，这是一个误区，其实这些细微颗粒在来回擦拭的摩擦中，已经损伤了家具漆面，久而久之家具就很容易损坏了。

7）布艺家具比较难除尘，如天鹅椅，沾上灰尘很难抹去，这时可以使用清洁地毯的清洁保养剂。使用时，先用吸尘器将灰尘吸除，再将地毯清洁剂少量喷在湿布上擦拭即可。

8）高级酒店家具的清洁是不能用洗洁精、肥皂水等清洁产品的，即使在家里清洁的时候也应少用。因为这些产品除了清除的时候会残留像洗洁精这样的化学物质，对人的身体产生危害以外，这样清洁不能有效地去除堆积在家具表面的灰尘。它们还具有一定的腐蚀性，会损伤家具表面，让家具变得不美观，影响酒店的运营。

【情景模拟】

分组模拟进行客房的计划卫生和客房消毒工作。

走进酒店

微笑服务

美国"旅馆大王"希尔顿于 1919 年把父亲留给他的 12000 美元连同自己挣来的几千美元投资出去，开始了他雄心勃勃的经营旅馆生涯。当他的资产从 1500 美元奇迹般地增值到几千万美元的时候，他欣喜而自豪地把这一成就告诉母亲。想不到母亲却淡然地说："依我看，你跟以前根本没有什么两样。事实上你必须把握比 5100 万美元更值钱的东西：除了对顾客诚实之外，还要想办法使来希尔顿旅馆的人住过了还想再来住，你要想出这样一种简单、容易、不花本钱而行之久远的办法去吸引顾客。这样你的旅馆才有前途。"

母亲的忠告使希尔顿陷入迷惘，究竟什么办法才具备母亲指出的"简单、容易、不花本钱而行之久远"这四大条件呢？他冥思苦想，不得其解。于是他逛商店、串旅店，以自己作为一个顾客的亲身感受，得出了准确的答案——"微笑服务"。只有它才实实在在地同时具备母亲提出的四大条件。从此，希尔顿实行了微笑服务这一独创的经营策略。每天他对服务员的第一句话是"你对顾客微笑了没有？"他要求每个员工不论如何辛苦，都要对顾客投以微笑。即使在旅店业务受到经济萧条的严重影响的时候，他也经常提醒职工："万万不可把我们心里的愁云摆在脸上，无论旅馆本身遭受的困难如何，希尔顿旅馆服务员脸上的微笑永远是属于旅客的。"

为了满足顾客的要求，"希尔顿帝国"除了到处都充满着"微笑"外，在组织结构上，希尔顿尽力创造一个尽可能完整的系统，以便成为一个综合性的服务机构。因此，希尔顿饭店除了提供完善的食宿外，还设有咖啡厅、会议室、宴会厅、游泳池、购物中心、银行、邮电局、花店、服装店、航空公司代理处、旅行社、出租汽车站等一套完整的服务机构和设施，使得到希尔顿饭店投宿的旅客真正有一种"宾至如归"的感觉。当他再一次寻问他的员工们："你认为还需要添置什么？"员工们回答不出来，他笑着说："还是一流的微笑！如果是我，单有一流设备，没有一流服务，我宁愿弃之而去，住进虽然地毯陈旧，却处处可见到微笑的旅馆。"

【思考与练习】

1. 客房计划卫生的意义是什么？
2. 怎样做好客房的计划卫生？
3. 饭店常见的虫害可以分成几类？
4. 虫害防治的基本方法是什么？

项目三　对客服务工作

❖ 知识目标

　　1. 理解什么是服务及服务质量的理念。

　　2. 明确客房员工职业道德、礼节礼貌要求。

　　3. 熟悉对客服务的程序。

❖ 能力目标

　　1. 掌握对客服务的技巧。

　　2. 学会处理客人投诉的基本程序与方法。

　　对客服务是构成客房产品的重要因素。对客服务工作主要是指服务人员面对面地为客人提供各种服务，满足客人提出的各种符合情理的要求。客人在住店期间，不仅要求客房清洁、舒适，还要求提供相应的服务。酒店应使客人有"宾至如归"之感。因此，向住客提供有效的亲情般的服务，是客房服务的主要内容之一。

任务一　　对客服务

【任务目标】

1. 学会优质服务理念。
2. 掌握员工的职业道德规范。

【任务准备】

1. 学生以三或四人为一小组，搜集各酒店员工的职业道德规范。
2. 以情景模拟的形式展示一次服务工作，要符合优质服务和员工的职业道德规范。

▮ 情景导入

请细致我们的服务

10月3日，正值繁忙的国庆假期，那天凌晨1时多，客房几乎已住满，小李正像往常一样在核对前台账务。这时来了一对年轻的情侣，拎着一个行李箱，满脸疲倦之意："请问房间还有吗？"小李立刻查询了一下电脑，发现只剩下了一间维修房，房间里的马桶容易堵塞，正在抢修。小李便委婉告知客人因为是国庆节期间，房间很紧张需要提前预订，现在只剩下这一间，而且作为维修房，一般是不能对外出租的。客人觉得很失望："我们第一次开车到上虞来玩的，经过附近的酒店都问过了，没有地方落脚了，而且现在也很累了，我女友眼药水没带，现在眼睛也很不舒服，急需休息一下，可不可以把那间先卖给我们住一下，马桶我们可以不使用。明天6:00就要走了……"看着客人疲惫的神情小李实在不忍，于是便问了房务中心马桶堵塞的情况，确认不影响入住后，并在征得客人同意的情况下，为客人办理了入住手续，并告诉客人如果真有需要，一楼大堂也有卫生间。随即小李通知房务中心提前给客人送了一份欢迎水果以解乏。因无意看到张先生的女友在揉眼睛，小李想一定是隐形眼镜的问题，因为自己也经常戴隐形眼镜，知道佩戴久了一定很不舒适，而且刚好自己包里有隐形眼镜药水，便送了一小瓶给陈女士。陈女士很感动，她说很少有酒店还为客人专门准备备用的隐形眼镜药水。小李并没有多做解释，只是笑了笑，便为客人指引电梯方向。因为得知客人很早就要退房，小李便早早准备好了账单，顺便询问了客人是否有叫早的需求，随后请西餐厅早上帮忙打包两份简易早餐。6:10左右，客人来前台退房，而一切手续已办好，只见张先生喜出望外地拎着打包好的早餐对小李微笑着致谢，还向小李索要了一张酒店的名片。

看着客人带着一份眷恋之意离开酒店的背影，小李想这就是"服务到我为止"的一站式服务理念，也是为酒店树立良好形象宣传的最直接的一种方式。

一、服务及服务质量的理念

酒店服务产品的生产过程和销售过程是同时进行的，所以服务质量也就包括了从生产到销售的过程。酒店产品也具有价值和使用价值的属性。其价值是由生产该产品所包含的社会必要劳动时间来决定的。而它的使用价值，就是能满足客人的消费需求。酒店必须时时处处考虑到客人的需要，为客人的需要而工作，全面地满足客人的合理需求，这也是酒店服务的真实含义所在。

（一）服务的定义

服务是酒店为客人直接或凭借某种工具、设备、设施、媒体等所做的工作或进行的一种经济活动，旨在满足客人需求，以活动形式表现的使用价值或效用。

1. 客人是产品或服务的接受者

客人是个广义的概念，它不仅指来酒店消费的客人和潜在客人，也包括酒店内部得到二线部门和人员支持与帮助的一线部门和员工，也就是我们常说的"下道工序是客人"。例如，酒店洗衣房要为客房部和餐饮部洗涤和提供大量的棉织品，则客房部和餐饮部是洗衣房的"客人"。

2. 服务必须以满足客人的需要为核心

定义中所说的需要是指客人对服务的物质和精神方面的需要。酒店在提供产品与服务时，要满足客人合理的需要，尽力帮助客人，始终把客人置于关注的中心。随着社会的发展，人们的需要会不断发生变化。因此，酒店应不断地改善服务，以适应和满足客人的需要。满足需要不仅要从客人的角度出发，还应考虑到社会的需要，并要符合国家法律法规、环境资源保护、能源利用等多方面的要求。当客人的需要与社会需要有矛盾时，应首先满足社会的需要。

3. 与客人的接触是服务的"关键时刻"

客人是从所接触到的员工身上认识酒店的。在他们的眼里，员工是酒店的代表。每一次不良的服务，都有可能给酒店造成不可挽回的损失。因此，酒店的员工要树立每次与客人的接触和"面对面"的服务都是"关键时刻"的理念。服务既是为客人的需求进行工作的过程，又是酒店员工与客人感情"交融"的过程。

（二）优质服务的内涵

1. S——smile for everyone（微笑待客）

"笑迎天下客"是酒店对客服务的基本要求。客房的最佳服务，首先要突出"真诚"二字。要实行情感服务，避免单纯的任务服务，这是一个服务态度问题。客房服务员为客人提供的服务必须是发自内心的，要热情、主动、周到、耐心，处处为客人着想，也就是"暖"字服务。

2. E——excellence in everything you do（精通业务）

客人在酒店内的吃、住、行、娱乐和购买礼品的活动总是在快节奏中进行的，因此，对客服务要突出快而准，即服务动作要快速准确，服务程序要正确无误、恰到好处。高效率服务，是为了迎合和满足旅游者的快步调活动规律，是优质服务的一项重要内容。

3. R——ready to serve（随时为客服务）

随时做好服务的准备包括两个方面的内容：一是做好心理方面的准备，二是做好物质方面的准备。客房的服务工作不仅是面对客人所进行的服务，还包括了服务前所做的一切准备工作。做好服务的心理准备和物质准备，是优良服务的基础。例如，客房迎客服务工作中在接到前厅部的入住通知后，应做到"七知""三了解"（知道客人到店时间、人数、国籍、身份、接待单位、客人要求和收费办法，了解客人的宗教信仰和风俗习惯、生活特点和活动日程安排、离店日期等），增强服务的针对性和主动性。因此，随时做好服务前的准备工作，不仅是客房各级人员每天要督导的工作，也是优质服务的基础。

4. V——viewing every customer as special（视客人为贵宾）

客房服务工作面对的不是机器、原料，而是有思想、有感情的活生生的人。客房服务员所负责整理的房间、添补的各种用品和酒水饮料，都会成为客人评价服务员工作好坏的标准。客房服务也要在"暗"的服务中，视所有的宾客为贵宾，明确"见物如见人"的道理，自觉地把自己的工作置于客人的监督之下，进而做好客房的服务工作。

5. I——informative for everyone（提供有效信息）

除了为客人提供咨询服务外，酒店的每个员工还是酒店商品的推销员。客人进店仅仅是消费活动的开始，进店后选择哪些饮食和利用哪些综合服务设施，往往在很大程度上受酒店服务人员的影响。例如，客房服务员可以利用给客人提供委托代办服务或其他适当的时机，根据客人的爱好，向客人介绍有关酒店的服务项目，或者向客人介绍本地的旅游点和名胜古迹等，以期待客人多购买酒店的商品和延长在酒店的下榻时间。同时，客房服务员搞好对客服务的每一项工作，本身就是一种推销。

6. C——courtesy（礼貌待客）

礼节礼貌就是酒店员工通过一定的语言、行为和程式向客人表示欢迎、热情和感谢。礼貌待客的表现：①在外表上，客房服务员要讲究仪容仪表，注意发型服饰的端庄、大方、整洁，挂牌服务，给客人一种乐意为其服务的印象；②在语言上，要文明、清晰，讲究语言艺术，注意语气、语调，提倡讲普通话，对客人提出的问题应对自如、得体，当问题无法解决时，应予以耐心解释，不推诿和应付；③在态度上要不卑不亢、落落大方，服务中始终以发自内心的微笑相迎；④在举止姿态上，要文明、主动、彬彬有礼，坐、立、行和操作均有正确的姿势。

7. E——enthusiasm in your work（敬业乐业）

每个人都应尊重自己的职业，热爱自己的岗位，履行自己的职责。只有"爱岗敬业"，才能为客人提供真正优质的服务。一般来说，客房部员工在心情舒畅、工作较顺利和没有利害冲突时，要做到热情友好、宾客至上，是比较容易的。但当个人遇到困难、心情不舒畅、工作不顺利或个人利益与客人利益发生矛盾时，要做到热情友好和宾客至上就不那么容易了。在这种情况下，服务员尤其要克服个人情绪，顾全大局，理智地处理好与客人的关系。

二、衡量对客服务质量的标准

酒店的服务质量是指酒店满足客人需求的能力和程度。因此，酒店服务质量的优劣，最终取决于客人的感受和客人的评定。客人对服务的要求可以概括为以下四个方面。

1. 宾至如归感

宾到如归感即感觉像到了家一样。客人对酒店的期望，不仅仅是希望使用酒店里的设施设备，更重的是亲切感和酒店特有的氛围。

2. 舒适感

客人下榻酒店前，往往经过了长时间的车船、飞机旅行，到达酒店时一般都比较疲倦。他们迫切需要立即解决他们的吃住问题。舒适已成为客人此时生理和心理上的主导需要。若酒店向客人提供快而准的服务，同时又有适合口味的美味食品，客人酒足饭饱后，躺在松软整洁的床上，自然就会产生一种舒适的感觉。

3. 吸引力

酒店要以交通便利、设计新颖、外观独特、环境优美、视野开阔、采光良好、色调和谐等来吸引客人。酒店工作人员的着装要美观大方，对客人要彬彬有礼。酒店的经营和服务项目要独具特色。这就使客人不仅乐于选择这样的酒店投宿和进行各种社交活动，而且离店时客人还会自然产生一种被酒店所吸引的依依惜别之情，成为酒店的回头客。

4. 安全感

客人住进酒店，希望能保障他的财产和人身安全，保障他在酒店的隐私权。因此，酒店应有完备的防火、防盗、防止自然事故和保密的安全设施设备与安保措施。客人住进酒店，服务人员应适时地介绍安全通道及电器、门锁的正确使用方法，同时酒店还应有严格的安全和卫生检查制度和措施，尽量减少任何可能导致不安全的因素。

综上所述，一家服务上乘的酒店，绝不仅仅靠它的楼体设计、造型和陈设，也不仅仅靠它的客房用品和餐饮，而主要是靠那些精心、细致，使客人有一种舒适、安全和宾至如归感的具有吸引力的服务。

三、客房部员工的职业道德规范

职业道德是员工基本素质的重要组成部分，遵守职业道德是做好本职工作的基本保证。客房员工的职业道德主要包括以下几方面的内容。

（一）对待工作

1. 热爱本职工作

热爱本职工作是一切职业道德最基本的道德原则。客房部员工应正确认识旅游业和酒店业，明确自己工作的目的和意义，明确客房部工作的重要性，热爱本职工作，乐于为客人服务，忠实地履行自己的职责，并以满足客人的需求为自己最大的快乐。

2. 遵守劳动纪律

不迟到，不早退，不随意旷工，严格遵守酒店的请假制度及各项规章制度。

3. 自洁自律

1）不利用工作之便贪小便宜，牟取私利。

2）不索要小费，不暗示客人赠送物品；客人主动赠送而又婉拒不了的物品，要及时上缴。

3）自觉抵制各种精神污染。

（二）对待集体

1. 坚持集体主义

集体主义是职业道德的基本原则，是从业人员进行职业活动的总的指导思想，是衡量酒店员工的最高道德准则。集体主义要求员工的一切言论和行为以符合集体利益为最高标准。在处理个人与他人、个人与集体的关系中，能够先公后私、先人后己，能够个人利益服从集体利益。在维护集体利益的前提下，追求并实现个人的正当利益。

2. 严格的组织纪律观念

酒店工作的分工很细，不同岗位、不同部门的工作内容、规范要求不同，因此需要一定的组织纪律来统一和协调。培养自己具有严格的组织纪律观念，是集体主义的具体表现，也是集体主义者应有的基本品德。因此，客房员工应具有强烈的组织纪律观念，自觉遵守部门及酒店的规章制度和员工守则，尤其要注意培养自觉的服从意识。

3. 团结协作精神

俗话说"众人拾柴火焰高"，酒店对客服务工作是一个有机的整体，并非某一部门或某个人做好就能完成的。因此，同事、部门、上下级之间都要相互理解、相互支持，加强团结与协作。酒店员工要养成乐于助人、严于律己、宽以待人的品质，学会同事间沟通和协作的技巧。

4. 爱护公共财物

每一个关心集体、热爱集体的人，都具有爱护公共财物的品德。爱护公共财物也是职业道德的基本要求。为此，客房部员工必须了解客房部各种设施设备的特性、使用方法和使用时的注意事项，严格按要求进行操作。同时做好客房部设施设备的日常保养工作，养成勤俭节约的良好习惯。

（三）对待客人

1. 全心全意为客人服务

客人是酒店所有员工的"衣食父母"，关心和爱护每一位客人，最大限度地满足客人一切合理、合法的需求，不断改进服务态度，提高服务效率，为客人提供优质服务，是客房部员工应尽的职责和义务。

2. 诚挚待客，知错就改

客房部员工在工作中出现失误是难免的，对于因此而给客人造成的不便或损失，应主动承担责任，勇于认错，知错就改，绝不能将错就错或敷衍搪塞。

3. 对待客人，一视同仁

具体来讲，客房部员工在接待服务中，要做到"六个一样"。
1）"高、低"一样。即对高消费客人和低消费客人一样看待，不能重"高"轻"低"。
2）"内、外"一样。即对国内客人和外国客人一样看待。
3）"华、洋"一样。即对华人（华侨、外籍华人）和外国客人一样看待。不能重"洋"而轻"华"。
4）"东、西"一样。即对东方国家的客人和西方国家的客人一样看待。不能重"西"而轻"东"。
5）"黑、白"一样。即对肤色不同的客人一样看待。
6）"新、老"一样。即对新、老客人一样看待，不能重"老"而轻"新"。

四、对服务人员的要求

（一）基本素质要求

1. 身体健康，没有腰部疾病

客房部的员工须具有健康的体魄。无论是站立值台服务还是弯腰搞卫生，都要求服务员不能有腰部疾病。

2. 不怕脏，不怕累，能吃苦耐劳

客房部的工作主要是清洁卫生工作，包括客房服务、公共卫生，以及洗衣房客衣、布件的洗涤等，因此，要求在客房部工作的员工必须具有不怕脏、不怕累、能吃苦耐劳的精神。

3. 有较强的卫生意识和服务意识

如前所述，客房部的工作主要是清洁卫生。要做好这项工作，服务员必须具有强烈的卫生意识和服务意识，否则，就不可能做好客房部的工作。

4. 有良好的职业道德和思想品质

因工作需要，客房部服务员，特别是楼层服务员每天都要进出客房，因而，有机会接触客人的行李物品，特别是贵重物品和钱物等。因此，客房部服务员必须具有良好的职业道德和思想品质，以免发生利用工作之便偷盗客人钱物等事件。

5. 掌握基本的设施设备维修保养知识

酒店客房内有很多设施设备，如各种灯具、空调、电视机、音响设备、窗帘、地毯、写字台等。这些设施设备的维修通常由酒店的工程人员负责，但对其保养则由客房部负责。客房服务员要利用每天进房搞卫生的机会做好对这些设施设备的保养工作。因此，客房部服务员必须有基本的设施设备的维修常识。

6. 有一定的英语水平

星级酒店的客房服务员须具有一定的英语对话能力，能够用英语"面对面"为客人提供服务，否则，不仅会影响服务质量，还可能闹出很多笑话。

7. 有较强的应变能力

应变能力是服务人员应具备的特殊技能和素质。应变能力是指应付突发事件和特殊事情的能力，不同类型的客人有着不同的需求，只要客人提出的要求是合理合法的，不管是否有相应的规范，都应尽最大可能去满足他们。在当今酒店散客增加、客人结构多元化的情况下，这种随机应变的服务和应变能力显得更加重要。

（二）仪态仪容规范

1. 仪表仪容

服务员的仪表仪容不仅体现员工的个人素质，而且反映了酒店员工的精神面貌，体现酒店的服务水准，是对客服务质量的组成部分之一。客房部员工在从后台进入服务区域之前，应先检查仪容仪表。酒店员工的仪表仪容具体要求如下：

1）上岗必须穿酒店规定的制服及鞋袜，男员工穿黑色袜子，女员工穿肉色丝袜。

不得穿带钉子的鞋，女员工不得穿高跟鞋和凉鞋（一是为了安全，二是不能因走路声扰乱了楼面的宁静），最好是穿布鞋，既便于操作，又无响声。

2）服装必须熨烫平整，纽扣齐全，干净整洁，证章端正地佩戴在左胸处。皮鞋保持清洁光亮。

3）面容清洁。男员工每天修面，不留胡须。女员工可化淡妆，可上少许口红、眼影，香水的使用一定要适量，不可浓妆艳抹。

4）发型美观大方，经常梳理。男员工发梢侧不过耳，后不过领。女员工如留长发，需用黑色发结束起，不得佩戴其他头饰。

5）头发要常洗。保持头发清洁整齐，不得有头屑。提倡上班前涂少许头油。

6）不可戴戒指、项链、耳饰、手镯、手链等饰物。因为那样既不便于操作，又与工作性质不协调。

7）手部保持清洁。经常修剪指甲，女员工上班不允许涂指甲油。

8）经常洗澡，身上无异味，并保持皮肤健康。

2. 礼貌礼节

1）称呼礼节。称呼客人时应恰当使用称呼礼节，如"先生""太太""女士""小姐"等词语，并问候客人。

2）接待礼节。

① 遇到客人时，要热情、主动地问候客人。例如：

How do you do！您好！

Good morning！早上好！

Good afternoon！下午好！

Good evening！晚安！

How are you？您好吗？

② 平等待客，不得歧视客人。无论是外国客人还是国内客人，无论是白人还是黑人，都要一视同仁，不得有任何歧视。

③ 送别客人时要与客人说"再见"，并说"欢迎您再次光临"。

3）应答礼节。与客人交谈要注意使用礼貌用语。例如：

You are welcome. 别客气，不必谢。

Sorry，I beg pardon？ 对不起，请您再说一遍？

It's doesn't matter. 没关系。

It's my pleasue. 这是我乐意做的。

All right. 好的。

Thank you very much！非常感谢！

3. 言谈规范

语言，特别是服务用语，标志着一个酒店的服务水平。优美准确的语言会使客人感到温馨。客房服务员应熟练地运用酒店常用的礼貌接待用语，并至少能用一门外语为外国客人提供良好的服务。具体言谈规范如下：

1）新客人入住时，应立即表示欢迎与问好。

2）客人离店时，应表示欢送和再见。

3）与客人谈话时必须站立，并与客人保持一步半距离（0.8～1米）。

4）等客人把话讲完再做应答，不得随意打断客人的谈话。

5）三人以上对话，应用相互都懂的语言。

6）不开过分的玩笑。

7）与客人谈话时目光应注视对方，表情自然，保持微笑。注意不得左顾右盼，也不得将头低下或玩弄手指等。

8）精神集中，全神贯注，留心听客人的吩咐。

9）与客人谈话时要准确、简洁、清楚、表达明白。说话时要注意轻重缓急，讲求顺序，不要喋喋不休。

10）与客人谈话的声音以两个人能够听清楚为限，语调平稳、轻柔，语速适中。

11）谈话时不得有伸懒腰、打哈欠、玩东西等动作，不得唾沫四溅。

12）谈话时不要涉及对方不愿谈及的内容和隐私。

13）回答客人问题时不得直说"不知道"，应以积极的态度帮助客人，或婉转地回答问题。

14）如遇客人心情不佳、言语过激，也不要面露不悦的神色，要以"客人永远是对的"的准则对待客人。

15）不要与同事在客人面前说家乡话或扎堆聊天。

16）不要与同事议论客人的短处或讥笑客人不慎的事情（如跌倒、打碎物件等）。

17）不得偷听客人的谈话。如有事需找谈话中的客人时，应先说声"对不起"，征得客人同意后再同客人谈话。

18）接听电话时，应先报清楚自己的岗位和姓名，然后客气地询问对方"我能为您做些什么？"

19）因有急事需离开面对的客人时，要讲"对不起，请稍候"；事情处理完后，回来继续为客人服务时，要说"对不起，让您久等了。"

4. 举止规范

1）在工作间、客房或走廊时，应做到走路轻、说话轻和动作轻。

2）举止要端庄稳重，落落大方，表情自然诚恳，和蔼可亲。

3）精神振奋，情绪饱满。

4）双手不得叉腰、插入衣裤袋或随意乱放，不得敲桌子或玩弄其他物品。

5）站立时应肩平、头正，两眼平视前方，挺胸、收腹。

6）在服务区域内，身体不得东倒西歪、前倾后靠，不得伸懒腰、耸肩。

7）行走时要轻而稳，上体正直，抬头，眼平视，两臂自然地前后摆动，肩部放松。切忌晃肩摇头、上体左右摇摆。与客人对面行走时，应让道并问好。

8）手势要求规范适度。在向客人指示方向时，要将手臂自然前伸（上身稍前倾，表示尊重），手指并拢掌心向上，指向目标，切忌用手指或笔杆指点。谈话时手势不宜过多，幅度不宜过大。另外，在使用手势时还要尊重各国不同的习惯。

9）在客人面前，任何时候不能有以下行为：打喷嚏、打哈欠、伸懒腰、挖耳鼻、剔牙、打饱嗝、搓泥垢、修指甲、吸烟、吹口哨、哼歌曲等。

10）为客人服务中不能经常看手表。

11）为客人服务时，不要流露出厌烦、冷淡、愤怒、僵硬的表情，不得忸怩作态、吐舌头、做鬼脸。

12）在服务、工作、打电话和与客人交谈时，如有客人走近，应立即微笑示意，表示已注意到客人的到来，不得无所表示或等客人先开口。

13）不要轻易接受客人赠送的礼物。如确实不收可能失礼时，应表示谢意，并按有关规定上缴。

【情景模拟】

情景模拟一次服务工作，体现优质服务和员工的职业道德规范。

▌走进酒店

全球最具特色的十大主题酒店

从酒店的定义来看，最初的酒店是与享受、浪漫这些词汇毫无关系的。在酒店刚出现的时候它主要是给宾客提供歇宿和饮食的一个场所，后来随着经济的发展、社会的进步，人们对酒店的要求已不仅限于吃和住了。服务、特色、品味、奢华，越来越多的概念被融入到酒店里，人们对酒店的要求越来越高端化、个性化，而主题酒店就是高品味特色酒店的杰出代表。

主题酒店是指以酒店所在地最有影响力的地域特征、文化特质为素材，设计、建造、装饰、生产和提供服务的酒店。它通常以某一特定的主题，来体现酒店的建筑风格和装饰艺术；以特定的文化氛围，让顾客获得富有个性的文化感受；同时将服务项目融入主题，以个性化的服务取代一般化的服务，让顾客获得欢乐、知识和刺激。历史、文化、城市、自然、童话故事等都可成为酒店借以发挥的主题。

以下这些不同风格的主题酒店，一定会让您流连忘返。

一、布尔吉·阿勒阿拉伯酒店

类型：豪华酒店

位置：阿拉伯迪拜

主题：海滩、奢侈品、度假

如今，迪拜是富有的代名词，挥金如土在这里成了常态，这样一个地方怎么可能没有一个世界顶级的主题酒店呢？美轮美奂的布尔吉·阿勒阿拉伯酒店(帆船酒店)，是知名企业家 Al-Maktoum 在迪拜王储的提议之下投资兴建的。

酒店建在海滨的一个人工岛上，是一个帆船形的塔状建筑，一共有 56 层 321 米高，由英国设计师 W. S. Atkins 设计。它以 202 套复式客房、200 米高的可以俯瞰迪拜全城的餐厅以及世界上最高的中庭，成为 Jumeirah Beach 酒店(被认为是世界上最棒的酒店)最强劲的对手。

二、圣佩德罗斗牛大酒店

类型：开放式酒店

位置：墨西哥萨卡特卡斯

主题：斗牛场、古典与现代的完美结合

如果你想感受一下地道的西方古典建筑风格，圣佩德罗斗牛大酒店会是个绝妙的选择。酒店的综合设施现在已全部焕然一新，它是一家五星级酒店，提供各种舒适的服务。坐落在历史悠久的中心，面临着一个古老的输水管，酒店的风格与设计是独特的旧与新的有机结合。同时拥有的拱形入门方式、殖民建筑结构与现代家具和美食文化等，可以为每一个客人带去一份真正有趣的经验。酒店的斗牛中心是典型的开放性广场，在餐饮和娱乐设施配套中，酒店点燃数百支蜡烛映衬在座位旁，使得广场变成一个天堂般的酒会。

三、威尼斯人酒店

类型：水上度假

位置：澳门

主题：综合度假性酒店

先看一组数据：投资额 20 亿美元，总建筑面积 951000 米^2，地块面积 299000 米^2。这样庞大的数字很难相信这只是一家酒店的规模，然而在澳门，所有的意料之外的事都有可能变为现实。

威尼斯人酒店是由美国拉斯维加斯金沙集团投资建造的，这所奉行多元经营理念的度假村酒店设有 3000 间豪华客房及大规模的博彩、会展、购物、体育、综艺及休闲等设施，其中占地 11 万米^2 的会展场地，势必成为香港的竞争对手。酒店位于澳门路氹城填地区金光大道地段，酒店楼高 39 层。

威尼斯人酒店拥有世界一流的设施，其规模更超越美国拉斯维加斯威尼斯度假酒店，其中包括超过 60 米^2 的豪华客房、近 10 万米^2 并汇集世界名牌的大运河购物区、8000 米^2 的水疗中心，以及驻场表演的太阳马戏团等。

四、万象酒店

类型：奇幻酒店

位置：德国

主题：创新、奇特

万象酒店有趣的室内设计不单单应用在家具的外形上，它更大胆地将恐怖元素运用到酒店的整体环境里，组合成另类的酒店，一到晚上就如同进入一个"迷幻城市"的世界一样。这样新奇百怪的酒店，足够挑战自己的心脏承受能力。如果住在酒店的豪华客房，可被视为生活在艺术的世界里。所有 30 个房间的设计和家具，全部由德国艺术家拉斯·斯托罗申完成，其风格更是给每个房间注入了其独特的个性，使得每个客户都会得到一个崭新的体验。每个房间的设计都有自己的风格，就连每个家具和所有其他物体都只能在这里的客房见到，这在全世界范围都是独有的，可以说是独特到了极端。而且，每间客房都有使用说明书，对房间配置进行严格的保护。

五、桑格罗夫大酒店

类型：庄园城堡

位置：澳大利亚阿德莱德

主题：隐私保护、宫廷配置

不要以为优秀的酒店里总少不了人群的聚集，桑格罗夫大酒店的独特设计，会让不同房间的客人互相看不到对方。每个房间都拥有绝佳的私密性，这项服务在世界上任何五星级酒店都是独有的。因此，如果客人想要感受一下古老的贵族风情，那么桑格罗夫大酒店会给你最完美的重现。

六、海神号度假酒店

类型：水下度假

位置：斐济

主题：体验式度假

水下是神秘的、令人向往的，就在潜水爱好者背着重重的工具为潜水时间太短而抱怨时，一个水下度假的梦想被海神号水下度假酒店实现了。海神号水下度假区是美丽梦想的实现：一个完整的水下度假村坐落在一个极其丰富的海上社区，大大超出对这个星球的环保意义；当客人从水下醒来，数以千计的充满活力和五颜六色的鱼会在你周围游泳。这些都带给客人一种迷幻绚丽、超自然的亲身体验。

七、福克斯酒店

类型：艺术酒店

位置：丹麦

主题：创意型酒店

丹麦是童话的王国，到处流露着活泼而又前卫的艺术气息。于 2005 年开业的福克斯艺术酒店位于丹麦首都哥本哈根，它的出现震撼了酒店及涂鸦艺术界。该酒店邀请了全球 13 个国家的 21 位著名的涂鸦艺术家、插画设计师，把原来的三星级酒店改头换面，61 个房间配以 61 种不同的装饰设计，不再是独沽一味，而是充满年轻活泼的感觉。酒店把室内设计与街头艺术结合，让涂鸦也登上了大雅之堂。

八、Club Med 酒店

类型：休闲度假

位置：印度尼西亚巴厘岛

主题：养生、SPA

Club Med 酒店位于地中海，这里是著名的世界地理中心之一，多年来，Club Med 汇聚了来自世界各地的游客。一次 Club Med 假期就是一次探索发现的旅程——不仅仅是在尝试新鲜事物，还可以认识来自五湖四海的新朋友。

1950 年，杰勒德·布利茨（Gerard Blitz）在法国巴黎创立了 Club Med。他想在地中海创建一种别致的度假模式，能提供舒适的住宿、体贴的服务、丰富的运动和美味的饮食。然而，这一切都包括在一种非常方便的一价全包度假套餐中。5 年之后，他将度假村扩展到大溪地等热带地区。不久之后，他又展开了冬季度假旅游的新篇章，奠定了 Club Med 辉煌的历史。

Club Med 珍拉丁湾度假村是一座临海的豪华 SPA 村，这是个真正的"村中之村"，专为客人提供极致 SPA 享受而建。这里设有单人房以及浪漫色彩的情侣房。在这里我们可以选择多种放松和恢复的传统护理来犒劳自己，如巴厘式按摩，足部反射按摩，传统全身磨砂及世界知名的热石按摩。

九、米高梅大酒店

类型：综合娱乐型酒店

位置：美国拉斯维加斯

主题：高档、综合

米高梅大酒店以翠绿色的玻璃外罩造型独树一帜，在翠绿色玻璃笼罩之下的饭店是由四栋主要建筑物构成。酒店的建筑风格模仿了 18 世纪意大利佛罗伦萨别墅风格，内部装潢分别以好莱坞、南美洲风格、卡萨布兰卡及沙漠绿洲等为主题，尤其以意大利大理石所铺成的浴室最为豪华。

一进酒店大门，就看见采自意大利的大理石衬托着各种光怪陆离的装饰，耀眼夺目、极尽奢华。它保留着开发西部时代的粗犷和热情，它的魅力在于使人回想到拓荒时代的西部。

酒店门口伫立着一只巨大的被喷泉围绕的金色狮子，酒店也正如屹立于门前的雄师一样，傲视群雄，独占鳌头，无愧于"娱乐之都"的美誉。

酒店的会场设施占地 380000 平方公尺，花园宴会厅可容纳 9500 人，其他 30 个功能齐全的会议室可以召开 28～350 人的会议。酒店另设有可容纳 15000 个的多用途剧院及两个剧场。娱乐设施包括室外游泳池、健身俱乐部、网球场、桑拿、高尔夫等，同时还有拉斯维加斯第一家有大型游乐园的赌场。

十、亚马逊塔酒店

类型：绿色度假

位置：巴西阿里亚乌

此外，您还可以徒步旅行到附近诺曼鸟类保护区的野生林地，进行户外野餐。最长的小径止于吊石坡（Hanging Rock），此处您可以观赏到风光绮丽、引人入胜的 Sachuest 海滩和 Purgatory 峡谷。

即使在寒冷的隆冬时分外出散步，您也无须担忧。尚勒崖城酒店 20 个房间里都有熊熊燃烧着的壁炉，草坪上有适合烤食脆香米的新火山炕，供您取暖。三栋花园别墅和三栋海洋别墅甚至配有热气腾腾的室外热水浴缸，供您沐浴之余观赏伊斯顿的海滩。

【思考与练习】

1．优质服务的内涵是什么？

2．客房部员工的职业道德规范包括哪些内容？

3．简述服务人员的基本素质要求和仪态仪容规范。

任务二　　对客服务的内容与程序

【任务目标】

1．认识常规服务的四个环节。

2．明确常规服务的细节。

【任务准备】

1. 分小组搜集各大酒店常规服务细节，突出优质服务。
2. 分小组情景模拟会议服务。

▌情景导入

昂贵的洗衣赔偿

酒店的一位台湾客人需要清洗一件名贵西装，当见服务员小江进房送开水时，便招呼他说："小姐，我要洗这件西装，请帮我填一张洗衣单。"小江想客人也许是累了，就爽快地答应了，随即按她所领会的客人的意思帮客人在洗衣单湿洗一栏中填上，然后将西装和单子送进洗衣房。接手的洗衣工恰恰是刚进洗衣房工作不久的新员工，她毫不犹豫地按单上的要求对这件名贵西装进行了湿洗，结果在口袋盖背面造成了一点破损。

台湾客人收到西装后发现有破损，十分恼火，责备小江说："这件西装价值四万日元，理应干洗。为何湿洗？"小江连忙解释说："先生真对不起，不过，我是照您交代填写湿洗的，没想到会……"客人更加气愤，打断她的话说："我明明告诉你要干洗，怎么硬说我要湿洗呢？"小江感到很委屈，分辩说："先生，实在抱歉，可我确实……"客人气愤之极，抢过话头，大声嚷道："我要向你上司投诉!"

客房部曹经理接到台湾客人投诉——要求赔偿西装价格的一半。他吃了一惊，立刻找小江了解事情原委，但究竟是交代干洗还是湿洗，双方各执一词，无法查证。曹经理十分为难，他考虑到问题的严重性，便向主持酒店工作的蒋副总经理做了汇报。蒋副总经理也感到事情十分棘手，召集酒店领导做了反复研究。考虑到这家台湾公司在酒店有一批长住客人，尽管客人索取的赔款大大超出了酒店规定的赔偿标准，但为了彻底平息这场风波，稳住这批长住客，最后他们还是接受了客人过分的要求，赔偿两万日元，并留下了这套西装。

一、常规服务

常规服务是满足入住客人普遍的、重复的、有规律的基本需求的日常服务工作，是向客人承诺的并在客房服务项目中明文规定的服务。常规服务要做到仔细、齐全、便利和完好。常规服务一般分为迎客准备工作、客人到店迎接工作、住客的服务工作和客人离店的结束工作四个环节。

（一）迎客准备工作

客人到达前的准备工作是接待服务过程的第一个环节，要求做到充分、周密和准确，并在客人到达酒店前完成。这样才能为整个楼层接待工作的顺利进行奠定良好的基础。

1. 了解情况

客房服务员接到客人开房的通知后，应详细了解客人到离店的时间、人数、国籍和身份，了解接待单位、客人生活标准要求和收费办法，了解客人的宗教信仰、风俗习惯、健康状况、生活特点、活动日程安排等情况，做到情况明、任务清。

2. 为客人准备好各种消耗用品

根据客人的风俗习惯、生活特点和接待规格，调整家具设备，铺好床，备好冰水、水杯、茶叶、水具及其他生活用品和卫生用品，补充小冰箱的饮料等。接待贵宾的客房，还应按照接待规格，准备相应的鲜花、水果、糕点及总经理的名片等。

3. 检查设备和用品

客房布置好后，要进行一次细致的检查。房内的家具、电器、卫生设备如有破损，要及时报修和调换。头天未住人的客房要试放面盆、浴缸输水管道中的冷热水，如发现水质混浊，须进行放水，直到水清为止。要按接待规格检查客房应配备的物品是否齐全，对某些客人宗教信仰方面忌讳的用品，要及时从客房撤出来。客人到达前要调节好室温，如果是晚上则要开好夜床。

▍案例分析

牛 皮 沙 发

某市接待来自印度的官方代表团，为了表示诚意，该市接待办做了各种准备，就连印度代表团下榻的酒店里，也专门换上了舒适的牛皮沙发。可是，在我方的外事人员事先进行例行检查时，这些崭新的牛皮沙发却被责令立即撤换掉。原来，印度人大多信仰印度教，而印度教是敬牛、爱牛、奉牛为神的，因此，无论如何都不应该请印度人坐牛皮沙发。

问题：俗话说"外交无小事"，这个案例告诉我们什么？

（二）客人到店迎接工作

客人到达客房楼面时，由于长途旅行的疲劳，急于想得到安静的休息。因此，与过去相比，客人到达楼层的迎接服务已大大简化，充分体现了酒店处处为客人着想的宗旨。

1. 热情迎宾

1）接到新的客人入住信息或电梯铃响时，应迅速站到相应的位置等候客人，并注意检查一下自己的仪容仪表。

2）见到客人，应笑脸相迎，并主动问好。

3）如是新到客人，应向客人微微鞠躬行礼表示衷心的欢迎，并自我介绍，核实房号。

4）如是住在本楼层的客人外出归来，应尽量以客人姓氏加"先生""女士"等敬称称呼，以示对其尊重。

2. 引领客人入房

如有行李员引领客人入房，则楼层服务员应先请客人进房休息，然后马上准备茶水和毛巾。如是楼层服务人员带客人入房则应注意以下几点。

1）接过客人的房间钥匙，帮助客人提拎行李。

2）如客人的房间在走廊的左侧，则服务员应在客人的右前方引领；如客人的房间在走廊的右侧，则服务员应在客人的左前方引领。

3）引领过程中，如遇拐弯、上下楼梯，则应停下向客人伸手示意。

4）在房门前，放下行李，先敲门，再用钥匙打开房门，请客人入内，然后服务员提行李进入。

5）进房后应征求客人意见摆放行李。

3. 介绍房间设备

1）向客人简要介绍一下房内的设备，并告知客人如有什么需要可用电话通知楼层服务台或客房服务中心。

2）需要注意的是，向客人介绍房间没备时，为避免过多地打扰客人或避免使客人产生误会，服务员应根据经验把握这样一个原则：特殊设备一定介绍，一般设备不必介绍，语言得体，简明扼要。

3）最后向客人道别并祝客人在酒店生活愉快。

4）退出房间时应注意面朝房内将门轻轻带上。

5）如果客人旅途疲劳，来不及仔细介绍房内设施设备及使用方法，应找适当机会向客人说明，以免使用不当造成不必要的损失。

■ 案例分析

防 滑 胶 垫

某酒店曾接待一位省级领导，服务员在介绍房间设施设备时，只有其秘书在场。该领导因没听过介绍，洗澡时不知要将防滑橡胶垫放入，结果滑倒受伤。尽管该领导没有投诉，但影响很坏。

问题： 我们在介绍房间设施设备时需要注意什么？

（三）客人住店期间的服务工作

客人住店后，客房服务员要做大量琐碎的、看起来很不起眼的工作。但是"酒店服务无小事"，这些事若做不到、做不好，就会影响对客服务质量，甚至影响酒店形象。

1. 送水服务

1）早班服务员每天早晨送开水进房（商务客人在房间停留时间长，最好早晚各送一次）。

2）客人需要冰块时，应在十分钟内送至房间。

3）离开房间时应询问客人是否还需要服务，如不需要，应礼貌地向客人告退，轻轻将房门关上。房间如使用电热水壶或饮水机，则应免去此项服务，但应每天做好相应的清洁和保养工作。

2. 整理房间

客人住宿期间，要经常保持客房整洁，按酒店"住房清扫程序"进行整理。清洁卫生工作要做到定时与随时相结合，每天上午按照程序进行彻底清扫和整理；午餐前进房保洁、暖瓶换水；午休后进房简单整理；晚饭后进房送水、开夜床；客人外出后可随时进房进行简单的清扫等。当然，客房的整理次数和规格是各酒店按自己的档次和客人接待规格来进行的。

3. 会客服务

1）会客服务主要是为客人做好会客前的准备工作。服务员应问清客人来访人数（以便加椅）、时间，是否准备饮料，要不要鲜花，有无特别服务要求等，并在来访前半小时左右做好所有准备。

2）协助住客将来访者引到客人房间（事先应通知客人）。

3）送水或送饮料服务（规范与端茶送水相同）。

4）及时续水或添加饮料。

5）访客离开后及时撤出加椅、茶具等，收拾房间。

6）做好访客进出时间的记录，如已超过访问时间（一般 23:30 后），访客还未离开，根据酒店规定，可先用电话联络，提醒客人，以免发生不安全事故。

7）对没有住客送的访客要特别留意。

4. 洗衣服务

（1）洗衣服务程序

1）房内均配有洗衣单及可重复使用的布料洗衣袋。

2）客人电话通知或将需洗衣物袋放在门边，服务员发现后及时收取。

3）楼面服务员每天 9:30 前进房检查客房时，留意房内有无客人要洗的衣物袋，如有应及时收取。

4）通知洗衣房服务员到楼层收取。

5）洗衣房服务员在 15:00 后将洗好的衣服送到楼层。

6）楼层服务员按房号将衣服送入客房，按酒店规定放在固定的地方。

（2）洗衣服务中的注意事项

1）收取客衣时要点清衣物数量是否与客人所填写的相吻合，如有偏差，当面向客人说清后纠正。

2）检查衣物有无破损、特殊污点等，以免引起麻烦。

3）看衣物质地是否会褪色、缩水。若客人要求湿洗，则应向客人当面说明，若褪色、缩水、变形等与酒店无关。

4）洗衣分快洗和慢洗，费用相差 50%，所以要向客人说明。

5）四星、五星级的酒店还应提供客衣的修补服务。

6）鉴于很多客人待洗衣服的价值远远超过洗涤费的十倍，如果衣服损坏或丢失，按洗涤费的十倍进行赔偿远不能补偿客人的损失，酒店可考虑推出"保价洗涤收费方式"，即按客人对其所送洗衣物保价额的一定比例收取洗涤费。

5. 擦鞋服务

（1）擦鞋服务的程序

1）房内均备有鞋篮。客人将要擦的鞋放在鞋篮内，或电话通知，或放在房内显眼处，服务员接到电话或在房内看到后都应及时收取。

2）用纸条写好房号放入鞋内。

3）将鞋篮放到工作间待擦。

4）在地上铺上废报纸，备好与鞋色相同的鞋油和其他擦鞋工具。

5）按规范擦鞋，要擦净、擦亮。

6）一般半小时后将擦好的鞋送入房内，放在酒店规定的地方。

（2）擦鞋服务中的注意事项

1）要避免将鞋送错房间。

2）对没有相同颜色鞋油的待擦皮鞋，可用无色鞋油。

3）电话要求服务的客人，通常是急于用鞋，所以要尽快提供服务，并及时将鞋送回。

6. 会议服务

在酒店功能中，会议设施设备及其服务越来越受到酒店管理者和客人的重视。由于会议形式多种多样，参会人数有多有少，常规的会议室要应会方要求做相应的布置，并根据会议性质提供配套服务。

（1）常见的会议种类

1）会见。会见是身份相近的双方就礼节、政务和事务等方面的因素进行短时间的互相交流形式。

2）会谈。会谈是双方或多方共同就某些重大的政治、军事、经济、文化、科技等方面共同关心的问题进行商谈的一种形式。

3）签字仪式。签字仪式是双方或多方就某项具体事务达成一致意见，各方首席代表代表本方在文件上签署自己名字的一种仪式。

4）讲座。讲座是就某专业或某专题进行阐述的一种会议形式。

5）专业会议。专业会议是就某专题有组织、有领导地进行商讨的一种会议形式。

（2）会议前的准备工作

会议前的准备工作是会议服务的首要程序和必要程序。为了提供客人满意的会议服务，会议服务人员必须先清楚下列问题后再做准备。

1）会议类型。分类型的目的是为了进行会场布置和提供相应的会议设施设备。例如，签字会议的场地布置与讲座会议的场地布置要求就不相同。若为讲座还应提供投影仪、幻灯机、放像机等。

2）到会人数。知晓到会人数的目的是准备相应的座位、会议物品、茶具等。在摆放座位时，椅子的间距应为 15～20 厘米，不可挨得太紧，以免妨碍客人行动。每排座位较多时，中间及两侧应设通道。茶具应摆放在座位的右前方，茶杯把朝向客人右手方向，离桌边约 30 厘米。摆放时，每个茶杯要等距离。若需放置烟灰缸，应放置在两个座位的中间，等距离排成直线。

3）会议时间。知晓会议时间是为了安排服务人员的上下班时间。要了解会议的具体时间及日程安排，尽可能做到专人服务。

4）会议提供何种饮品和食品。会务组会因会议档次而要求酒店提供会间饮品和食品，如茶水、饮料或水果、点心等。

5）会议性质。有些会议具有一定的保密性，会间无关人员都要回避，因此会前准备工作应更加充分，以减少进入会场服务的次数。

6）会务组房号。目的是便于查询、沟通，及时获得服务信息，以提供更周到细致的服务。

7）特殊要求。若会务组对会议有特殊要求，应按要求提前做好准备工作。

（3）会议过程中的服务

1）会议客人到达时，应打招呼问好，为客人开门，礼让入场。

2）客人就座后，按次序为客人泡茶并说"请"。泡茶时将杯盖反扣在桌上，再将茶杯端起，侧身弯腰将水倒进，以倒至七成满为止并将茶杯放回桌上，杯把向右，盖上杯盖。是否送小方巾则视会议组织者要求、会议档次或到会人数多少而定。

3）会议中间定期更茶续水或补充饮料，更换烟灰缸。

4）若会议组织方要求上点心或水果，应将点心和去皮后切成块的水果放在小盘中，放上牙签，每人一盘，以方便食用。

5）会议结束时，打开会议室门，与客人道别。

小提示

会议服务中应注意的问题：

1）会议室有会议时，楼层应保持安静，无关人员应回避。

2）服务人员应配合保安人员做好安全服务。

3）会议过程中的更茶续水不宜过于频繁，动作要轻。

---

7. 饮料服务

三星级以上的酒店一般在客房内设有小酒吧，吧台上放有各种饮料，由客人自由取用。这样做既方便了客人，又增加了酒店收入。小酒吧管理程序如下：

1）零星客人结账时，由客房中心联络员通知到楼层，楼层服务员应立即进房核查小酒吧内饮品的耗用量，并在房内拨打电话，将该房客人饮用的饮料品种及数量通知前台收银处。

2）服务员根据"客人进店、离店通知单"，在团队客人离店前半小时，将该团队所有客房内的小酒吧核查一遍，开好饮料账单，由领班送至前台收银处。

3）住店客人房内的小酒吧，由服务员每天上午换茶具和晚间做夜床时逐一核查。如有饮用，立即补充，并将饮料的品种和数量记录在工作单上，开好账单，领班据此填写小酒吧"饮料日消耗单"。

4）早班领班在上午和下班之前，晚班领班在下班前，分别将楼层服务员开好的饮料账单送到客房中心。

5）早班领班上班后，立即核对饮料柜中的饮料，做好报表，并按定量将饮料发给各楼层服务员，供补充客房小酒吧用。晚班领班在晚班服务员下班前将用不完的饮料收回到饮料柜中。

6）每周日由领班对楼层饮料柜进行盘点，做出一周饮料消耗表，交由楼层主管核对。物品领发员于次日根据楼层消耗数量将饮料发到楼层。

7）每日全部楼层的饮料消耗账目由夜班服务员完成。夜间24:00，夜班服务员从前台收款处收取所有饮料账单的回单，与早、晚班领班填写的"饮料消耗表"核对，并按楼层分类，逐一订好。若回单与"消耗表"相符，则将此数据登记在"饮料消耗总账簿"上；若有疑问则另做记录，交由秘书核对，楼层主管负责查清原因。

8）秘书每天去前台收银处抄录小酒吧饮料入账的房号、品种、数量，交由楼层主管核查。

9）每月月底由服务员对房内小酒吧、领班对楼层饮料柜内的饮料进行检查。如有接近保存期限的，立即与仓库调换。

8. 对客租借物品服务

（1）对客租借物品程序
1）客人电话要求或向楼面服务员要求租借物品。
2）仔细询问客人租用物品的时间。
3）将物品准备好送到客人房间。
4）请客人在租借物品登记表上签名。
5）客人归还物品时做好详细记录。
（2）对客租借物品注意事项
1）在客人租用一些电器用品（如电熨斗等）时，要提醒其注意使用安全。
2）早晚班服务员在交接班时，将客人租借物品的情况及手续移交下一班次，以便继续服务。
3）如过了租借时间，客人仍未归还物品，可主动询问，但要注意询问的方式。

9. 托婴服务

为了方便带婴幼儿的客人，使其不致因小孩的拖累而影响外出，客房部还应为客人提供婴幼儿托管服务，并根据时间的长短收取相应的服务费。托婴服务是一项责任重大的工作，绝不可掉以轻心。进行托婴服务对应注意以下几点：

1）客人提出托婴服务申请时，应问清照看的时间、小孩的年龄等，请客人填写"婴儿照看申请单"，并告诉客人有关酒店的收费标准及注意事项。收费一般是将三小时作为计费的起点，超过三小时，则每小时增收费用。

2）照看者必须有责任心、可靠，并有一定的保育知识。通常由客房女服务员承担此项工作。如果由客房服务员兼管，只能利用工余时间，绝不能利用上班时间。

3）必须按客人要求照看小孩，事先了解小孩的特性及家长的要求，不要随便给小孩子食物吃，确保小孩安全。一般不能将小孩带出客房或酒店。

10. 客人遗落物品的处理

客人在住店期间或离店时，难免会遗忘或丢失物品，酒店应有客人失物处理的规定和程序，以协助客人找、领自己的物品。这会使客人感到酒店服务工作的尽善尽美。

1）判断是客人扔掉的还是遗落的物品。下列物品一般为遗落物品：①遗落在抽屉或衣柜内的物品，如衣服、围巾等；②具有文件价值的信函和信件，如电传、收据、日记，以及记有电话号码的纸片等；③所有有价值的东西，如钞票、珠宝、信用卡等；④身份证件；⑤器材或仪器零件等；⑥已知遗落物品的客人姓名、住址或单位的，应及时交还客人，或通知或邮寄。

2）若在走客房内发现客人遗落的贵重物品，服务员应立即打电话通知客房服务中心。若是零星客人，中心值班员应立即与前台联系，设法找到客人；若是团队客人，则与团队联络员联系。若仍找不到失主，要立即报告大堂副理处理，服务员应立即把物品送到客房中心。

3）房内遗落的一般物品，由服务员立即在工作单上"遗落物品"一栏内登记。下班前，在遗落物品单上清楚地填上此物品的房号、名称、数量、质地、颜色、形状、成色、拾物日期及自己的姓名。一般物品要与食品、钱币分开填写。

4）早、晚班服务员收集的遗落物品交到客房服务中心后，均由晚班的中心值班员负责登记。

5）钱币及贵重物品经中心值班员登记后，交主管进行再登记，然后交秘书保管。

6）一般物品整理好后与遗落物品单一道装入遗落物品袋，将袋口封好，在袋的两面写上当日日期，存入遗落物品室内的格档中，并贴上写有当天日期的标签。

7）遗落物品室每周由专人整理一次。

8）如有失主认领遗落物品，需验明其证件，且由领取人在遗落物品登记本上写明工作单位并签名；领取贵重物品需留有领取人身份证件的复印件，并通知大堂副理到现场监督、签字，以备查核。

9）若客人打电话来寻找遗落物品，需问清情况并积极查询。若拾物与客人所述相符，则要问清客人来领取的时间。若客人不立即来取，则应把该物品转放入"待取柜"中，并在中心记录本上逐日交班，直到取走为止。

10）若有客人的遗落物品经多方寻找仍无下落，应立即向经理汇报。

11）按国际惯例，客人遗落物品保存期为一年，特别贵重物品可延长半年。如客人失物保存到酒店规定的期限无人认领，酒店可按有关规定自行处理。

案例分析

消失的翡翠戒指

某晚，成都锦江宾馆的值班经理接到一个来自北京的电话，是当天下午刚退房的客人诉说她在房间里遗留了一个翡翠戒指。他立即联系楼层台查找。很快，相关的服务员全部集中到了863房。"客人还在北京等消息呢，大家一边回忆服务细节，一边找吧!"服务员刘姐边说边打开房间内所有的灯具。大家对可能会藏下一枚戒指的地方都一一搜索，行李柜后、抽屉内、卫生间的边边角角，甚至床下、床后全不放过，但哪里有戒指的影子呢。

正当大家准备放弃寻找时，刘姐腰间的 BP 机不停地呼叫起来，服务中心来电话说客人在北京非常着急，已经催促了几次，并说客人想起当时她是将戒指包在一张卫生纸内的，可能随手将它扔到垃圾内也说不定。"对，还有垃圾尚未翻过。"三位服务员不约而同地想到了一起。于是她们迅速走出房间，快步向垃圾井走去。打开垃圾井门，黑漆漆、深深的井道内发出刺鼻的臭味儿，大家都不约而同地皱了皱眉。想到北京客人焦急的心情，也顾不上许多了。小邓挽起袖子戴上手套，从垃圾中找到当天送来的那一袋垃圾。小吕和刘姐也弯下腰，伸手拨弄起大袋中的一些小袋垃圾。"这袋是863房的垃圾，我记得很清楚。"小邓肯定地说，"好，快些倒出来找。"小袋中的垃圾一件件地摊放在地上，橘子皮、柿子皮、污水和着烟灰糊满了的报纸，大大小小的纸团还真不少。筛选过的垃圾越来越多地放到了一边，一个个纸团被打开，但客人戒指在哪里呢？找到最后一个纸团后，三位员工艰难地直起腰，凑近窗户猛吸了几口新鲜空气。"如果真的找不到，只有尽快向客人如实反映了"小邓说。刘姐望着垃圾默想："如此贵重的东西丢了，客人是不可能乱说的，即使记忆不准确，但它肯定还'藏'在我们客房的某个角落里。"

"会不会扔垃圾时，有些小东西掉到大垃圾袋中了？"小吕提出她的看法。刘姐恍然大悟，马上说："有可能。再在大垃圾袋中找找看。"于是，她们三个再次弯下腰来，将大垃圾袋中的垃圾一件件地摊开在地上，继续寻找。突然，小邓轻声"啊"了一声。小吕和刘姐的目光几乎同时投在小邓那戴着红手套的手上，一个五分钱大小的纸团遇入眼帘。只见小邓轻轻地剥开上面的一层卫生纸，一枚很大的翡翠戒指在昏暗的灯光下闪耀着夺目的光芒。

"找到了，找到了。"小邓欢喜雀跃地说。刘姐轻拭着脸颊上的汗水，高兴地说："走，快给客人回电话去。"

问题：这个案例告诉我们什么道理？

（四）客人离店的服务工作

1. 客人离店前的准备工作

1）掌握客人离店的准确时间。在得知客人的离店日期后，要记住客人的房间号码，了解客人结账、离开房间的准确时间。

2）检查代办事项，看是否还有未完成的工作。要注意检查账单，如洗衣单、饮料单、长途电话费用单等，并在客人离店前送到前台收银处，保证及时收款。同时，要询问客人离店前还需要办理哪些事情，如是否要用餐、叫醒服务、帮助整理行李等。

3）征求即将离店客人的意见，并提醒客人检查自己的行李物品，不要遗漏。

2. 送别客人

1）协助行李员搬运客人行李。

2）主动热情地将客人送到电梯口，代为按下电梯按钮，以敬语向客人告别。

3）对老弱病残客人，要专人护送。

3. 善后工作

1）迅速进房仔细检查。如有遗落物品，立即派人追送。来不及送还的，交客房中心登记处理。同时，还应检查客房设备和用品有无损坏和丢失。如发现损坏和丢失现象，应及时报告主管。

2）处理客人遗留事项。有些客人因急事提前离开房间，会委托服务员替其处理一些遗落事项，例如，有人来访、给有关单位打电话等。服务人员一定要一丝不苟地、忠实地替客人办理好这些事情，体现善始善终的对客服务的良好态度和行动。

3）迅速整理、清洁客房。

4）填写房务报告表。

二、超常服务

超常服务，即我们常说的个性服务和针对性服务，它是指在满足客人基本、普遍的需求的基础上，进一步满足不同客人个别的、偶然的、特殊需要的服务。酒店服务的对象是人，客人的需要千变万化，仅仅提供规范服务是不够的，还需要灵活应变的个性服务才能满足客人的合理、特殊需求。

作为一名优秀的客房服务员，一定要熟悉自己的服务对象及其相应的服务方法。我们需要研究客人类型，了解客人的旅游动机、需要、兴趣、个性和特征等，从心理学的角度来探讨客房服务工作的方法，以便为他们提供有针对性的优质服务。客房服务中常见的客人类型和服务方法具体如下。

（一）按旅游动机划分的客人类型和服务方法

1. 团体旅游参观型

旅游观光团的主要目的是观赏风光及文物古迹，无论是国外还是国内的旅游观光团，都以游览参观为主要目的，他们的活动有计划、有安排、有组织，但国内外的旅行团区别较大。

1）心理特点。希望玩好、住好、吃好，对自然风光、名胜古迹最感兴趣。对服务质量要求严格，携带物品不多。一般都打算购买旅游纪念品，喜爱照相，委托服务较多，但国内客人与外国客人及华侨，港、澳、台客人消费水平差异较大。

2）服务方法。分配客房要集中，最好在同一楼层。要注意做好早间服务工作，如清晨叫醒、提醒客人带好相机等。晚上客人回店前，水要准备充足，室内空气调节好。要主动介绍自然风光、名胜古迹、风味餐馆和本店或本地区的工艺美术品、土特产和旅游纪念品，便于客人购买。承担委托服务要主动热情，保质保量，如洗熨衣服、擦皮鞋、冲洗胶卷等要及时送回，方便客人。

2. 公务旅游型

这类客人多是商业旅行和业务谈判或国内业务人员。他们受公司、企业的委托，进行商业活动、贸易洽谈，活动频繁，或长或短要在客房内办公，要求有先进的通信、商务设施设备和良好的服务。国内客人消费比较低，他们常利用工作之余外出游览参观。

1）心理特点。国外客人要求享受高级生活待遇，优良的服务质量，夜间需要娱乐活动，委托服务多。国内公务旅游型消费水平以能够报销账目为限度，同样要求有较好的服务。

2）服务方法。有条件的酒店可设置商务楼层，在客房内设置语音信箱、传真机、网络接口；办公桌要大，灯泡要亮，配备常用的文具用品。提供便利的交通服务和 24 小时干洗熨烫服务。建立商务客人的饮食档案。他们所带的文件如工作后放在写字台上，服务员要严格保密，不得乱翻乱动，否则会引起客人的不满。不要将对立国家的客人或商业竞争对手分在同一楼层。茶水供应要及时，但不要过多打扰。平时可多向他们介绍工艺美术品、文物复制品和土特产品。

3. 华侨旅游型

此类客人是当前来我国旅游较多的一种。服务质量如何，直接影响国家侨务政策的贯彻执行，对台湾回归祖国也有重要影响。华侨客人一般有四种人：一是政府有关部门邀请回国的学者、教授等高级知识分子和著名人士；二是华侨旅行社组织的旅游团；三是兴办合资企业、参加贸易谈判和洽谈等有关业务的人；四是自费探亲或治病疗养的客人。华侨旅游型的特点是，有强烈的民族感和乡土观念，热爱祖国，对祖国建设成就和家乡的一切事物都感兴趣，来访客人和亲友多。

1）心理特点。住宿方面要求价格合理，一视同仁。希望为参观祖国建设成就和游览风光名胜提供方便，喜欢照相，期望买到物美价廉的土特产品和中草药，特别是自己家乡的土特产品。一般华侨对客房要求并不高，只要室内有空调及卫生间就行了。欧美和日本的华侨要求住房条件比较好，对客房的设备和卫生间条件也比较讲究。

2）服务方法。分配客房要视具体情况。对学者、教授等高级知识分子和上层人士可推荐豪华客房。对一般的华侨和港、澳、台客人可推荐中档客房，但必须有卫生间。团体客人分房要集中，便于集中活动。华侨客人有的白天在店时间不多，喜欢出去参观游览或探亲访友，故要做好早晚服务工作。华侨客人在国内亲朋较多，因而其访客也较多，要做好问询、会客服务。如客人不在，一定要请访客留言，因为他们多年不见，机会难得。对失散多年的亲友要帮助查找。平时，多介绍土特产品和中草药商店的地点、交通。

4. 蜜月旅游型

新婚夫妇同行，欢度蜜月，对自然风光、风景名胜感兴趣，他们衣着一新，讲究仪表，喜欢照相，对旅游纪念品最感兴趣，因为这可以作为他们长期保存的新婚纪念物。

1）心理特点。以住大床间客房为第一需要，又多由男方提出。要求能为品尝风味食品、购买纪念品提供方便。

2）服务方法。出售大床间安静客房，保证供水。客房一定要做到整齐、美观、恬静，最忌杂乱。客房布置要热烈、优美、大方。向新婚客人赠送礼品，增加欢乐气氛，做到既庄严、隆重，又热情、礼貌。见面时要讲祝福的话，如祝新婚愉快、白头偕老等。平时多介绍优美风光旅游点、旅游纪念品和风味餐馆的所在位置，方便客人游玩和购物。

5. 旅游疗养型

这类客人多借旅游之机看病或疗养，一般有某种慢性病。他们住店时间长，喜安静，活动有规律，对药物、矿泉和优美恬静的自然风光感兴趣。

1）心理特点。生活要求高，口味讲究，要求照顾周到细心，有时多疑。住房要求特殊，一要客房小，二要光线足，三要方位僻静，四要起居方便。水供应要及时，以便于其服药。

2）服务方法。尽量安排僻静的小客房，服务员要勤进客房，摸清生活规律。这类客人常在客房用餐，饮食要尽量满足他们的需要，供应及时。客人休息时不要打扰他们，保持楼道、客房安静，要多送水，照顾周到细心。

6. 老年旅游型

此类客人以日本、美国退休职员、工人，以及年老的华侨和国内离退休老干部、老年知识分子为主。他们的动作迟缓，行动不便，要求环境舒适，要买纪念品，对历史古迹最感兴趣。

1）心理特点。要求服务周到，照顾细心，环境安静，希望多品尝著名风味食品。

2）服务方法。以出售高档安静客房为主。住店期间要热情迎送，帮助拿行李。客房要满足开水、茶叶或饮料供应。保持楼道安静，以免影响老年客人的休息。老年客人外出旅游一般不在乎多花钱，要多介绍著名历史古迹和美味佳肴。

（二）按客人个性特点划分的客人类型和服务方法

酒店客房服务员要接待各种不同性格的客人，工作中会碰到各种各样的问题，要提高服务质量，提供最佳服务，只从旅游动机和客源构成来分析和掌握客人类型还很不够，有必要进一步分析和掌握各类客人的个性特点及服务方法，才能更有针对性地提供服务，使得客人满意。

1. 一般型

这类客人为酒店接待对象的绝大多数，他们懂人情、讲礼貌，也要求物质和精神享受及高质量、高效率的服务。对这类客人按一般接待程序服务即可。

2. 开放型

这类客人性格豪放，对任何事情的感受都毫无保留地形于言表，易听信别人的话，以欧美国家客人为多见。对这类客人服务时可尽量满足其需要，谈话时要多听，不可随便答言。重要服务项目要在其情绪稳定时再谈，便于其接受。

3. 急躁型

此种客人性情急躁，动作迅速，服务要求效率高。但生活马虎，以大中学生和年轻客人为多。为他们服务时，谈话要单刀直入，简明扼要，弄清要求后，很快完成。否则，容易使他们急躁冒火，产生不满，影响服务效果。

4. 啰唆型

这类客人遇事啰唆，爱打听，难于下决心。服务时尽量避免和他长谈，否则没完没了，影响工作，最忌和他们辩论。

5. 健谈型

这种客人最喜欢聊天，天南海北，似乎世界各地的事情他都知道。服务时不要好奇，听其"海阔天空"，但对正确的意见或建议要耐心听取。

6. 寡言型

这种客人平时言语不多，性格孤僻，但一般有主见，服务时一定要耐心听取他们的意见和要求，热情有礼，表示尊重，待明确其意图后，再按其要求保质保量地完成服务工作。照顾好这种客人，使他们对酒店的服务质量留下深刻、美好的印象。他们若向别人宣传，一句话比酒店十句话更有用。

7. 醉酒型

这种客人经常喝酒，每喝必醉，有的大吵大闹，有的乱吐乱扔，有的不省人事。在服务过程中，最好表现出不注意他，少和他交谈，也不要取笑他。如果发生醉酒，不要嫌弃这类客人，要根据不同情况区别对待，做好相应的服务工作并及时报告主管。如果损坏家具，弄脏地毯，要做好记录，有的要保护好现场，待其酒醒后要求赔偿。

8. 贵妇型

一些有身份、地位的女客人，需要豪华、舒适的物质和精神享受。服务时要向她们出售高级客房和高档商品，包括各种美味佳肴。客房布置要富丽、雅致，要摆放鲜花和工艺美术欣赏品。服务过程中要特别注意讲究礼貌礼节。她们一般与配偶同行，委托服务和客房用餐、购买商品等要多征求其丈夫的意见，无论多贵她们一般都会购买。她们外出活动追求新奇和刺激，平时可多向她们介绍有关情况。若为单身外出旅行的女客人，应注意保护她们的隐私。

9. 社交型

这类客人由于常常出门在外，练就了一套应酬本领。平时交际多，见多识广，善于辞令，老于世故。服务时要特别注意，言谈举止要礼貌大方。平时不可和他们深谈，注意服务周到，以防发生意外，引起客人不满。因为这类客人个个都是"小广播"，他们乐于谈论服务员的态度和服务水平。所以，如果给他们留下优良的服务印象，他们会出去宣传，提高酒店的声誉；如果服务质量差，不良影响也大，故要特别注意服务的高质量、高效率和高水准。

10. 排他型

这种客人不易和别人交往，个人观念很强，平时言语不多，但有主见，容易和别人发生矛盾，以满足自己需要为主要目的。服务员最好不要和他们闲谈，尽量按他们的要求完成接待服务，注意他们和周围人的关系，注重对他们的细节服务。

三、特殊情况的处理

客房接待服务过程中会遇到各种各样的人，也会遇到各种各样的问题，这就决定了接待服务中不可避免地会出现特殊情况。特殊情况处理的好坏，往往直接影响酒店的声誉，甚至影响国家的声誉，需要引起客房工作人员的高度重视。

（一）客人物品丢失

在客人住店过程中，随身携带的小件物品，甚至贵重物品，由于种种原因，可能丢失，客人往往很着急，希望尽快找回。这种事故的基本处理程序如下：

1）安慰并帮助客人回忆物品可能丢失在什么地方，请客人提供线索，分析是否确实丢失。

① 常有部分客人害怕自己的钱物丢失，在客房把钱物藏起来，事后忘记藏在什么地方了。经过分析，应让客人情绪安定，并帮助客人寻找。

② 如果客人报告贵重物品丢失并涉及某服务人员，在没有弄清事实前，不可盲目下结论，以免挫伤该服务员的自尊心。

2）在查找过程中，请客人耐心等待或让客人在现场一起寻找。查找工作一般由保安人员及管理人员负责。

① 如果在客人自己的客房进行搜寻时，客人愿意目睹整个寻找过程，则让客人在现场一起寻找。

② 客人即将离店，但客房还未清扫，应建议客人留在现场目睹整个寻找过程。

③ 客人原住房已为新客人租用，只能由保安人员或管理人员对床底和窗帘后面的部分进行搜索，查找工作不能由丢失物品的客人亲自进行。

④ 已整理完毕的客房，可请客人耐心等待，然后按以下程序进行寻找。

a. 与负责检查和整理该客房的工作人员进行查对。

b. 搜索所有不外露的部分。例如，抽屉里面、床底下、床垫下面、画幅后面等。

c. 从客房已清理出的物品和垃圾里寻找。例如，脏棉织品、吸尘器内或其他废物中寻找。

d. 检查客人丢失的物品是否已放在工作间内，但尚未交到失物招领处。

3）经多方查找仍无结果或原因不明，没有确切证据可资认定是在客房内或被盗窃的，酒店不负赔偿责任，但应向客人表示同情和耐心解释，并请客人留下地址和电话，以便一旦找到好与其联系。

4）将整个情况详细记录，以备核查。

（二）客人突然得急病

个别客人因旅途劳累或水土不服，可能会突然得急病，遇到这种情况的处理方法如下：

1）服务人员不要轻易乱动客人，或擅自拿药给客人吃。应立即报告客房部经理，并立即打电话同附近医院联系，由酒店医务人员护送病人到医院抢救。

2）迅速通知接待旅行社或客人接待单位主管人员。

3）从发病开始，每天做好护理记录，必要时派专人护理。医疗费用和护理费用由客人自理。

4）客人住院抢救期间，及时电告其家属前来。

5）客人如果经抢救无效死亡，由医院向死者家属报告详细抢救经过，并写出《死亡诊断证明书》，且一式多份，由主治医生签字盖章。

6）对该客人住过的客房进行严格的消毒处理，并对该客人住过的客房号保密。

（三）VIP 客人的接待

VIP 客人是指与酒店的经济效益和社会效益有密切关系的人和客户。VIP 客人是酒店接待的重点，必须给予高度重视和用心接待。

1. VIP 客人的接待原则

1）对等接待。VIP 客人的接待要特别强调对等接待的原则，即不同级别的 VIP 客人应由酒店相应级别的管理人员接待，以表示酒店对 VIP 客人的尊重和礼遇规格。例如，上级领导、公司总经理等级别的 VIP 客人到酒店应由酒店总经理出面接待等。所以酒店往往要将 VIP 客人划分为不同的级别，一是强调礼遇规格，二是规范酒店的接待程序。

2）及时传递信息。保持信息传递的畅通和及时是做好服务工作的一个重要环节。客房部应掌握 VIP 客人的活动安排计划，及时跟踪和了解 VIP 客人的动态，及时向酒店有关部门传递 VIP 客人的信息，做好针对性服务。

3）用心极致，做好细节服务。做好对 VIP 客人的细节服务，最能体现酒店的服务水平和礼遇规格，而细节服务的成功则来源于用心极致地了解和预测 VIP 客人的需求，达到并争取超越客人的期望值。

4）服务适度。在 VIP 客人接待中切忌过度关心客人，从而造成对 VIP 客人的干扰。做好恰到好处的服务是服务艺术的最高境界。

2. VIP 客人的迎接程序

1）客房中心值班员在接到前台送来贵宾接待通知单后，应将贵宾的房号首先通知有关楼层的服务员，以便服务员将这些房间再打扫一遍；然后将贵宾的房号、抵店时间、客房布置的规格标准等通知有关领班、主管和经理。若贵宾非当日抵店，则应将接待通知单保管好并转给夜班服务员。夜班服务员在贵宾进店的前一天将贵宾抵店时间及客房布置要求转抄在次日的客人进、离店通知单上。

2）楼层服务员从中心联络员处或客人进、离店通知单上得知贵宾抵店时间及房号后，应立即将这些房间的家具打上蜡、擦亮铜器、清除地面污迹，并配合楼层领班和送餐服务员将应增放的物品放入客房。

3）领班、主管和经理在各自的直接下属完成对贵宾房的布置和检查后，应及时对这些房间进行复查，如发现问题，立即让服务员去处理。一般提前两小时进行此项检查。

4）以上任务完成后，中心联络员即可通知大堂值班经理前往检查。楼层服务员在大堂值班经理检查后，需再进房巡视一遍，以确保万无一失。

5）贵宾房的检查较一般房间的检查更为严格。

6）贵宾房需增放下列物品：鲜花、水果、洗手盅、礼卡、口布、水果刀、水果叉、总经理名片、酒店宣传册、盆景、果盒，或按贵宾接待通知办理。

7）客人较多时，带房及其他服务要预先安排。

8）客人第一次用餐应带客人到餐厅，将客人介绍给餐厅迎宾员。

9）随时做好小整服务。

10）做好重点客人的陪同和其他服务。

【情景模拟】

模拟一次会议服务和一次托婴服务。

▌走进酒店

香格里拉酒店集团的企业文化

"卓越的酒店源自卓越的员工，而非绚丽的水晶吊灯或昂贵的地毯。"香格里拉酒店集团坚决秉承这一理念，并将之诠释为对员工发展所作出的坚实承诺。到 2010 年，该集团的员工数量将从之前的 28000 人增加到 50000 人，这样的承诺也越发显露出这一理念的重要地位。

整个程序首先起于对员工的甄选——"聘用工作态度好的员工，并通过培训使他们技巧娴熟"——这为接受香格里拉理念提供了坚实的基础。接下来，该集团投入大量资金用于培训——可能超过其他任何酒店集团——对其下属54家酒店所有员工进行持续、完善的培训指导。集团通过创造良好的工作氛围，使员工能够达成他们的个人和职业目标，从而留住人才。香格里拉在业内一直保持了相对较低的员工流失率。

香格里拉酒店集团的主要特色即为客人提供优质、温馨的服务，正如其服务宗旨的定义"殷勤好客香格里拉情"，所有的员工在入职半年内都要接受"香格里拉殷勤好客"的培训。

该培训计划旨在以香格里拉的特色服务，为宾客提供尊贵的住店体验，进而建立品牌忠诚度。尊重备至、温良谦恭、彬彬有礼、乐于助人和真诚质朴是该培训的价值核心。这个主题为"香格里拉殷勤好客"的培训计划分为四个单元：一是殷勤好客香格里拉情；二是令客人喜出望外；三是积极补救，赢得客人忠实感；四是发扬主人翁精神。

"香格里拉殷勤好客"的四个单元突出体现了集团的使命——"每一次都要令我们的客人喜出望外"，这也是香格里拉的指导原则之一。"香格里拉殷勤好客"培训计划是集团目前奉行的企业文化，它得到了高层管理人员的大力支持，并在整个集团内持续贯彻落实。集团要求下属所有酒店拨出用于培训和发展的专项预算，并由总经理亲自负责，确保酒店每年所拨出的专项培训资金均能得到充分利用。

【思考与练习】

如何做好对客的常规服务和超常服务工作？

任务三　　处理客人投诉

【任务目标】
1. 掌握处理投诉的原因。
2. 掌握处理投诉的程序。

【任务准备】
1. 分小组搜集酒店处理投诉的案例及处理办法。
2. 情景模拟处理投诉过程。

▌情景导入

客人的香水

今天，实习生小张被分配到11楼清扫12间住客房，她首先了解客情：这12间房的客人均属同一法国旅游团，除了一位客人因不舒服留在1106房以外，其余的均已外出。于是，小张很快准备好房务工作车，来到了11楼开始清扫房间。当她打开1103房门时，一股香气迎面扑来，"好香呀"她不禁喊了出来，出于好奇，她开始寻找香气的由来，很快就在卫生间里发现了一瓶法国香水。沁人的香气、玲珑的外观，让小张爱不释手，不禁打开香水往自己身上喷了一些。小张很快就意识到自己做错了，急忙把香水瓶放回了原地，开始清扫起客房。到了下午，小张已经清扫完 11 间房，最后来到了 1106 房间门口，"Housekeeping"，轻敲两次门后，客人打开了房门，"May I make up your room now?" 客人微笑着示意小张可以进房间清扫。但就在小张经过她身边时，她突然皱起了眉毛，她想了一下，拿起了电话……小张清扫完所有房间后，刚回到工作室，经理就走过来气呼呼地问道："你今天是不是动了客人的东西？" 小张一脸茫然，想了很久才想起早上曾经喷过客人的香水。"小张，你今天闯了大祸了，那瓶是特制香水，一瓶值上万欧元呢……"

　　客人需求的差异性和酒店服务的复杂性，使任何酒店都不能做到使每一位客人百分之百的满意。客人的投诉是不可避免的。投诉是指客人因对酒店服务质量的不满而提出的批评意见。客人投诉的方式一般采用电话、书面或当面投诉。客人的投诉一般由大堂副理负责。客人也可能直接向客房服务员发泄心中的不满或找楼层领班、主管甚至客房部经理投诉。因此，客房部的服务人员和管理人员必须重视客人的投诉，善于处理客人的投诉。这对于提高酒店的服务质量和管理水平，赢得回头客人，都具有重要意义。

一、投诉的原因

　　就客房部而言，投诉的产生通常有以下四个方面的原因：

（一）客房硬件设施不达标或出现故障

　　客人都有一种等值消费的心理，即花了多少钱就应得到相等的硬件和软件服务，而对房间设施设备的等值评估是最基本的。如果所住的房间设施设备陈旧、家具破损、空调失灵等，客人的不满情绪是难以控制的。客房的设施设备是为客人提供服务的基础，设施设备出故障，服务态度再好也无法弥补。我国一些酒店同国际酒店相比，存在的突出问题之一就是设施设备保养不善，这不仅导致酒店经营成本上升，而且严重地影响了对客服务的质量，常常引起客人的投诉。

（二）客户服务员的素质低和服务质量差

1. 客房清洁卫生不达标

　　有统计资料表明，有关卫生问题的投诉占了总投诉的 30% 左右。尤其是主要接待外宾的酒店，客人对卫生方面的要求相当高，房间整理要及时，卫生要符合标准，稍有偏差都会引起客人不满。

2. 服务员待客不一视同仁，不礼貌

　　客人都有受到尊重的心理需求，如让他感到自己不受重视或服务员厚此薄彼，抱怨乃至抗议便在所难免。

3. 服务员动用客人物品

　　服务员在服务工作中有意、无意地挪动或使用了客人物品，都会令客人反感，尤其

是一些生活上非常细心的客人。这类问题的投诉率也是比较高的。

4. 客人休息时受到噪声干扰

客房主要是供客人休息的，客人有要求安静、不受噪声干扰的权利。服务员工作中的说笑声过高，房间隔音效果不好，相邻客房互相干扰等，都是此类投诉的根源。

（三）酒店管理不善

1. 客人物品丢失或被盗

这实际上是一个客房安全管理的问题。客人物品丢失或被盗，无论该物品的贵重程度如何，对客人来说都可能是无法原谅的，影响很坏。

2. 客衣洗涤事故

这类投诉主要包括客衣丢失、衣物破损、客衣口袋内的贵重物品丢失等。

3. 客人对酒店有关规定不了解或误解

有时候酒店方面并没什么过错，之所以投诉是因为他们对酒店的有关规定不了解或误解造成的，在这种情况下，就要对客人耐心解释，并热情帮助客人解决问题。

（四）客人方面的原因

客人因多种原因，有意、无意带走或损坏了房间的固定物品，服务员发现后通过正常途径请客人赔偿，为此而引出的投诉纠纷也是很多的。

上述问题，大致可以归结为两种类型：一是硬件方面的因素，二是软件方面的因素。对于这两方面的因素，客人投诉的倾向性和投诉的方式是不同的。

二、收集处理投诉的意义

投诉是沟通酒店管理者和客人之间的桥梁，对客人的投诉应该正确认识。投诉是坏事，也是好事，它可能会使被投诉的对象（有关部门或人员）感到不愉快，甚至受罚，接待投诉客人也不是一件令人愉快的事，对很多人来讲，是一种挑战。但投诉又是一个信号，告诉我们酒店服务和管理中存在的问题。形象地说，投诉的客人就像一位医生，在免费为酒店提供诊断，以使酒店管理者能够对症下药，改进服务和设施，吸引更多的客人前来。因此，服务人员及管理层对客人的投诉必须给予足够的重视。对客人的投诉持真诚的欢迎态度。

具体而言，对酒店来说，客人投诉的意义表现在以下几个方面。

（一）帮助酒店发现存在的问题

客人是酒店产品的直接消费者，对酒店服务中存在的问题有切身的体会和感受，因此，他们比酒店管理者及服务人员更容易发现酒店服务与管理中存在的问题与不足，可以帮助酒店及时发现自身存在的问题。

（二）有利于改善宾客关系

通过客人的投诉，酒店了解到客人的"不满意"，从而为酒店提供了一次极好的改善宾客关系的机会。妥善处理客人投诉，能够将"不满意"的客人转变为"满意"的客人，消除客人对酒店的不良印象，减少负面宣传，从而有利于酒店的市场营销。

（三）有利于酒店改善服务质量，提高管理水平

酒店可通过客人的投诉不断地发现问题、解决问题，进而改善服务质量，提高管理水平。因此可以这样认为，处理好客人的投诉是一项不需要酒店花钱的投资，它能直接提高客人的满意度和酒店的美誉度。

三、处理投诉的程序和方法

接待投诉客人，无论对服务人员还是管理人员，都是一个挑战，要使接待投诉客人的工作不再那么困难，使工作变得轻松，同时又使客人满意，就必须掌握处理客人投诉的程序、方法和艺术。

（一）切实提高服务质量，预防投诉的产生

"顾客的评定是对服务质量的基本测量"。顾客的反映可能是及时的，也可能是滞后的或回顾性的。在顾客对所提供的服务的评定中，通常主观评定是唯一的因素。顾客很少自愿地向服务组织提出对服务质量的评定。不满的顾客总是在没有给出允许采用纠正措施的意见时，就停止使用或不购买这项服务。依靠顾客意来测量顾客满意度，可能导致错误的结论。

因此，大部分不满意的客人在没有蒙受重大损失或没有受到极大侮辱的情况下是不会愤然投诉的。酒店切勿因妥善处理某一项客人投诉或没有投诉而沾沾自喜，这是十分危险的。酒店必须全面提高服务质量，控制产生投诉的"原因"和"过程"，尽量不让客人带着"不满意"离去，这才是最根本的、最可靠的处理客人投诉的最佳方法。

（二）做好接待投诉客人的心理准备

为了正确、轻松地处理客人投诉，必须做好接待投诉客人的心理准备。

首先，树立"客人总是对的"的信念。一般来说，客人来投诉，说明我们的服务和管理有问题。酒店业，乃至整个服务业都在提倡"即使客人错了，也要把'对'让给客人"。只有这样，才能减少与客人的对抗情绪。这是处理好客人投诉的第一步。

其次，要掌握投诉客人的心态。投诉客人通常有以下三种心态：一是求发泄，客人在酒店遇到令人气愤的事，不吐不快，于是前来投诉；二是求尊重，无论是软件服务还是硬件设施，如果出现问题，在某种意义上都是对客人不尊重的表现，客人前来投诉就是为了挽回面子，求得尊重；三是为了求补偿，有些客人无论酒店有无过错，或不管问题是大是小，都可能前来投诉，其真正的目的可能在于求补偿。因此，在接待投诉客人时，要正确理解客人、尊重客人，给客人发泄的机会，不要与客人进行无谓的争辩。如

果客人投诉的真正目的在于求补偿，接待者则要看自己有无权力给予其补偿。如果没有这样的授权，就要请上一级管理人员出面接待投诉客人。

（三）设法使客人"降温"

客人向酒店投诉时，心中往往充满了怒火，希望能通过投诉的机会发泄出来，以维持他们的心理平衡。投诉的最终解决只有在心平气和的状态下才能进行，因此接待投诉客人时，首先要保持冷静、理智，同时，要设法消除客人的怒气。要消除客人的怒气就要注意创造一种环境，让客人自由地发泄他们受压抑的情感，把火气降下来，恢复其理智，这样有利于了解事情的来龙去脉。

此时，以下几点要特别注意，否则不但不能消除客人的怒气，还可能使客人"气"上加"气"，导致"火上浇油"的恶果。

1. 认真倾听客人的投诉

酒店员工接受客人投诉时，不要理解为是对个人的指责，急于去争辩和反驳。应让客人把话说完，切勿胡乱解释或随便打断客人的讲述。

2. 要有足够的耐心

客人讲话（或大声吵嚷）时，酒店员工要表现出足够的耐心，绝不能随客人情绪的波动而波动，不得失态。即使是遇到一些故意挑剔、无理取闹者，也不应与之大声争辩，或以"理"压人，而要耐心听取其意见，以柔克刚，使事态不致扩大或影响他人。

3. 注意语言

讲话时要注意语音、语调、语气及音量的大小。

4. 慎用"微笑"

接待投诉客人时，要慎用"微笑"，否则会使客人产生错觉。

（四）使用"替代"方法

客人在采取了投诉行动后，都希望别人认为自己的投诉是正确的，自己是值得同情的。另一方面，客人前来投诉时，对酒店的工作人员会有一种戒备心理，因为他们往往认为，酒店的人仅仅是酒店利益的代表。针对客人的这种心理，酒店工作人员要把投诉的客人看成是一种需要帮助的人，这样才能造成解决问题的气氛。"替代"方法，即酒店人员以一系列实际行动和话语，使客人感到有关部门和人员是尊重和同情客人的，是站在客人立场上真心地帮助客人的，从而把不满的情绪转化为感谢的心情，具体做法如下。

1. 让座上茶

当客人找到酒店员工"面对面"地投诉时，有可能的话，邀请他到办公室，请他坐下来讲话，同时为客人送上一杯茶水或免费饮料。

2. 认真做好记录

接受客人投诉时，要注意做好记录，包括客人的姓名、房号、投诉时间及客人投诉的内容等，以示对客人投诉的重视，同时也是酒店处理的原始依据。

3. 对客人表示同情

在听完客人投诉后，首先表示歉意，要对客人表示同情和理解。这样，会使客人感觉受到尊重，自己投诉并非无理取闹，同时也使客人依赖酒店的工作人员，把接受投诉的工作人员看成是他们利益的代表，从而减少对抗情绪。

（五）维护客人和酒店双方的利益

在处理客人投诉中，要注意维护客人和酒店双方的利益，既要为客人排忧解难，为客人利益着想，又不可在未弄清事实前，盲目承认客人对具体事实的陈述，更不能轻易表态，以免引起纠纷和赔偿事件，给酒店造成经济损失。

（六）果断地解决问题

在接受客人投诉时，要善于分析，听清客人的意见、要求，然后迅速果断地处理。如果是自己能够解决的问题，应迅速回复客人，告诉客人处理意见。对一些看来明显是服务工作中的失误，应立即向客人道歉，在征得客人同意后，做出补偿性处理。所有客人的投诉，应尽量在客人离店前得到圆满解决，要把处理客人投诉作为重新建立酒店声誉的机会。例如，客人入住进房后，发现客房还没有收拾好，非常气愤，要求退房，接待员应尝试更换一间收拾好的客房并道歉。如确属暂时不能解决的，也要耐心向客人解释，取得谅解，并请客人留下地址和姓名，以便日后告诉客人最终处理结果。大胆地使用自己的权力，果断、迅速地处理问题，是解决客人投诉的关键所在。

（七）用恰当的方法处理客人投诉

用恰当的方式处理投诉可以化干戈为玉帛，反之则会因小失大，一般要掌握投诉者的投诉心理，然后找到恰当的处理方法。在投拆时，客人一般有以下几种心理状态。

1. 客人急于解决问题

这类客人往往通过电话或口头方式提出投诉。处理这类投诉事例的原则是，尽快解决客人急于要解决的问题。第一，要注意与当事人的口头交流，讲究语言方式。第二，要及时采取补救措施。对短时间内无法解决的事情要给客人明确回复，说明酒店对这件事的重视程度，使客人有心理上的满足。

2. 希望酒店能提高管理水平

这类客人大都对酒店有良好的印象，对服务及管理中出现的问题他们会提出书面建议。对这类信函应由部门经理亲自处理，视情况回信给客人（已离店的）或约客人当面交流，告知其改进的措施和杜绝此类事件发生的方法。

3. 对酒店有成见

极个别对酒店反感的客人，往往采取比较偏激的方法来提出投诉，大吵大闹。客房及酒店员工在与客人的"冲突"中，始终处于"不利"的地位，因为客人和服务员的地位是不平等的。酒店员工在面对这类客人时，要用正确方法控制自己的情绪和言行，要始终坚持有理、有利、有节、有礼貌地处理问题，平息投诉者的怒气，避免在公众场合处理问题。无论客人提出的问题是否符合事实，都必须认真倾听，从容大度地对待投诉者，待其怒气平息后再共商解决问题的办法。处理得好时甚至将坏事变好事的例子也不在少数。

4. 恶意投诉

个别客人提出非分要求，明显地无理取闹，行为、语言粗鲁，虽经合理而耐心的解释，但仍发生投诉，此即恶意投诉。酒店员工在面对这类客人时，应及时向上级汇报，由保安人员或更高一层的管理人员出面再次进行劝阻，或者劝其离开现场，以免给其他客人造成不良影响和干扰正常服务工作。对情节十分严重者，应通知当地派出所，以维护酒店的正当利益。

对投诉的处理方法最终还要因人因事而异，尽量争取使每位投诉者都满意。

（八）对客人投诉处理的结果予以关注

接待投诉客人的人，并不一定是实际解决问题的人。事实上，有很多客人的投诉并未得到解决，因此，必须对投诉的处理过程进行跟踪，对处理结果予以关注。现在，不少酒店对客人的投诉采用"到我为止"的方法，即第一位接待客人投诉的人就是解决问题的主要责任人。必须将处理客人投诉和满足客人要求的事情负责到底，直到事情圆满结束。这也是提高服务质量的有效方法之一。

▌案例分析

等不来的"热水"

一位客人深夜抵店，行李员带客人进客房后，将钥匙交给客人，并对客房设施设备做了简单的介绍，然后进入卫生间，打开浴缸水龙头往浴缸内放水。客人看到行李员用手亲自调试水温。几分钟后，行李员出来告诉客人，水已放好，请客人洗个澡，早点休息，客人暗自赞叹该酒店服务真不错。

行李员走后，客人脱衣去卫生间洗澡，却发现浴缸里的水是冰凉的，打开热水龙头，同样是凉水。于是客人打电话到总台，回答却是"对不起，晚上24:00以后，无热水供应"。客人无言以对，心想，该酒店从收费标准到硬件设备，最少应算是星级酒店，怎么能晚上24:00以后就不供应热水呢？可又一想，既然是酒店的规定，也不好再说什么，只能自认倒霉。"不过，如果您需要的话，楼层服务员可以为您烧一桶热水运到房间，好吗？"还未等客人放下电话，前台小姐又补充道。"那好啊，多谢了!"客人对酒店能够破例为自己提供服务表示感激。

放下电话后，客人开始等待。半个多小时过去了，客人看看表，已经到了凌晨1:00，可那桶热水还没送来，可又一想，也许楼层烧水不方便，需要再等一会儿。又过了半个小时，电视节目也完了，还不见有热水送来，客人无法再等下去了，只好再打电话到总台。"什么，还没有给您送去？"前台服务员表示吃惊，"我已经给楼层服务员说过了啊!要不我再给他们打电话催催。""不用了，我还是自己打电话问吧。请你把楼层服务台的电话告诉我!"客人心想，既然前台已经通知了，而这么久还没有送来，必定有原因。为了避免再次等候，还是亲自问一问好。于是，按照前台服务员提供的电话号码，客人拨通了楼层服务台的电话，回答是："什么，送水？酒店晚上24:00以后就没有热水了!"……

问题：酒店员工的工作失误在哪里？

（九）将以往投诉作为培训案例，预防投诉的再次发生

投诉处理完以后，有关人员，尤其是管理人员还应对该投诉的产生及其处理过程进行反思，分析一下该投诉的产生的原因、处理技巧等，通过对处理投诉过程的分析，形成培训案例对员工进行教育，避免此类投诉的再次发生。只有这样，才能不断改进服务质量，提高管理水平，并真正掌握处理客人投诉的方法和艺术。

【情景模拟】

根据收集到的酒店案例模拟练习如何处理投诉。

走进酒店

冬季度假胜地　走进美国罗德岛州酒店

既无春的和风细雨，也无秋的天高云淡，冬天似乎是一个萧条的季节，得不到众多游客的青睐。然而，世上还是有一些地方适合冬季度假，让您体会到冬季的自然美景。位于美国罗德岛州的尚勒崖城酒店便是许多游客心中完美的冬季度假胜地之一。

尚勒崖城酒店位于美国罗得岛州纽波特镇的伊斯顿湾，被《康泰纳仕旅行者》评为美国新英格兰地区最受欢迎的酒店之一。事实上，这座海滨城市一直在期待着冬季的到来。因为在冬天这个旅游淡季，交通便利，游客稀少，您可以发掘出不一样的美。

最引人注目的是，该酒店拥有一支别克昂科雷越野车队，提供免费的司机接送服务。您可以参观保护协会具有镀金时代魅力的豪宅，这些豪宅每年假期都会张灯结彩喜迎游客；您还可以提着灯笼漫步在Historic Hill的殖民小巷，这里曾经到处都是流氓与海盗，凶险无比。之后，在五香梨餐厅的桃花心木镶板的约翰·温斯罗普房中，您可以参加一个私人晚宴，别有情趣，浪漫至极。

此外，您还可以徒步旅行到附近诺曼鸟类保护区的野生林地，进行户外野餐。

【思考与练习】

1. 怎样理解服务的定义和理念？

2．衡量对客服务质量的基本标准是什么？优质服务的基本要求有哪些？

3．客房部员工的职业道德主要包括哪些内容？

4．举例说明对客服务的基本准则。

5．对客的常规服务包括哪些环节？

6．酒店常见的会议有哪些种类？怎样做好会议服务？

7．试述对客人遗落物品的处理程序。

8．客人投诉产生的主要原因有哪些？

项目四 客房服务用语

❖ 知识目标

掌握服客房服务的规范用语。

❖ 能力目标

熟悉客房服务常用英语。

语言是人们表达意愿、交流思想感情的交际工具，各种不同职业的人员都有符合自己职业特点的特定语言。酒店客房服务也是一种职业，有特定的语言，客房服务人员学好、用好这些语言，对于提高自己的职业素养、胜任服务工作具有十分重要的意义。

▌情景导入

和谐"三部曲"

有一次，金华宾馆一位住客邀请了一帮朋友，坐在大堂沙发上高谈阔论，情绪高昂。谁知其一挥手，把茶几上一只贵重的花瓶碰翻摔破。服务员忙上前安慰客人，并马上清理碎片。不料，当住客的朋友离去后，服务员请客人到款台付赔偿金时，客人却说是服务员没有放稳而拒赔。服务员很受委屈，只好向大堂副理求援。大堂副理了解情况后，便来到客人面前，很有礼貌地说："您好，先生，欢迎下榻我们酒店。我是大堂副理，想请您到大堂吧喝杯咖啡好吗？"然后把客人引到大堂吧一较偏僻处坐下，服务员送上咖啡，他们边喝边聊。"刚才你们一帮朋友谈得多么开心，是久别重逢吧？""是的，这次出差到浙江，特地来金华会会几位以前的大学同学，开心极了。"客人又接着说："你们服务员花瓶也放不好，刚才摔下来使我们吓了一跳。"大堂副理见谈话已进入正题，便有礼貌地说："真对不起，让你们受一惊了，不过我们四周桌上的物品摆放都是有规定位置的，一般不会错。"说着用手指给客人看，客人看到各种物品的摆放确是井然有序，也无话可说了。接着大堂副理又说："刚才您不留意把花瓶碰倒摔破了，服务员也没怪您，又马上给清理了，在您的朋友面前没有表露出任何不满，一点也没给您丢面子，是吧？"客人听了后，觉得说得有道理，沉默了一下后说："好吧，把赔偿单拿来，我签字！"一番诚恳诱导的谈话，终于改变了客人的态度，索赔圆满解决。

一、客房服务的语言规范

在客房对客服务工作中，服务人员常用的语言就是口头语言（有声语言）和人体语言（无声语言）。这两种语言形式因其特点和功能不同，在实际运用中都有特定的规范和要求，服务人员必须熟练掌握，灵活应用。

（一）口头语言

1. 语言要文雅

服务人员在对客服务过程中要给客人以美的愉悦，包括语言的美感。美感属于社会意识，它既是感觉器官的直接感受，又在感性的形式中积淀着理智、情愫、想象等社会观念性的内容。文雅既是行为方式，又以知识、理想、教养为背景，是善与美的统一。文雅就是温文尔雅。首先，温和是文雅的基本要求，文雅的语言首先必须是温和的语言。如温和地问候："先生，您休息得好吗？"其次，善良是文雅的内涵之一，没有善良的心意和愿望是做不到文雅的。这些表达美好愿望和友好感情的语言能够给客人受到欢迎和尊重的感觉。再次，尊敬他人才能出言文雅。服务员以宽和、谦恭的语言对待客人，尤其是当客人遇到麻烦或不开心的事情时，服务人员能设身处地为客人着想，使用关心客人的谦恭语言，对于缓解其烦恼和不悦能够起到很好的作用。最后，文雅的语言还意味着语言的规范。服务人员在与客人交流的过程中，无论是问话还是应答，都必须做到准确明了，言简意赅，避免用语不当或冗长啰唆而使客人不悦。

2. 要讲究语言艺术

现代酒店服务员不仅要有动手能力，还必须会谈话，讲究交谈语言艺术。讲究语言艺术一是要巧妙得体，二是要委婉灵活，三是要幽默风趣。

（1）巧妙得体

巧妙，是指用非同一般的方法达到预期的效果。得体就是合适得当、恰到好处。客房服务员在对客服务过程中要能根据不同的对象、不同的时间、不同的情境等具体的情况使用适当的词语，尤其是要注意服务对象的文化背景和风俗习惯。否则常会引起误会和曲解，造成尴尬的局面。

（2）委婉灵活

客房服务员要具有较强的应变能力，才能做好服务工作。这种应变能力的一个重要方面就是语言的应变能力。因为服务工作具有相对的复杂性，服务人员要应付各种复杂的局面，处理各种复杂的问题，面对形形色色的客人。服务人员必须因人、因事谈话办事，才能取得使客人满意的效果。服务人员的语言应变能力要靠自己的文化修养和平时的锻炼。

（3）幽默风趣

委婉是谈话中的柔软剂，幽默是谈话中的润滑油。幽默的语言可以缓解紧张情绪，使人轻松愉快。用幽默的方式说出严肃的道理比直截了当更能为人所接受。幽默的外在形式是风趣，它是一个人的智慧、才学和修养的综合表现。当然，幽默必须是自然流露，而不是矫揉造作。幽默是优秀服务员必备的素质。服务员要真正具备这种素质就必须加强平时的训练，增加知识的储备。

根据前面所说的口头语言的几项要求，结合服务工作的特点，我们可以将酒店服务用语的规范总结如下：

一要言简意赅，不要啰唆絮叨，词不达意；

二要亲切主动，不要干涩死板，牵强附会；

三要谦虚谨慎，不要傲慢虚伪，言不由衷；

四要委婉灵活，不要简单生硬，轻率粗俗；

五要吐字清晰，不要含糊不清，不知所云；

六要沉着大方，不要过分拘谨，拿腔拿调；

七要音调柔和，不要高低无度，不善言谈；

八要词句规范，不要语病百出，浅薄无知。

（二）人体语言

服务是一种交际活动。在交际中，人的肢体动作、面部表情、物饰打扮、行为习惯等都可以起到表达情感、交流思想的作用。这种通过人体的形态或动作变化传递信息的交际方式就是人们常说的人体语言。每一种人体语言都有其特定的表达功能和规范要求，学习和掌握人体语言的要求和规范，有助于服务员在服务工作中加强与客人的交流，增进相互理解，从而提高服务工作的效率和客人的满意度。

1. 表情语言

在人体语言中，"词汇"最丰富、最具表现力且能以最快速度灵敏地反映出人的各种情感的是表情语言，它比人们的口头表达要复杂千百倍。人的面部表情主要包括眼、眉、鼻、嘴等的变化和脸部肌肉的收展及面色的改变。其中，眼睛是人们最富有表现力的面部器官。眼睛是心灵的"窗户"，透过这扇"窗户"，能够窥视人内心的细微变化或反映出自己的喜怒哀乐。眼睛的交际功用主要表现在多变的形态和眼神中。在交际中，看人的神态、对视时间的长短、目光的投向、视线的位置，都会影响交际效果。虽然用眼睛交流是人类一种普遍的交际行为，但由于民族和文化的差异，世界各地人民的目光表现往往会有各自不同的含义和理解。在我国，闭眼常表示认同和默许，而在东南亚地区的一些土著民族看来则表示为否定。美国人在与他人交谈时，用眼睛看着对方表示对对方的尊重，而日本人则认为这样很不礼貌，他们习惯于只看到对方的颈部。因此，服务员在与客人的交际中，要根据不同的对象使用相应的"目光"，并对对方的目光要有正确的理解。在人的表情语言中，最具影响力的表达方式是微笑。笑有多种多样，不同的笑表达不同的情感和意念。如发自内心的甜美微笑，礼节性的职业微笑，还有苦笑、假笑、讪笑、嘲笑、冷笑、傻笑、狞笑、哄笑等。笑能替代各种语言表达人们内心复杂的思想感情，人们也能从笑中判断一个人的交际表达是真诚还是虚假。在交际活动中，人们用笑来表达情感，用笑来影响交际。遇到难处时轻松地一笑，能缓解交际中出现的僵局；气氛紧张时真诚地一笑，能消除交际中出现的隔阂。在服务标准中，人们把微笑作为行为的标准之一，要求服务员以真诚的微笑面对所有的客人。

在人的面部表情中还有脸色，脸色不仅是人健康状况的"晴雨表"，而且还是人心理状态的"晴雨表"。人在高兴时，神清气爽，容光焕发；人在紧张时，脸色苍白；人在愤怒时脸色铁青；人在激动时，热血沸腾，面红耳赤；人在羞愧时，满面绯红。人的面色能快速地表现出人的内心感受和情绪状态。

2. 动作语言

在人际交往过程中，人身体的各部分都会有一定的伴随动作。这些动作在特定的情况下能表达出一定的意义，传递某种特定的信息。在动作语言中，手是最常用、最得力的交际工具。如聋哑人可用手语来进行交流。在双方语言不通的情况下，往往可以借助于手势语言来交流。手势语言极富表现力，能够揭示人们复杂的内心世界。例如，双手相交，说明精神紧张；十指交叉叠放，会给人一种漫不经心的感觉；急速地搓动手掌，表达一种急切的心情或内心紧张的情绪。在某些特定的情况下，人们还可以通过手势传递特定的文化信息，如 V 形手势象征胜利和成功，T 形手势表示暂停。当然，手势虽被人们广泛使用，但不同的国家、民族及不同的情境下，相同的手势不一定表达相同的意义。如在我国竖起大拇指是对对方的称赞，而在英国、澳大利亚等国家这种手势则是表示要免费搭车。在希腊如急速地跷起大拇指，则是表示要快快"滚开"。在社交场合，握手是普遍使用、最具交际意义的礼仪形式。标准的握手姿势是握手者上身下弯15°，头微低，目视对方，面带微笑，手指稍用力握住对方的手掌，时间不宜过长。特别是与初次见面的异性握手时，如果时间过长容易引起对方心理上的反感。握手时用力要适度，如果用力过大，会显得粗鲁；用力过轻，则会显得态度冷淡，缺乏诚意或心绪不佳。在交际场合，在主人、年长者、位高者和女士先伸手或有这种表示时，客人、年轻者、下级、男士才能伸手与其相握。男女握手时，一般男士只要轻握一下女士的手指部分即可。另外，男士行握手礼时应事先脱一下帽子和手套以示尊重，手部有伤病或头部有缺陷者例外。在人的肢体动作中，腿的动作也能不知不觉地表露出人的潜在意识。步履沉重表示心事重重；频繁变换架腿姿势，表示烦躁不安；跷着二郎腿或脚尖有节奏地拍打地面，说明怡然自得；双腿打战，则表明紧张。

在人际交往中，动作语言非常丰富，难以一一列举，要学好用好动作语言，服务员必须在平时的工作与生活中注意观察分析和训练积累。

3. 物饰语言

物饰语言是指与人体有关的仪容、服饰等。它们在人际交往中也具有语言的一般功能。物饰语言通俗地说就是人的服饰打扮。现代人的服饰打扮，愉人悦己，一是为了在形象上扬长避短，增强自信；二是为了显示人的外在形象和内在精神状态；三是反映了人们的审美情趣和社交态度。在日常生活中，一个人的形象只代表他自己，人们对其形象的评价至多影响其家庭。而在工作中，一个人的形象就不仅单单代表他个人，还代表单位组织。因此，服务人员在工作中，要注重自己的服饰打扮，树立个人及酒店的形象，"从头到脚"按照酒店的规定和要求进行打扮。

▌案例分析

妙语化难堪

有一天，某客人离开酒店时，把房间内的一块浴巾带走了，服务员发现后报告大堂副理小A。小A在大堂收银处找到这位客人，很自然地把他带到旁边一处不显眼的地方，并婉转地说："×先生，服务员在做房时发现您房间少了一条浴巾。"客人面色有些紧张，但为了维护面子，矢口否认拿走了浴巾。小A不予点破，给他一个台阶："请您回忆一下，是否有您的亲朋好友来过，顺便带走了？"（潜台词：如果您不好意思当众交出浴巾，可以找个借口，把浴巾买下。）客人说："我住店期间根本就没有亲朋好友来拜访。"言下之意，他不愿花50元买这件东西。小A又给客人一个台阶："您回忆一下，是否把浴巾拿出浴室，用完后放在什么地方？"（弦外之音："您可以顺着这个意思回一下住房，拿出浴巾随便放在什么地方，说是浴巾没有少）可是客人还是没有理解。小A干脆就给他一个明确的暗示："以前我们也曾发现过一些客人说是浴巾不见了，但他们后来回忆起来是放在床上给毯子遮住了。您是否能上去看看，会不会也发生类似情况呢？"这下客人领会了，马上就拎着提箱上楼。一会儿他下来了，见了小A，便故作生气状："你们服务员太不仔细了，浴巾明明在沙发后面嘛！"看来客人已经把浴巾拿出来了。小 A 很高兴，但不露声色，很有礼貌地说："对不起，×先生，打扰了。"为了让客人尽早从羞愧中解脱出来，小 A 很真诚地说了一句："欢迎您下次来还住我们酒店。"同时热情地和他握手道别。整个过程结束了，双方皆大欢喜。

问题：在对客服务中我们应注意哪些语言规范？

二、客房服务常用词语

（一）名词术语

客房服务中心	service center of housekeeping
洗衣服务	laundry service
客房楼层	guestroom floor
托婴服务	baby-sitting service
客房	guestroom
开夜床	turn-down service
布件房	linen room
客房小酒吧	guestroom mini bar
洗衣房	laundry
公共区域	public area（PA）
单人间	single room
请勿打扰	Do Not Disturb（DND）
大床间	double room
床头柜	bedside table
双床间	twin room
写字台	Writing-desk
三人间	triple room
桌子	table
套间	suite
茶几	tea table
普通房间	junior suite
沙发	sofa
豪华套间	deluxe suite
椅子	chair
立体套间	duplex suite
橱柜	cabinet
总统套间	presidential suite
抽屉	drawer
清洁房	vacant clean（VC）

洗脸盆	washing basin
住客房	occupied（OCC）
抽水马桶	toilet
续住房	Stay（S）
浴缸	bath tub
准备退房	expected departure（ED）
淋浴喷头	shower head
未清扫房	vacant dirty（VD）
毛巾架	towel rack
住客外宿房	sleep out（SO）
电视机	television（TV）
床	bed
计算机	computer
单人床	single bed
电话机	telephone
双人床	double bed
电冰箱	refrigerator
大号双人床	queen-size bed
保险箱	safe / safe deposit box
特大号双人床	king-size bed
空调	air conditioner
折叠床	foldaway bed
电水壶	electric kettle
水床	water bed
婴儿床	baby cot
沙发床	sofa bed
床垫	mattress
豪华间	deluxe room
标准间	standard room
商务房	business room
行政楼层	executive floor
内景房	inside room
外景房	outside room
角房	corner room
连通房	connecting room
邻近房	adjacent room
长住房	long stay（LS）
待修房	out of order（OOO）

无行李房	no baggage（NB）
少量行李房	light baggage（LB）
请即打扫房	make up room（MUR）
枕头	pillow
枕套	pillow case
床单	sheet
毛毯	blanket
被子	quilt
床罩	bedspread
褥垫	bed pad
窗纱	window screening
窗帘	window curtain
毛巾	towel
浴巾	bath towel
手巾	hand towel
脚巾	foot towel
浴衣	bath robe
浴帘	shower curtain
灯罩	lamp shade
灯泡	bulb
衣架	clothes hanger
垃圾桶	rubbish bin
遥控器	remote controller
电池	battery
拖鞋	slippers
擦鞋纸	shoe shine paper
衣刷	clothes brush
鞋篮	shoe basket
热水瓶	thermos bottle
地毯	carpet
灯	lamp
台灯	desk lamp
壁灯	wall lamp
落地灯	floor lamp
床头灯	bedside lamp
小酒吧	mini bar
镜子	mirror
开关	switch

电吹风	hair dryer
冷水瓶	cold water bottle
茶杯	cup
玻璃杯	glass
茶盘	tea tray
火柴	match
冰桶	ice bucket
烟灰缸	ashtray
绿茶	green tea
红茶	black tea
花茶	jasmin tea
咖啡	coffee
洗衣袋	laundry bag
洗衣单	laundry list
购物袋	shopping bag
笔	pen
信纸	writing paper
信封	envelope
便笺	note pad
明信片	post card
针线包	sewing kit
服务指南	service directory
请勿打扰牌	DND card
房内用餐指南	room service card
服务夹	stationery folder
杂志	magazine
手纸	toilet tissue（paper）
面巾架	facial rack
浴皂	bath soap
指甲钳	emery board
洗发液	shampoo
洗面皂	facial soap
梳子	comb
沐浴液	foam bath
牙膏	toothpate
牙刷	toothrush
吸尘器	vacuum cleaner
工作车	maid's cart

扫帚	broom
吸水机	space vacuums
刷子	brush
刷子（硬）	scrubber
拖把	mop
桶	bucket
钢丝绒	steel wool
抹布	rag
客房女服务员	housemaid
客房服务员	housekeeping
主管	supervisor
客房服务员	room attendant
整理房间	make up the room
打扫房间	clean the room
铺床	make the bed
打扫卫生间	clean the bathroom
剃须刀	razor
床板	bed board
电熨斗	iron
熨衣板	ironing board
电动剃须刀	electric shaver
闹钟	alarm clock
冰袋	ice pack
插头	plug
变压器	transformer
轮椅	wheel chair
防护手套	rubber gloves
拖把拧干机	mop wringer
洗地毯机	carpet shampoo machine
洗地机	rotary floor scrubber
化学清洁剂	chemical cleaners
多功能清洁剂	all-purpose cleaners
消毒剂	disinfectant
杀菌剂	germicidal
金属上光剂	metal polishes
家具上光剂	furniture polishes
擦铜剂	brass polishes
消防栓	fire hydrant

安全出口	emergency exit
灭火器	extinguisher
洗衣服务	laundry service
湿洗	laundry
干洗	dry-wash
熨烫	pressing
快洗	express service
婴儿照顾	baby-sitting
叫醒服务	wake up call
入住	check in
退房	check out
擦鞋	shoe polishing
遗拾物品	lost and found

（二）客房服务常用语100句

1）Good morning，sir. 早上好，先生。

2）Good afternoon，madam. 下午好，女士。

3）Good evening，Mr. Smith. 晚上好，史密斯先生。

4）I'm at your service. 随时为您服务。

5）Have a good holiday. 节日快乐。

6）Happy birthday. 生日快乐。

7）Happy new year. 新年快乐。

8）Merry Christmas. 圣诞快乐。

9）Wish you every success. 祝您万事如意。

10）Wish you prosperous business. 祝您财源广进。

11）Do you like… 您喜欢……

12）Do you mind if I… 如果您不介意的话，我可以……

13）Would you want… 您需要……

14）You are welcome. 不客气。

15）Yes，I understand. 好的，我明白了。

16）It's my duty. 这是我应该做的。

17）It doesn't matter. 没关系。

18）Don't worry about it. 不必介意。

19）Thank you very much！非常感谢!

20）Thanks for your kindness. 谢谢您的好意。

21）Let me introduce myself. 请允许我自我介绍一下。

22）May I introduce to … you？让我给您介绍……

23）May I introduce myself，I'm… 让我来自我介绍，我叫……

24）I'd like you to meet… 我想请您认识一下……

25）Welcome to our hotel. 欢迎光临我们酒店。

26）Can / May I help you？ 我能为您效劳吗？

27）What else can I do for you？ 还有什么可以为您效劳的吗？

28）May I have your name please？ 请问您的姓名？

29）Could you please show me your room card？ 请出示您的房卡。

30）May I have a look at your ID card？ 我可以看一下您的身份证吗？

31）Please come this way，madam / sir. 太太 / 先生，请这边走。

32）Go straight，sir. 先生，请往前面走。

33）Keep going，Miss. 小姐，请一直往前走。

34）Please turn left at the first corner. 到第一个转弯处请向左拐。

35）Please walk straight ahead and turn right. 一直往前走，然后向右拐。

36）Please go up（down）the elevator there. 请在那边乘电梯上（下）楼。

37）Please go down to the lobby here. 请在这里下去到大堂。

38）Please come this way. 请这边走。

39）After you，please. 您先请。

40）Please follow me. 请随我来。

41）Is this your luggage？ 请问这是您的行李吗？

42）May I help you with your luggage？ 我帮您提行李，好吗？

43）Our hotel is a three star hotel. 我们酒店是三星级酒店。

44）Your room is near the elevator. 您的房间靠近电梯。

45）May I ask where you are from？ 请问您从哪里来？

46）Here is the television.You can get 10 channels on it. 这是电视机，您能收到 10 个频道的节目。

47）There are some English programs on the TV. 电视中有一些英文节目。

48）English movies are shown from10:00 amto midnight on channel 8 and 9. 上午 10:00 至午夜 8 频道和 9 频道有英文电影。

49）The extension number of laundry service is 7. 洗衣服务的分机号码是 7。

50）Do you need a wake up call in the morning？ 您早晨需要电话叫醒吗？

51）The safe is in the wardrobe. 保险箱在壁橱里。

52）This is the mini-bar.There are several kinds of wine and beverage in it. 这是小酒吧，内有多种酒水和饮料。

53）Where would you like me to put your suitcase？ 您的行李箱放在哪里？

54）There are many kinds of restaurants in ourhotel. They serve many different kinds of dishes. 我们酒店有多种餐厅，能提供很多种菜肴。

55）The coffee shop is open 24 hours. 咖啡厅 24 小时营业。

56）If you want to have dinner in your room，you can contact the Room Service. The extension number is 6. 如果您想在房内用餐的话，您可与送餐部联系，分机号码是 6。

57）The hotel offers safety deposit boxes for ourguests．我们酒店为客人提供贵重物品寄存服务。

58）We have lots of recreational facilities．我们酒店有很多种娱乐设施。

59）There will be a charge of 50 yuan per hour of baby sitting service．这项托婴服务每小时收费 50 元。

60）You pay the rate of a four star hotel but get five star service．您付四星级酒店的房价却能获得五星级酒店的服务。

61）How many nights do you want to stay？您打算住几个晚上？

62）If you need any help，please dial "22"．您有什么需求，请拨打房务中心电话 "22"。

63）Are you here on business or on a holiday？您是出差还是度假？

64）There are several types of guestrooms in our hotel．我们酒店有多种客房。

65）we could put an extra-bed in your room，would that be all right？我们可以给您在房间加床，行吗？

66）It's free of charge．这是免费的。

67）I'm very glad to be of service to you．很高兴为您服务。

68）I hope you'll enjoy your stay here．祝您住店愉快。

69）Just a moment，please．请稍等。

70）May I come in？我可以进来吗？

71）Good morning / afternoon!May I do / make up your room now？早上 / 下午好，我现在可以清理您的房间了吗？

72）We'll come and clean your immediately．我们将立刻来打扫您的房间。

73）What time would it be convenient，Sir？什么时候比较方便先生？

74）Would you have some laundry today？请问您今天要洗衣服吗？

75）Do you have laundry？您有衣服需要洗吗？

76）Would you like turning down service now？我现在方便为您开夜床服务吗？

77）Just a minute．I'll bring it to you．请稍等，我马上为您送来。

78）Good night．see you tomorrow．晚安，明天见。

79）Good night．晚安。

80）Have a good rest．祝您休息好。

81）Is there anything else．sir？先生，还有别的什么事吗？

82）I'll do it for you now．您的事我马上就去办。

83）I'll see to it right away．我马上着手处理。

84）I'll bring it right away．我马上给您拿来。

85）1'll call the mechanic to repair it at once．我马上叫维修人员帮您修理。

86）I'm extremely sorry to hear that．我很抱歉听到这些。

87）Pardon me，sir．先生，请原谅。

88）Thank you for your advice．感谢您的提醒。

89）Sorry to have kept you waiting．对不起，让您久等了。

90）I'm sorry to disturb you. 对不起，打扰您了。

91）I'm sorry，I was so careless. 很抱歉，我太大意了。

92）Just a moment，I'll do it now. 请稍等，我马上就去办。

93）Please excuse me for coming too late. 请原谅我来晚了。

94）It doesn't matter，we haven't done well enough. 没关系，我们做得还不够好。

95）It's very-kind of you to say so. 十分感谢您这样说。

96）We hope to see you again. 希望能再次见到您。

97）We are looking forward to another chance to serve you. 希望能再有机会为您服务。

98）Have a nice trip. 一路平安。

99）Wish you a pleasant journey. 祝您旅途愉快。

100）Take care！ 多保重！

三、客房服务常用情景用语

1. 整理房间

情景：服务员推着工作车到客房门前，按铃、敲门。

要求：面带微笑，首先询问，征求客人同意后在进行，要尊重客人的生活习惯。操作时动作规范、迅速。

1）早上好，先生！请问现在整理房间方便吗？

Good morning，sir，May I clean your room now？

2）您要我什么时候来给您打扫房间呢？

When would you like me to clean your room sir？

3）您什么时候方便呢？

What time would it be convenient for you？

4）很抱歉，先生！我整理完这间就去整理您的房间。

I'm sorry，sir，I will clean your room as soon as I finish this one.

2. 洗衣服务

情景：服务中心呼叫楼层服员，或客人直接告知其收客衣。

要求：服务员在收客衣时，一定首先要详细问清客人要求的服务种类及送回时间，并解释清楚一般或快洗服务的收、送时间及收费标准等事宜，同时留意洗衣单上所标明的各项是否按要求填写清楚，如对加急客衣或超过收洗时间的处理规等。若客人有特殊要求者，应先通知服务中心，由其与洗涤部取得联系后，方可答复客人。

1）早上好，先生！您有衣服要洗吗？

Good morning，sir！Have you any laundry？

2）您的衣服要求在什么时候送回呢？

What time would you want your laundry back，sir？

3）您要加急，还是一般洗衣服务呢？

Would you like express service or regular service？

4）我们加收 50%的快洗服务费，但四小时便可送回。

We change 50% more for express service，but it only take four hours.

5）很抱歉，先生！现在已经超过了一般服务收洗的时间，如果您想在当天送回，请使用快洗服务。

It's past the time of regular service，I'm afraid you have to make it express service if you want them to be sent for you today.

6）请填好洗衣单。

Please sing the laundry list.

3. 送餐服务

情景：客人问及房间送餐服务或提出在房间用餐事宜。

要求：主动推销，及时经服务中心与送餐部取得联系；同时，落实其完成情况及收集来反馈信息。

1）早上好，先生！我能帮您做点什么吗？

Good morning，sir！Can I help you？

2）您想在房间用餐吗？

Would you want me to provides the room service for you？

3）敝店提供很好的送餐服务。

Our hotel provides very good room service.

4）这是您的挂门餐牌，请在上面将您要点的菜品打上勾并填好用餐时间，在就寝之前挂在门外之把手上，或直接跟服务中心联系。

This is your door knob ment，just tick off the items you would like to have for your breake fast，then write down the suitable time of sending and hang it outside your door before you go to bed，or contact with the Service Center.

4. 维修服务

情景：客人告知服务员房间出现故障。

要求：首先，诚挚向客人表示歉意，然后及时告知服务中心，与工程部联系，派员维修；并落实其完成情况。

1）先生，您好！您的房间怎么啦？

What's wrong with your room，sir？

2）很抱歉给您带来不便。

We apologize for the inconvenience .

3）很抱歉，先生！我马上通知维修工（电工）去处理。

I'm sorry about that，I will call the repairman（electrician）to your room right away，sir.

5. 夜床服务

情景：夜班服务员推着工作车到客房门口，按门铃，敲门。

要求：面带微笑，尊重客人；动作规范、迅速。

1）晚上好，先生！请问我现在可以给您提供开夜床服务吗？

Good evening，sir！May I do the turn-down service for you now？

2）先生，天将黑了，请问我可否为您将窗帘拉上，开启房灯？

It's getting dark，would you like me to draw the curtain and turn on the light for you，sir？

3）祝您今晚过得愉快，晚安！

Have a very pleasant evening，Good night！

6. 病客服务

情景：客人告知患病，或觉察客人身体不适。

要求：表现出细心、体贴，主动询问客人病情，征求客人是否需要通知服务中心请医生看病的意见。

1）哦！先生，我听说您感到不适甚为担心。

I'm sorry to hear that you are not feeling well.

2）您怎么啦（语气惊诧，表示同情）？

What's the matter with you，sir？

3）您认为我有必要请一位医生到房间来看您吗？

Do you think it necessary for me to send the doctor for you？

4）如有何需求，请及时跟服务中心联系。希望您好好休息，祝您早日康复。

Please contact with our Service Center if there is any request and take a good rest. I hope you will get well soon.

7. 托婴服务

情景：客人要求提供托婴服务，并就此询问服务员。

要求：主动、热情推销酒店托婴服务，并及时与服务中心取得联系。

1）我店客房部可提供出色的托婴服务。

The Housekeeping Dept.of our hotel can provides very good baby-sitting service.

2）服务中心的兼职保姆均受过良好的培训，忠实可靠，且在照顾婴儿方面颇有经验。

The sitters are well-educated and reliable. They have wide experience in babsitting. It's run by our Service Center .

8. 补充饮料

情景：补充日常消耗饮料，或客人要求补充饮料。

要求：面带微笑，主动询问、征求客人意见。若客人需补充饮料，应及时请服务中心与酒水员取得联系。

1）先生，您好！请问可以给您的房间补充饮料吗？

Good afternoon（evening），sir！May I restock the mini-bar for your room？

2）您需要何种饮料呢？

What kinds of drinks do you like？

3）好的，我马上送来。

All right，I will send it to your room quickly.

9. 叫醒服务

情景：客人要求提供叫醒服务，或觉察客人有类似需求时。

要求：热情、主动询问客人，并及时告知服务中心，然后答复客人。

1）我店可提供叫醒服务，您要在几点钟被叫醒？

Our hotel provides the morning call service. what time do you want me to call you up？

2）您要叫醒服务吗？

Would you like a morning call？

3）您要电话叫醒还是敲门叫醒？

What kind of call would you like，by phone or by knocing at the door？

10. 送走客人

情景：客人提着行李走出房间，或获知客人将退房。

要求：主动、热情送客人至梯口，给客人留下最后的美好印象。

1）早上好，先生！您要退房吗？

Good morning，sir！Are you going to check-out today？

2）请带好您的行李物品。

Please don't leave anything behind .

3）您需要找位行李生帮助提行李吗？

Would you want me to ask a bellboy to help you with your luggage？

4）感谢您下塌我们酒店。

Thank you for staying in our hotel！

5）我们期望您再次光临！

We all look forward to having you again！

6）祝您旅途愉快！

Wish you a pleasant journey!

【情景模拟】

情景模拟当客人走出电梯后，楼层服务员趋前迎候，为客服务的流程。对话请用英文表述。

▌走进酒店

酒店面试常见问题

问：你如何知道你能胜任这份工作？

答：我学习的是酒店管理专业，加上实习工作，使我适合这份工作。我相信我能成功。

问：在你现在的酒店你学到了什么？

答：优质的服务才能为酒店带来收益。并且深刻体会到，要以绅士、淑女的态度为绅士、淑女服务，不仅是给客人优质的服务，也是对自身修养的提高。

问：在你现在的酒店遇到过什么问题？

答：客人常常来抱怨服务速度太慢，他们通常希望我们能为他们做好一系列的配套服务，其中包括一些小细节。

问：介绍一下你所在的酒店和你的工作职责。

答：这是一个酒店式服务公寓，一共有108间房，大部分的客人属于长住客（一个月起租），也有零租房间。我的工作是前台接待，负责日常的入住退房手续，同时兼顾总机，为所有在店客人提供相应的需求。

问：你觉得你的优势在那里？

答：我的个性开朗，喜欢与人打交道，乐于助人，同时善于倾听，沟通能力好。这在我的工作中能给我很大的帮助。

问：介绍一下你每天的工作流程。

答：我的工作是翻班制的，一天工作12个小时，早上主要的工作是办理C/O手续和相应的服务，中午需要制作当天的报表，核对收银金额；下午开始办理C/I手续，这期间要处理客人的各种投诉和需求。晚上是作为夜班值班经理处理公寓夜间事务。另外还要完成前台的夜审工作，如核对房间数目、押金的收取情况等。

问：你是如何处理客人投诉的？

答：当客人提出投诉时，首先先向客人致歉，然后耐心地倾听，了解情况，如果是公寓工作上的失误，在向客人道歉之后，做出相应的补偿。对于复杂的问题，要缓减客人的过激心态，不要马上表态，向上级领导汇报后再给客人答复。

【思考与练习】

1. 服务人员的语言有哪两种形式？
2. 简述酒店服务语言规范口诀。
3. 两人一组，练习见面问候。

项目五　酒店公共区域及面层材料的清洁保养

❖ 知识目标
　　1. 熟悉酒店公共区域清洁保养的任务及要求。
　　2. 了解特殊器具的清洁保养方法。

❖ 能力目标
　　1. 能够使用吸尘器对地毯进行清洁。
　　2. 能按标准程序对地毯和大理石地面进行清理。

　　酒店是为公众提供吃、住、行、游、购、娱等服务的场所，又是一个有声有色的小社会。除了住店客人之外，开会、用餐、购物甚至参观游览的人，常常会在酒店公共区域停留，而且习惯于根据酒店公共区域是否整洁来评判酒店的档次和水平。因此，酒店公共区域面临的评判者比客房区域更多，其清洁保养工作质量的好坏，将会给酒店的声誉带来极大的影响。

任务一　　酒店公共区域的清洁保养

【任务目标】

1. 了解酒店公共区域清洁保养的范围。
2. 熟悉酒店公共区域清洁保养的作业程序。

【任务准备】

1. 每位学生通过上网或书籍查阅等各种方式，了解酒店公共区域清洁保养工作的特点。
2. 以小组为单位，通过各种方法了解本地星级酒店公共区域清洁保养（干净度及保养的程序），将结果以文字方式由该组指定学生向全班汇报。

■ 情景导入

给雨伞加"衣"

某杂志社几位采编人员一连三天躲在饭店的房间里整理采访来的材料。忽然，门铃响起，他们开门一看，正好是他们翘首等待几天的同济大学某教授。他们发现教授手中的雨伞外有一个细狭的塑料套子，不禁赞扬教授的细心。要是没有这个套子的话，大酒店豪华的地毯早就被湿透的雨伞上的水滴弄湿了。"哪里，哪里，"教授一边坐下一边说，"我哪里想到这一层，是酒店大堂服务员给每个进店拿着雨伞的客人套上的。这样既方便了客人，又保护了酒店地毯，保持了酒店环境整洁。"

一、酒店公共区域清洁保养的范围

酒店公共区域清洁保养的业务范围，是根据酒店的档次和习惯而定的。例如，有的酒店是将酒店公共区域的卫生分别划归餐厅部、前厅部、工程部和客房部管理，而有的酒店则将前台区域划归客房部负责，将后台区域划归工程部或行政事务部负责。酒店公共区域清洁保养工作主要有以下几项：①酒店室内和室外的清洁卫生（厨房除外）；②酒店所有下水道、排水排污等管道系统、沟渠、河井、化粪池的清疏工作；③酒店卫生防疫、喷杀"六害"的工作。

二、酒店公共区域清洁保养作业程序

1. 平时清理

1）依照大厅检查表（表5-1）逐项巡视清理酒店内外，如大厅接待区、等候区等区域的垃圾清理，家具及玻璃门窗、镜面的擦拭，并定时依检查表项目逐项巡查无误后在清洁巡视表（表5-2）上签字。

2）随时以静电拖把，将大理石地板部分除尘，保持地面光亮。

3）擦拭玻璃门框、大厅镜面上下及门把，并保持其光亮、无手印。

4）地毯区吸尘：①从内而外吸尘，特别注意墙壁角落处与家具底部的纸层及灰尘；②移开地毯上轻便的座椅及垃圾桶，吸尘后再将家具归位；③若发现地毯上有线头需修剪；④地毯上若有水、咖啡、茶渍等情形立即用抹布将水分吸掉并做处理。

5）盆树按时浇水并经常修剪，注意枯叶的捡拾。

6）大厅区玻璃镜画框与灭火器的擦拭。

7）注意设备及照明灯具是否有故障，如有，应立即填"请修单"并负责追踪请修结果，并在清洁巡视卡上注明请修项目。

表 5-1　大厅检查表

区域项目	签名	备注	区域项目	签名	备注
入口脚踏板			柜台计算机屏幕		
入口自动门			装饰桌		
入口玻璃门			书报架		
窗户与窗台			所有灯具		
落地门窗			办公椅子		
大厅玻璃门			办公桌及柜台		
大厅脚踏板			往庭院门		
壁灯及灯罩			往餐厅门		
大理石地板			电源开关		
大厅大型花瓶			地毯吸尘		
壁书及古董			大理石地面		
镜面及铜条			窗户及窗台		
一般茶几			桌灯及落地窗		
玻璃桌			沙发		

表 5-2　清洁巡视表

清洁时间	清洁人员签名	清洁状况	检查人签名
时　　分			
时　　分			
时　　分			
时　　分			
时　　分			
时　　分			

2. 定期（每周或每月）固定保养维护

1）每周必须做一次酒店全面性清洁工作。

2）每周做外部玻璃全面擦拭。

3）每周对装饰用的古董摆饰物做保养并随时清点。

4）每周对镀铜物品做保养及上油。

5）每月对冷气出风口及回风口进行清洁。

6）每月对不锈钢部分做保养及上油。

7）每月对大厅家具做一次彻底的清理。

8）每月对大厅吊灯清洗。

9）每月清洗太平梯。

10）每季对酒店外观（外墙）做一次彻底清洁与保养。

三、酒店公共区域操作安全规范

1）不得在酒店内及楼层内奔跑；不得将手伸进垃圾桶或垃圾袋内，以防利器和碎玻璃把手刺伤。

2）必须用双手推车；工作场地如有油污或湿滑，应立即擦干净，以防滑倒摔伤。

3）不要用过期的清洁剂，以免发生危险；不可使用损坏的工作用具，也不可私自修理。

4）拿取高处物品，应使用梯子，不应使用任何代用品；搬笨重物品，应两人或多人搬运，须用脚力，勿用背力，最好用手推车搬运。

5）发现公共区域照明不良或设备有损坏，应马上报告领班或房务中心，以尽快修理，并采取临时救急措施，以免发生危险。

6）在公共场所清洁时，使用工作车、吸尘器、洗地机和地毯机，应留意是否有电线绊脚的可能性，工作车应靠边停放，注意工作指示牌的使用。

7）洗地毯和洗地时，要特别注意电线和插座，小心触电。

8）当使用较浓的清洁剂时，应带手套，以免化学剂腐蚀皮肤。

9）发现玻璃杯或茶杯有裂口，应立即更换，并妥善处理；发现桌、椅、床不牢固，应尽快修理，以免伤人。

【情景模拟】

模拟对客房地毯吸尘工作流程。

■ 走进酒店

半岛酒店一以贯之的风格

作为香港上海大酒店有限公司下属机构的半岛集团，已在中国香港、马尼拉、曼谷、北京、纽约、比华利山及芝加哥管理着八家豪华饭店，拥有3000多间客房，并以其在每个大都市只建立一家顶级豪华饭店的理念而闻名于世，被国际饭店业尊称为"五星半岛"。

半岛酒店形成了一以贯之的风格。饭店共有4.8万件纯银餐具，市值100万美元，每天需启动8部打磨机擦拭，餐具自1925年至今都是用同一个制造商。门僮每天为客人拉开雕有一对门神的玻璃大门约 4000 次，他们身上的全白制服和白帽自开业以来一直是同一款式。半岛酒店共有 775 个员工，平均 2.6 位员工服务一位客人，其中有一个员工服务 75 年，2 个员工服务 40 年，服务 30 年的有 9 个，服务 20 年的则有 29 名，服务 10 年以上的则有 148 名，员工流失率全港最低。

【思考与练习】

1. 简述酒店公共区域清洁保养的范围和作业程序。
2. 简述酒店公共区域操作安全规范。

任务二　地面材料的清洁保养

【任务目标】

1. 按标准程序对地毯进行去污处理。
2. 按标准程序对大理石地面进行清洁保养。

【任务准备】

1. 以小组为单位，上网查找清洗地毯和大理石地面工具的图片。
2. 以小组为单位，收集不同种类的地毯和大理石的图片，制作成 PPT，用情景模拟的方式介绍地毯清洁的方法。

情景导入

规范操作的重要性

夜晚，按照计划卫生要求，服务员小程需要完成对大厅地面的打蜡工作。眼见时钟指向了 1:00，酒店大厅已经不再有客人往来。于是，他放心地操作起打蜡机开始工作。夜班经理巡视到大厅，发现小程没有按照要求摆放警示标志，急忙提醒他一定要规范操作。正当他们说话时，一位喝了酒的客人从外面蹒跚而来，说时迟那时快，客人一脚踩在刚打了蜡的地面上，重重地摔倒在地上，小程这下可傻了眼……

一、地毯

地毯因其有美观、安全、舒适、清洁、吸音、保温等特点，除了在客房内满铺地毯外，还被广泛用于餐厅、会议室等场所。地毯也因其纤维、构造等方面的不同，在价格、使用区域、美观实用性、耐久性等方面有较大差异。

根据纺织纤维材料的不同，饭店常用的地毯主要有三类，即化纤地毯、天然纤维地毯（饭店常用羊毛地毯）和混纺地毯。星级饭店除了一些易积水的公共区域外，一般不铺设低档化纤地毯。原则上要求星级饭店应选用羊毛纤维比例较高的混纺地毯。地毯的更新周期一般为 5~7 年，但这并不意味着可以忽视对地毯的保养。若保养不善，不到一两年地毯便面目全非；若保养得好，五年后地毯仍美观柔软如新，因此在饭店管理中绝不可以对地毯的保养掉以轻心。

（一）地毯吸尘

地毯吸尘的操作要领如下：

1）地毯吸尘一般在客房区域要求每日一次，客人活动频繁的区域（如大厅、餐厅、商场等）每日不得少于三次，平时吸尘可用普通吸尘器，但应定期使用直立式吸尘器彻底吸除地毯根部的杂质、沙砾等。

2）吸尘前先清除区域内大的垃圾和尖利物品。

3）吸尘时，客房或公共区域的角落、墙边等处的吸尘应选用合适的吸尘器配件。

4）吸尘时应采用由里向外的方法进行，并按一定的顺序，以免遗漏。

5）吸尘应采用推拉式，推时应逆毛，拉时应顺毛，保证吸过的地毯纤维倒向一致，踩过后地毯不会出现阴阳面。

（二）吸尘器的正确选择与使用

1. 吸尘器的选择

1）吸尘时应交替使用桶式吸尘器（图5-1）和滚擦式吸尘器（图5-2），以彻底清洁地面。

图5-1 桶式吸尘器

图5-2 滚擦式吸尘器

2）一般吸尘器绝对不能吸液体、黏性物质和金属粉末。

3）不能用吸尘器吸烟头、碎玻璃片、钉子等尖锐物品及大块的纸团、石块、棉花团等。

4）根据清洁的部位选择吸尘器的配件。

2. 吸尘器的使用

吸尘操作时，应手握吸管，将吸嘴平放于吸附物体的表面，内侧（靠近身体的一侧）略抬起，向前推动时，外侧略翘起，行进拉动的速度不宜太快。对房间吸尘时，应先从左到右吸边角，再从里向外，后退行进吸地面。吸尘时注意不要碰坏墙边的踢脚线，家具、楼梯、边角线应选用合理的配件来清洁。

吸尘器的具体操作步骤如下：①检查电线、电线插头、配件完好情况，集尘袋是否干净；②接通电源、开启吸尘器；③选用专用配件，按顺序吸尘；④关闭吸尘器开关，拔掉电源插头，清洁集尘袋；⑤擦拭吸尘器外部及配件，将吸尘器放回工作间。

吸尘器使用时应注意以下几点：

1）吸尘器一次连续工作最长不能超过一小时。

2）集尘袋清洁完毕必须晾干后再安装。

3）吸尘时不可用湿手进行操作。

常见地毯污迹的种类及清除方法如表 5-3 所示。

表 5-3　常见地毯污迹的种类及清除方法

污迹种类	清除方法	备　注
酒精、尿液、烟灰、铁锈、血液、啤酒、果酒、果汁、盐水、芥末、漂白剂、墨水	① 将溶液 a 浸在清洁的抹布上 ② 轻轻抹去污迹 ③ 用纸巾或干布吸干 ④ 用吸尘器吸尘	溶液 a：以 30 毫升的地毯清洁剂加一匙白醋，溶在 120 毫升水内 溶液 b：将 7% 的硼砂溶在 300 毫升水中
巧克力、鸡蛋、口香糖、冰激凌、牛奶、汽水、呕吐物	① 将溶液 a 浸在清洁的抹布上 ② 轻轻抹去污迹 ③ 用干布或纸巾吸去液体 ④ 施用溶液 b ⑤ 施用溶液 a ⑥ 用干布或纸巾吸去液体 ⑦ 干后用吸尘器吸尘	
牛油、水果、油脂、食用油、药膏、油漆、香水、鞋油、油渍、蜡	① 将溶液 a 浸在清洁的抹布上 ② 轻轻抹去污迹 ③ 用干布或纸巾吸去液体 ④ 等待变干 ⑤ 用溶液 b 浸湿脏处 ⑥ 轻轻擦拭 ⑦ 用干布或纸巾吸干 ⑧ 干后用吸尘器吸尘	
地毯烧伤	① 用软刷轻刷 ② 或者用剪刀将烧焦的部分剪掉 ③ 用吸尘器吸一遍	必要时用清洁剂溶液清洁
地毯严重烧伤	① 用利刀去掉烧焦部分 ② 用同样的地毯胶贴或织补 ③ 清除痕迹	—
地毯上有压痕	① 用蒸汽熨斗熨烫 ② 用软刷轻刷或用吸尘器吸，清除痕迹	

二、大理石地面

（一）大理石的种类及特性

1. 天然大理石

天然大理石的主要成分是碳酸钙，颜色有白、黑、红、灰、黄、绿等几种基本色。大理石主要用于大厅地面和高档客房卫生间地面的铺设。由于大理石含有杂质，碳酸钙在大气中受二氧化碳、硫化物、水气的作用容易风化和腐蚀，使其表面失去光泽，故不宜用在室外。

2. 人造大理石

人造大理石表面光洁度很高，其花色或模仿天然大理石、花岗石，美观大方，富有装饰性，具有良好的耐久性和可加工性，表面抗油污性能也很好，不易染色。人造大理石价格较天然大理石低，是比较理想的地面装饰材料。

（二）大理石地面的清洁保养

在大理石的清洁保养工作中，比较复杂的是清洗和打蜡工作，下面简单介绍这两项工作的操作程序。

1. 大理石地面的清洗

（1）清洗器具、用品

1）警示牌（图5-3）。

2）附有驱动盘和粗尼龙或聚酯垫的抛光机（图5-4）。

图5-3　警示牌

图5-4　抛光机

3）吸水机（图5-5）及其他工具。

4）碱性清洁剂（10＜pH＜11）（图5-6）。

图 5-5 吸水机　　　　图 5-6 碱性清洁剂

（2）清洗方法

1）通风并设置警示牌。

2）清除障碍。

3）将清洁剂溶液放入清洁桶，用地拖或机器将清洁剂溶液洒到地面上（注意适量）。

4）用机器分段、分块清洗。

5）手工擦洗边角部位。

6）及时用吸水机或地拖清除溶液和污物（如不及时清除，污物会黏附在地面上）。

7）用清水彻底清洗。在最后一次清洗时，要在水中加入适量的醋，用以中和碱。

8）将地面处理干燥。

9）清洁所用设备、工具、妥善收放好设备、工具和用品。

10）撤掉警示牌。

2．大理石地面的打蜡

（1）打蜡器具、用品

1）警示牌。

2）涂蜡拖把（棉或羊毛制品）。

3）蜡液容器。

4）抛光机。

5）封蜡、上光蜡。

6）其他用具。

（2）打蜡方法

1）通风并设置警示牌。

2）用胶纸带封住离地面 60 厘米以下的墙面上的插座，以免液体溅入。

3）面对自然光。

4）涂蜡动作流畅，用力均匀。

5）不可遗漏，把两个区域的交界处轻轻带过。

6）每涂一层，要等干后用机器磨去粗糙不平处，然后再涂另一层蜡。

7）封蜡要在 12～16 小时后才能干。

8）上光抛磨。

9）清洗工具、设备，妥善收放工具、设备和用品。

10）撤掉警示牌。

（3）打蜡抛光常见的问题及原因

打蜡抛光常见的问题及原因如表 5-4 所示。

表 5-4 打蜡抛光常见的问题及原因

问　　题	原　　因
全部涂层很差	① 对碱性清洁剂清除不彻底，有残留 ② 上光剂太少 ③ 前一层未干就涂后一层 ④ 上光剂太差
地面过滑	① 上光剂太多 ② 上光剂是从另一处移过来的 ③ 地面未在打蜡抛光前清洁干净
涂层呈粉状	① 地面受过污染 ② 封蜡时湿度过高或过低 ③ 地面下有热度 ④ 定期保养时错用保养器具

三、其他材质地面材料

其他材质地面材料的清洁保养如表 5-5 所示。

表 5-5 其他材质地面材料的清洁保养

地面材质种类	特　　性	日常保养方式及要求
水磨石	造价相对较低、美观耐用、对碱敏感	经常除尘除迹，避免沾染油脂类污物，适时清洗。清洗前，用清洁的水预湿，用合适的清洁剂清洗，最好用清水冲洗干净并擦干
混凝土	强度好、吸水性强、比较耐用、色彩单一	日常保养，可用扫帚、湿拖把清洁，必要时用中性清洁剂清洗
瓷砖	耐酸、油脂和水，表面光滑，有不可渗透的特性	在水湿或使用不正确的清洁剂时，地面会很滑，日常清洁保养中一般无特别要求
木质	自重轻、导热性能低、有弹性，舒适度好，美观大方，容易因温度、湿度的影响而裂缝、变形，耐火性差，清洁保养难，易腐朽	日常清洁保养中，可用牵尘剂浸泡过的拖把除尘除迹，定期清除陈蜡并重新打蜡，防止碰撞或擦伤，防火忌水

【情景模拟】

分小组讨论各种材质地面的清洁保养方法。

走进酒店

希尔顿的员工可以穿着自己喜欢的衣服为客人服务。

2004 年，希尔顿开休闲之先风，创新了"希尔顿休息间"。这种新型房间营造了独特的环境，顾客可以在其中恢复体力和精神，可调光的照明设备或明或暗，空气中散发着新鲜的水果味道和花香，有助于顾客的放松和休息。

更为令人吃惊的是，希尔顿酒店连饭店工作人员的服装要求也大为放松，员工甚至可以穿着自己喜欢的衣服为客人服务。

【思考与练习】

1．简述吸尘器的使用方法和注意事项。

2．简述大理石地面的清洗方法。

任务三　　墙面材料的清洁保养

【任务目标】

1．熟知各类墙面材料各自不同的清洁保养程序。

2．能按基本流程对各类墙面材料进行清洁保养。

【任务准备】

1．以小组为单位，上网查找各类墙面材料的特性，以文字形式课前交给教师。

2．以小组为单位，收集不同种类的墙面材料的图片，制作成 PPT，用情景模拟的方式介绍其清洁保养的方法程序。

情景导入

发霉的墙纸

某公司一行三人前往一家四星级酒店，准备考察该酒店的会议场所，因为该公司下月将举办为期三天的新产品演示会。一行人在酒店营销部经理的陪同下前往会议厅参观。会议厅的布局、设施设备及面积均符合此次会议的要求，营销部经理也胸有成竹地准备接下这单生意。不过，一行人在会议厅待了一阵后总觉得有不对劲的地方。原来会议厅内不时散发出阵阵轻微的怪异气味，像是霉味。后来发现，怪味来自墙纸。来人对营销部经理说："谢谢您带我们参观，我们会认真考虑。"自此以后，该公司再也没有与这家酒店营销部联络，后来得知，此次会议定在了另外一家四星级酒店。

一、硬质墙面

饭店很多地方的墙面都为硬质材料，常见的有瓷砖和大理石等。这些墙面材料的特性与同类地面材料有许多相同之处。但在清洁保养的做法和要求上却有所不同。作为墙面，很少受到摩擦，主要有尘土、水和其他污物，日常清洁保养一般只是对其进行除尘除迹。定期清洁保养大多是全面清洗，光滑面层可用蜡水清洁保养。

二、墙纸、墙布

墙纸、墙布的清洁保养主要是除尘除迹。对耐水的墙纸、墙布可用中性、弱碱性清洁剂和毛巾、软刷擦洗，擦洗后用纸巾或干布吸干。对不耐水的墙纸、墙布只能使用干擦的方法。常见的墙纸、墙布有如下几种：①纸基深塑墙纸；②纸基织物墙纸；③聚氯乙烯塑料墙纸；④玻璃纤维印花墙布；⑤化纤装饰墙布；⑥无纺墙布。

三、木质墙面

木质墙面主要有微薄木贴面和人造木纹板等几种，常用于大厅、会议室、餐厅、办公室、客房等。

木质墙面的清洁保养主要是除尘除垢，定期打蜡上光，防碰撞或擦伤。除尘除垢可用半湿抹布；打蜡上光需选用家具蜡；如有破损则需请专业人员进行维修。

四、其他类型墙面

（一）软墙面

软墙面的清洁保养主要是除尘除迹。除尘时可用干布或吸尘器。一般不宜水洗，以防止退色或形成色斑。

（二）油漆墙面

油漆墙面色彩丰富多样，易与家具等的色彩搭配，适用于干燥的场所。在清洁保养时，可用半湿抹布擦拭，以清除灰尘污垢，但忌用溶剂。

（三）涂料墙面

涂料墙面的清洁保养主要是除尘除迹。灰尘可用干布或鸡毛掸清除，污迹可用干擦等方法清除。

墙面材料的清洁保养如表5-6所示。

表5-6　墙面材料的清洁保养

名　　称	材 料 特 点	清 洁 方 法
硬质墙面	一般被尘土、水和其他污物污染	可用碱性清洁剂清洗，洗后用清水洗净擦干

名　　称	材料特点	清洁方法	
木质墙面	湿度大会脱胶、发霉	半湿抹布除尘除垢，定期用家具蜡打蜡上光，防碰撞或擦伤	
软墙面	锦缎或皮革，内有海绵，易燃　怕水	用干布或吸尘器除尘，一般不宜水洗，防止褪色或色斑，用溶剂除迹时要注意防火	
油漆墙面	不耐水，易脱落	用半湿抹布擦拭，清除灰尘污垢，忌用溶剂	
涂料墙面（乳胶漆）	过分潮湿会发霉	用干布或鸡毛掸清除灰尘，污迹用干擦方法清除，定期重新粉刷墙面	
纸基深塑墙纸	不易褪色，受潮后易脱胶	用中性清洁剂湿布轻擦	清洁步骤： ① 用干布擦去浮尘 ② 如有污迹用软布、海绵块或软刷蘸清洁剂擦洗 ③ 清洗干净 ④ 用干布擦干
纸基织物墙纸	湿度大会发霉	用干布或鸡毛掸擦拭，不能用水擦洗	
聚氯乙烯塑料墙纸	耐水	用中性清洁剂湿布轻擦	
玻璃纤维印花墙布	不褪色，耐潮湿	用碱性清洁剂擦洗	
化纤装饰墙布	耐潮，耐磨	用湿布擦洗	
无纺墙布	耐潮，耐磨	用湿布擦洗	

【情景模拟】

分小组讨论不同材质墙面的清洁保养方法。

▌走进酒店

北京华彬费尔蒙酒店

北京华彬费尔蒙酒店以"历史文物博物馆"运营为主题，采用矩形"宝石盒"式外观，给人以开放壮阔视觉感的同时，又以艺术结构的有机结合增添了几分柔美和优雅。从进入酒店的瞬间，就仿佛与室外喧嚣的办公中心分割出两个世界，身处闹区却只感受到安宁与祥和。在大堂顶部悬挂着 16 米长的"中国龙"水晶灯做装饰，就连酒店公共空间的每一处角落都摆放着充满现代设计的艺术品，细腻而雅致。

对于华彬酒店来说，位于 21 层的金尊费尔蒙是其金质享受的重要组成。在众多品牌酒店中，之所以费尔蒙排名居前，原因便在于其客房服务处处体现出的人性化细节。入住金尊客房的宾客可享受 24 小时的贴身管家，以及可以延迟退房时间到 18:00 的特殊待遇。金尊客房的房间面积也异常宽大，从 63 米^{2}到 125 米^{2}不等，客房的洗浴喷头均是 24K 镀金。更令人欣喜的是，当你拖着满身疲惫步入房间，此时无须再特地将门卡插入供电系统。当房门打开时，客房内的一切设施便可随时使用。而透过客房内的落地窗台，周围繁忙而繁闹的商业街景也将尽收眼底，一览无余。

【思考与练习】

简述硬质墙面和木质墙面的清洁保养方法。

任务四　　特殊器具的清洁保养

【任务目标】
1. 了解金属制品的清洁保养方法。
2. 了解塑料制品的清洁保养方法。
3. 了解玻璃制品的清洁保养方法。

【任务准备】
1. 教师准备不同的清洁剂，清洁工具。
2. 学生以小组为单位，准备各类金属制品、塑料制品和玻璃制品。

■ 情景导入

奢华酒店的清洁保养

伯瓷酒店，又称迪拜帆船酒店、阿拉伯塔酒店，开业于 1999 年 12 月，是世界上第一家七星级酒店，它位于阿拉伯联合酋长国的迪拜市，一共有 56 层 321 米高，是目前世界上最高帆船型酒店。

伯瓷酒店外层是双层玻璃纤维屏幕设计，在阳光下呈耀眼白色，晚上则呈彩虹色彩。伯瓷酒店内部更是奢华，凡眼睛判断为金色的东西，定是黄金无疑。虽然是镀金，但要所有细节都优雅不俗地以金装饰，则是对设计师的品位与功力的考验。大厅、中庭、套房、浴室……任何地方都是金灿灿的，连门把手、水龙头、烟灰缸、衣帽钩，甚至一张便条纸，都镀满了黄金。虽说只是薄薄的一层，却超出了客人的想像力。据说，酒店当年装修耗金 30 吨。

就这样一个无比奢华的酒店，试想一下它外层的玻璃纤维屏幕、内部所有镀金的物品是如何清洁保养的呢？

一、金属制品的清洁保养

金属制品的清洁保养如表 5-7 所示。

表 5-7　金属制品的清洁保养

名　称	特　点	清洁保养方法
铝制品	怕酸怕碱，易产生划痕	用不含摩擦剂的中性清洁剂擦拭，用液体蜡抛光
铜制品（纯铜制品，不是镀铜制品）	易氧化产生铜锈	抹布叠成四折，把擦铜油均匀涂在叠好的抹布上，擦拭铜器，再擦掉擦铜油，用干净抹布擦至光亮
锡制品	沾上油污难清除	清洗前先用酒精擦除污渍，再在中温的合成洗涤液中洗涤，清洗干净后用金属抛光剂抛光
金银制品	易划伤，易被侵蚀	置于干燥的地方，用柔软的布料蘸不含摩擦成分的擦亮剂擦拭
不锈钢制品	不耐酸、碱，怕潮湿	用稀释过的中性清洁剂擦洗，清水洗净后用柔软的干布擦干，如有擦痕用金属抛光剂抛光

二、塑料制品的清洁保养

（一）塑料制品在使用中的注意事项

1）要避开直接的热或明火，如烟头、热盘或热管等。
2）避免粗糙物直接摩擦而使表面产生划痕。
3）避免与强酸、强碱直接接触而造成腐蚀。
4）不宜在塑料件上进行切削或拖拽重物。

（二）塑料制品的清洁保养

避开明火、高温，忌粗糙物摩擦、强酸强碱。通常，饭店应配置专门的塑料清洁剂。若无专门的塑料清洁剂，可采用中温合成洗涤剂溶液擦拭，再用清水漂净擦干即可。

三、玻璃制品的清洁保养

玻璃的日常保养要用不会起毛的布或纸擦拭，用等量的醋和水溶液擦拭玻璃或报纸上的油墨为溶剂，对清除玻璃表面的污垢很有效，并且不会在玻璃表面留下纤维物质，是一种既省钱又高效的清洁物品。

对于磨砂玻璃或花纹玻璃，清洁保养的方法只能是用柔软的干抹布擦拭，若有油污等可用牙膏擦拭即可。

【情景模拟】

分小组对各种特殊器具进行清洁保养。

▌走进酒店

希尔顿国际酒店集团

希尔顿国际酒店集团（HI）是总部设于英国的希尔顿集团公司旗下分支，拥有除美国外全球范围内"希尔顿"商标的使用权。希尔顿国际酒店集团经营管理着 403 间酒店，包括 261 间希尔顿酒店、142 间面向中端市场的"斯堪的克"酒店，以及与总部设在北美的希尔顿酒店管理公司合资经营的、分布在 12 个国家中的 18 间"康拉德"（亦称"港丽"）酒店。它与希尔顿酒店管理公司组合的全球营销联盟，令世界范围内双方旗下酒店总数超过了 2700 间，其中 500 多间酒店共同使用希尔顿的品牌。希尔顿国际酒店集团在全球 80 个国家内有逾 71000 名雇员。

希尔顿经营旅馆业的座右铭是"你今天对客人微笑了吗？"这也是他所著的《宾至如归》一书的核心内容。

美国希尔顿饭店创立于 1919 年，在不到 90 年的时间里，从 1 家饭店扩展到 100 多家，遍布世界五大洲的各大城市，成为全球最大规模的饭店之一。多年来，希尔顿饭店生意如此之好，财富增长如此之快，其成功的秘诀是什么呢？通过研究发现其成功的秘诀就在于牢牢确立自己的企业理念，并把这个理念上升为品牌文化，贯彻到每一个员工的思想和行为之中。饭店创造"宾至如归"的文化氛围，注重企业员工礼仪的培养，并通过服务人员的"微笑服务"体现出来。

希尔顿总公司的董事长，89岁高龄的唐纳·希尔顿在50多年里，不断到他分设在各国的希尔顿饭店、旅馆视察业务。希尔顿每天从这一洲飞到那一洲，从这一国飞到那一国。专程去看看希尔顿礼仪是否贯彻于员工的行动之中。如今，希尔顿的"旅店帝国"已伸延到全世界，希尔顿的资产已从5000美元发展到数百亿美元。希尔顿旅馆已经吞并了号称为"旅馆之王"的纽约华尔道夫的奥斯托利亚旅馆，买下了号称为"旅馆皇后"的纽约普拉萨旅馆，名声显赫于全球的旅馆业。

希尔顿认为，旅馆是一个服务和款待的行业，为了满足顾客的要求，希尔顿帝国除了到处都充满了微笑外，在组织结构上，希尔顿尽力创造一个尽可能完整的系统，成为一个综合性的服务机构。因此，希尔顿饭店除了提供完善的食宿外，还设有咖啡室、会议室、宴会厅、游泳池、购物中心、银行、邮电、花店、服装店、航空公司代理处、旅行社、出租汽车站等一套完整的服务机构和设施。客房分为单人房、双人房、套房和为国家首脑级官员提供的豪华套房。餐厅也有高级餐厅和方便的快餐厅。所有的房间都有空调设备。室内设备，诸如酒柜、电话、彩色电视机、收音机、电冰箱等应有尽有，使到希尔顿饭店寄宿的旅客真正有一种"宾至如归"的感觉。其具体经营管理策略有以下几点。

（一）特许经营扩张市场

希尔顿的发展模式经历了自建模式、管理合同、特许经营等几个阶段。20世纪50年代以前，希尔顿一直延续自建模式，集团发展速度较慢，丧失了发展的机遇。60年代希尔顿创立的管理合同方式，通过管理输出迅速拓展了集团的市场网络，品牌国际影响力迅速提高。90年代年希尔顿开始实施"特许经营"方式进行拓展，逐步出售自有的饭店，只保留管理权和特许品牌权利。饭店管理公司逐步将业务重点转移到经营的高端利润区——品牌维护、市场促销等优势领域。2004年希尔顿品牌的特许经营比例已经超过了70%。

（二）品牌多元发展模式

希尔顿在对市场做了细致分类的基础上，采用"主品牌+系列子品牌"的品牌多元化战略，利用各种不同的饭店品牌提供不同档次的服务以满足不同的顾客需求，专攻各细分市场。例如，希尔顿旗下主要品牌有希尔顿、康拉德、斯堪的克、DoubleTree、大使套房饭店、家木套房饭店、花园客栈、汉普顿旅馆、希尔顿度假俱乐部等，每一个品牌都有特定主要目标市场，从而极大地提高了希尔顿在全球饭店市场的占有率。

（三）微笑塑造品牌形象

在希尔顿创业之初，他的母亲曾经对他说："除了对顾客诚实之外，还要想办法使每一个住进希尔顿旅馆的人住过了还想再来住，你要想这样一种简单、容易、不花本钱而行之可久的办法去吸引顾客。这样你的旅馆才有前途"。母亲的话让希尔顿沉思，如何才能达到既简单、容易，又不花钱且能行之久远的办法来吸引顾客呢？希尔顿想了又想，始终没有想到一个好的答案。于是，他每天都到商店和旅店里参观，以顾客的身份来感受一切，他终于得到了一个答案——微笑服务。于是希尔顿将企业理念定位为"给那些信任我们的顾客以最好的服务”，并将这种理念上升为品牌文化，贯彻到每一个员工的思想和行为之中，从而塑造了独特的“微笑”品牌形象。希尔顿饭店的每一位员工都被谆谆告诫：要用“微笑服务”为客人创造“宾至如归”的文化氛围。希尔顿对顾客承诺：为了保持顾客高水平的满意度，我们不断地听取、评估顾客意见，在我们所在的各个国家实行公平制度来处理顾客投诉并尊重消费者的权利。

（四）创新个性服务项目

希尔顿饭店集团十分注重以顾客需求为出发点，创新饭店产品与服务，从而给客人以惊喜。希尔顿在产品开发上采取诸多亲近客人的策略，针对游客离家在外的种种不习惯与不方便，希尔顿饭店特别推出了 TLC 房间（即旅游生活中心），以尽可能地缩小游客住宿饭店与住在家里之间的差异，保证客人能够有充足的睡眠，健康的旅游生活方式，以及帮助客人减轻外出旅游时感到的压力。1996 年 10 月希尔顿饭店公司与国家睡眠基金会（NSF）合作推出 25 间 SLEEP-TIGHT 客房。希尔顿饭店同时推出各种特色服务项目，例如，为庆祝周年纪念或新婚的情侣设置浪漫一夜，以极低的房价为客人提供轻松周末，专门针对老年人的特殊服务等。不断创新的差异化饭店产品与服务为希尔顿赢得了大批忠诚顾客。

（五）全面开展市场营销

希尔顿饭店集团一流的市场业绩在很大程度上与其一流的营销是紧密关联的。首先，希尔顿十分注重市场调研以准备把握市场需求，它有专门的部门负责从世界各地的航空公司、旅游办事处、政府机构等收集市场信息，作为集团营销和产品开发决策的依据。其次，形式多样的高效促销活动极大地提升了希尔顿品牌的知名度和影响力。希尔顿在全球范围内经常开展形式多样的促销活动，例如，Honors 促销活动、银发旅游促销活动、周末度假促销活动、家庭度假站促销活动等，吸引了大批的特定目标市场。同时，希尔顿还十分重视公益营销，以树立公司良好的社会形象。希尔顿饭店集团设立专门的捐赠审查委员会，其职责在于决定公司慈善资金的使用。希尔顿的捐赠对象主要集中于以下几个方面：教育、健康、青年人项目、当地事物与公共政策。再次，希尔顿十分重视利用网络技术进行营销。1973 年所有希尔顿饭店统一使用 CRS；1999 年 4 月希尔顿饭店公司宣布使用新的中央预定系统（HILSTAR）；1995 年 8 月希尔顿因特网站开通。先进的信息网络技术为希尔顿拓展全球市场增添了腾飞的翅膀。

【思考与练习】

简述客房内金属制品、塑料制品和玻璃制品的清洁保养方法。

项目六　布件的洗烫与特殊污渍的清除

❖ **知识目标**
　　1. 了解洗衣房的机构设置和岗位职责。
　　2. 了解布件的洗涤要求和洗涤程序。

❖ **能力目标**
　　1. 掌握布件的洗涤及熨烫程序。
　　2. 掌握布件常见污渍的去除方法。

　　酒店布件用品、员工制服和客人衣物的洗涤与熨烫是由洗衣房负责的。布件的洗涤与熨烫是一项技术性较强的工作，要求操作者较好地掌握洗涤化学品的性能特点。同时，酒店要配备较先进的洗涤设备和洗涤用品，才能确保布件的洗涤和熨烫质量。

任务一　　洗衣房的机构设置、洗涤设备及洗涤剂

【任务目标】

　　1. 了解洗衣房的机构设置及主要岗位职责。

　　2. 了解洗衣房常用的洗涤设备及洗涤剂。

【任务准备】

　　1. 以小组为单位，上网或实地考察等方式了解洗衣房的机构设置、常用的洗涤设备及洗涤剂。

　　2. 以小组为单位，上网查找洗衣房常用的洗涤设备及洗涤剂图片，制成 PPT。

▌情景导入

小王的新工作

　　小王是一名纺织专业中职毕业生，应聘到本地一家五星级酒店洗衣房做衣物洗衣工。到岗后，他发现部门内每人的工作内容各不相同，而且还有许多设备和洗涤剂自己不会使用。于是，他便向老员工虚心求教……

一、洗衣房的机构设置和岗位职责

　　大多数饭店的洗衣房（图 6-1）属于客房部管理。这样可以减少部门与部门之间繁杂的协调工作，保证客房所需布件的正常供应和客衣的洗熨质量。但在具有先进洗熨设备的大型饭店，洗衣房可以是一个独立的部门。

图 6-1　洗衣房

（一）组织结构

图 6-2 所示为某大型酒店洗衣房组织结构图。

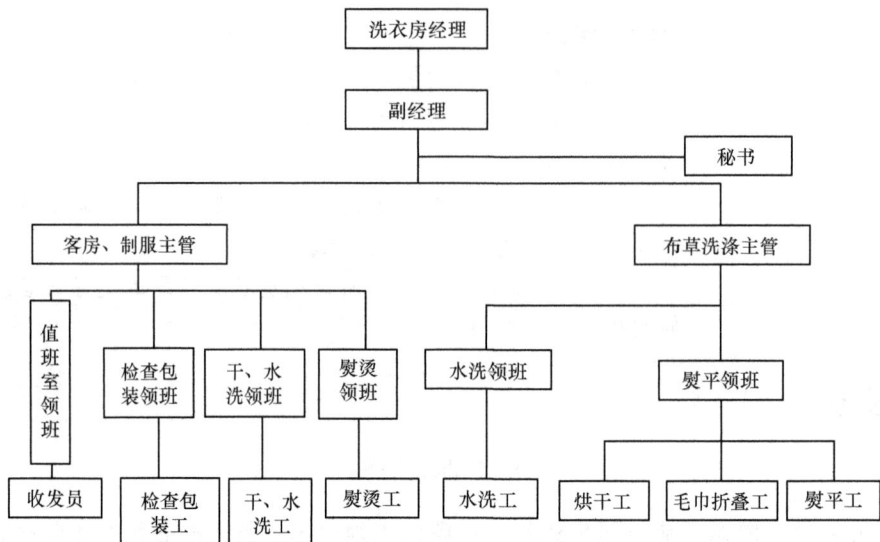

图 6-2　某大型酒店洗衣房组织结构

（二）岗位职责

1. 洗衣房经理岗位职责

1）制定本部门的各类规章制度、管理措施。

2）监督、检查和指导员工的工作，对员工进行评价与奖惩。

3）有计划地组织对员工的培训。

4）控制本部门的成本。

5）处理客人投诉及各类洗涤失误造成的损坏赔偿事宜。

6）代表本部门定期与餐饮、工程等部门进行协调沟通。

2. 洗衣房主管岗位职责

1）负责安排好洗衣房员工的工作，协调好各员工之间的关系。

2）负责洗烫质量检查工作，认真办理交接手续。

3）下班前，做好质量差错的记录工作。

4）定期向上级领导报告洗涤用品的耗用量，按时做好各类用品报表，并负责领取各类工作用品。

5）督导员工保质、保量、按时地完成洗熨工作。

6）每天下班前，认真检查所有洗熨设备设施的使用和工作场所的安全与卫生情况。

7）督导洗衣房员工严格遵守酒店与部门的各项规章制度，主动关心员工的思想、生活和业务水平的提高，负责做好员工的岗位业务培训工作。

8）发挥工作主动性与积极性，搞好员工之间的团结与合作，完成上级交办的其他任务。

3．布草水洗工

1）每天上班时，按洗衣机和干衣机的操作规程开启并试验设备；下班时，也按操作规程关闭设备。

2）各种布草洗涤前应严格按照类别、颜色和污垢程度分类，并决定洗涤的程序与洗涤用品的使用。

3）布草放进洗衣机前，应称取重量，不能超负荷洗涤。

4）每一机次布草的洗涤应做好洗涤记录。

5）洗衣机工作期间应做好巡视察看，注意设备有无异常情况发生。

6）对于不合质量标准的布草，应汇报主管并调查原因，采取适当措施进行重洗。

7）经常擦拭保养洗衣机，保持环境卫生。

8）协助领取洗涤用品。

4．衣物水洗工

1）每天上班时，按洗衣机的操作规程开启并试验设备；下班时也按操作规程关闭设备。

2）检查客衣是否有破损、退色、搭色，纽扣是否完整，若有问题应通知主管，再由主管征求客人的意见。

3）对易损的饰物及纽扣应拆下，洗烫后再装回。

4）对衣物按不同质地、颜色，以及洗涤时的不同温度要求进行分类，并选取适当的洗涤程序和洗涤用品。

5）衣物放进洗衣机前应称取重量，不能超负荷洗涤。

6）对于不宜机洗的衣物应做手洗处理。

7）衣物若有污渍，所有易脏部位，应作预试验处理，以减小返洗率。

8）对于罕见的衣物面料，有夹层衣物，带衬衣物，一定要了解其耐水耐温性能，若无把握，应以衣物的边角料做试验处理。

9）衣物需要做漂白处理时，应按具体要求处理。

10）衣物放进洗衣机，满足水位启动后，才投入洗涤用品。

11）衣物的干燥处理，应按其耐温性能选择。

12）衣物洗涤完毕取出后，应检查洗衣机滚筒是否有遗留的小件物品。

13）洗衣机工作期间应做好巡视察看，注意设备是否有异常情况发生。

14）对于不合质量标准的衣物，应向主管汇报并分析原因，采取适当措施再做处理。

15）经常擦拭洗衣机，保持环境卫生。

5．干洗工

1）每天上班时，按干洗机的操作规程开启并试验设备；下班时，也按操作规程关闭设备。

2）认真检查衣物，看是否适宜干洗，是否有退色、破损、染色，以及特殊饰物、特殊污渍及遗留物品等，若有，应通知主管征得客人同意后再处理。

3）若衣物有污渍，应做预去污处理。

4）衣物的分类按颜色、质地、厚薄和耐洗牢度进行。

5）取出衣物内不宜干洗、易脱落的纽扣、饰物、塑料或金属扣环等。

6）衣物上若有橡胶、仿革、氯纶等，不宜干洗。

7）对于一些罕见面料，应取其边角料，用干洗溶剂进行试验处理。

8）对于易耗织物、纤细的衣物等，不宜与其他衣物同批处理。

9）干洗的顺序是先浅色，其次是中色，最后深色，分别进行。

10）干洗后应检查衣物洗涤效果是否良好，对于去污未净的应再做处理。

11）衣物洗好后，应用衣架悬挂待烫。

12）对于不合质量标准的衣物，应向主管汇报并分析原因，采取适当措施再处理。

13）干洗白色织物应使用蒸馏处理后的干洗溶剂。

14）衣物放进干洗机前应称取重量，不能超负荷洗涤。

15）干洗溶剂低于50%透明度应作蒸馏处理。

16）经常擦拭保养干洗机，保持环境卫生。

6. 熨烫工

1）每天上班时，按熨烫机的操作规程开启设备；下班时也按操作规程关闭设备。

2）按照衣物的熨烫标准，灵活应用熨衣机和熨斗进行处理。

3）禁止压熨衣物上易损的纽扣、拉链、钩子、饰物等。

4）对于未洗干净的衣物，暂不熨烫，送回洗涤组。

5）每熨完一件衣物，应作检查，看熨烫是否达标。

6）衣物烫好后，用衣架挂好。

7）经常擦拭保养熨烫工具，保持环境卫生。

8）每天做好熨烫工作记录。

7. 烘干工

1）每天上班时，按干衣机的操作规程开启设备；下班时也按操作规程关闭设备。

2）每次把布草放进干衣机前应称取重量，不能超负荷使用。

3）根据布草情况，调整烘干时间和冷却时间。

4）注意布草烘干过程中的检查，以防设备失控引起不良后果。

5）掌握好布草烘后含温量。

6）严禁对含有易燃品的布草进行烘干。

7）干衣机工作期间，注意是否有异常情况。

8）经常擦拭保养干衣机，保持环境卫生。

8．平烫工

1）每天上班时，按平烫机的操作规程开启设备；下班时也按操作规程关闭设备。

2）台布、床单、被套、枕套等必须拉平通过传送带送入机内，若发现有污渍时，应及时拣出，来不及拣出的应通知收方。

3）对平烫质量不合格的，应拣出。

4）做好每天的平烫工作记录。

5）平烫机工作期间，注意是否有异常情况。

6）经常擦拭和保养平烫机，保持环境卫生。

二、洗衣房洗涤设备

（一）湿洗机

湿洗机（图6-3）主要用于洗涤棉织品布件，有全自动、半自动、机械操作三种。湿洗机的选择应根据饭店客房量和其他情况决定，原则上是既不使机器经常处于超负荷的运转状态，又不让机器闲置。

（二）烘干机

烘干机（图6-4）的热源有电热式和蒸汽式两种，具体应视饭店能源供应情况而定。

图6-3　湿洗机　　　　　　　　图6-4　烘干机

（三）干洗机

干洗机（图6-5）就是用干洗液对衣物进行洗涤的机器，工作原理同湿洗机。所不同的是除有主洗机外，还增加了回收干洗液的装置。

（四）打码机

打码机（图6-6）是专为洗涤客衣而设置的。打码机的原理是，将不干胶纸粘在衣服的领、袖、腰等处，同时打印出数字。

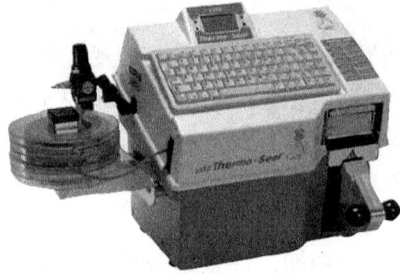

图6-5 干洗机   图6-6 打码机

三、洗衣房专用洗涤剂

1）棉织品主洗剂（Ph10）。它又分为液态和固态（粉状）两种。

2）化油剂（图6-7）。化油剂是专门为洗涤餐巾和台布而配置的，与主涤剂同时使用。

3）酸粉（图6-8）。酸粉一般为柠檬酸和醋酸，有液态和固态（粉状）两种，用于中和碱。

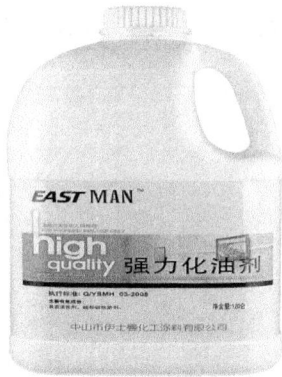

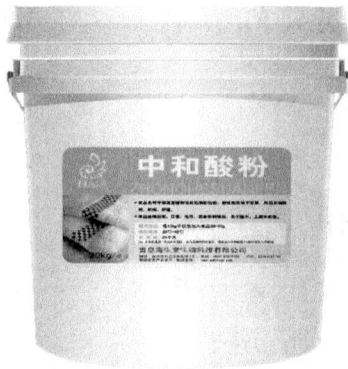

图6-7 化油剂   图6-8 酸粉

4）氧漂剂。氧漂剂有过氧化氢漂白剂和过硼酸钠漂白剂两种。

5）氯漂剂。氯漂剂有次氯酸钠漂白剂和次氯酸钙漂白剂两种。

6）还原漂白剂。还原漂白剂主要为低亚硫酸钠。它在碱性溶液内有剥色和漂白的作用。

7）上浆粉。上浆粉可用生粉等代替，主要用于台布和餐布。

8）柔软剂。柔软剂对洗涤后的毛巾织物恢复和保持柔软度效果甚佳。

9）干洗剂。干洗剂主要为四氯乙烯，用于干洗织物的专门洗涤剂。

10）衣领净。用于清洗客衣污渍，洗前使用，可洗去油斑、色斑和其他脏斑，不影响色泽。

【情景模拟】

分组模拟洗衣房不同岗位的工作流程。

走进酒店

小 说 旅 馆

在美国俄勒冈州的纽波特海湾，有一家被人们称为"小说旅馆"的旅馆。从外观看去，这个只有三层楼的旅馆与周围的其他建筑没有什么不同，但每年却有数以万计的游客特别是一些喜爱读书的人在这里下榻。

走进这家旅馆，人们会发现旅馆的房间没有编号，每一套房间都是以世界一位著名的作家或闻名于世的小说主人公来命名的，其房间的摆设与布置也与该作家或主人公有密切关联。如在"福尔摩斯客房"内，衣帽架上挂着的那顶半圆筒状的帽子和黑色披风，以及桌子上放着的大烟斗，会使人感到这位驰名世界的"神探"好像就在自己眼前。此时如果再翻阅《福尔摩斯探案》的有关小说，人们会产生一种自己正在与福尔摩斯讨论案情的感觉；在"海明威客房"中，人们可以看到旭日初升的景象，通过房间中的一架残旧打字机和挂在墙壁上的一只羚羊头，人们一定会想到海明威的小说《老人与海》《战地钟声》等动人的情节描写。也许是由于旅馆特殊的设置，人们逐渐忘记了旅馆的原名，均是以"小说旅馆"而代之。在旅馆的每个房间和庭院内，随处可见阅读小说、静心思考、埋头写作、交流读书心得的游客。

近几年，越来越多的游客都以这家小旅馆一宿为乐。一些新婚夫妇还以在这家旅馆以法国女作家科利特命名的"科利特客房"中欢度蜜月为荣。正因为慕名前来的游客越来越多，想在"小说旅馆"住宿，需要提前两个星期预定。

【思考与练习】

1．简述洗衣房的岗位组织结构。

2．简述洗衣房的洗涤设备和常用洗涤剂种类。

任务二　　布件的洗涤、去渍与熨烫

【任务目标】

1．了解布件的洗涤要求和洗涤程序。

2．了解干洗的洗涤程序、布件的去渍程序、客衣及制服的洗涤程序，以及服装和布件的熨烫程序。

【任务准备】

1．以小组为单位，通过各种手段收集布件去渍相关资料。

2．以小组为单位，通过参观本地酒店，了解其客衣洗涤相关规定，上课前以文字形式交给老师。

▋情景导入

污渍纠纷

小王是一名四星级饭店的客房服务员。一天晚上19:00，她接到客服中心紧急电话："807房间有客人要求洗衣服务"。忙碌中，她迅速放下手头的事情，赶往房间。小王按照服务规程敲门后，房内无回应，于是她顺理成章地用楼层钥匙打开房门。经过查找，椅子上确实有一件衣服，绿色的T恤，但房内灯光较暗且天色已晚，好像看不出有什么污渍。小王核对了一下洗衣单，还是加急的，要求四小时内送回。小王丝毫不敢怠慢，火速将洗衣拿到工作台，拨通洗涤厂电话，要求立即前来收取洗衣。大约五分钟后，洗涤厂小刘急急忙忙赶到，经过双方签字确认，衣服被送往洗涤厂洗涤。三个多小时后，小刘气喘吁吁地拿着洗好并包装精美的衣服送上楼来，递给小王，小王看了看时间，离要求的时间还差十几分钟，于是马上送入了客人房间。

"你们四星级饭店是怎么洗衣服的！好好的衣服怎么洗出来黄迹！叫我还怎么穿！你们必须赔我衣服！"第二天一早，客人怒气冲冲地指着衣服肩部的一抹黄渍向主管投诉着。刚刚上班的小王傻眼了："怎么会这样，黄渍从哪儿来的？"客房主管立即展开了调查：小王说收衣服时，光线比较暗，确实没有看清楚有无污渍；洗涤厂小刘说，衣服洗涤之前，本身就有一块污渍，并且是处理不掉的污渍；客人却说，他的衣服在洗涤之前，不可能有污渍……污渍究竟是由哪方造成的？由于缺乏有效的证据，客房主管陷入尴尬。随后，只有和大堂经理共同与客人协商处理，可是，客人不依不饶，什么条件都不肯接受，只要求赔偿那件价值2000多元的衣服。

一、布件的洗涤方式及要求

1）洗衣服务分为三种：水洗、干洗、熨烫。

2）饭店的布件主要可分为床单、枕套、毛巾、台布、口布、窗帘和毛毯，它们的洗涤要求各不相同，具体如表6-1所示。

表6-1　酒店布件的洗涤要求

种　类	洗　涤　要　求	耐　洗　次　数
床单、枕套	洁净、无污斑、无破损、杀菌消毒、平整、舒适度好，pH为6～6.7	全棉床单250～300次，全棉枕套150次
毛巾	洁净、无污斑、无破损、杀菌消毒、色泽明朗、手感柔软	150次
台布、口布	洁净、无污斑、无破损、杀菌消毒、平整、挺括	250次
毛毯	洁净、无污斑、无破损、杀菌消毒、色泽明朗、平整、手感和舒适度好	—
窗帘	洁净、无污斑、无破损、平整、色泽明朗	—

二、布件的洗涤程序

（一）洗涤程序的设计原则

1）充分利用洗涤用品。

2）最大限度地清除布件上的污渍。

3）尽可能减少对布件的损伤。

4）最大限度地保持布件的色彩。

5）注重环保，设法节约能源，减少设备及人力资源的耗损。

（二）酒店布件的洗涤程序

（1）床单被套的洗涤过程

洗涤标准：漂洗时加入次氯化钠，既漂白又杀菌。

（2）毛巾的洗涤过程

白色毛巾用漂白粉，彩色毛巾用过氧化氢氧漂剂。最后一次过水时加酸粉和柔软剂。甩至六七成干后放入烘干机烘干，注意时间和温度。

（3）餐巾台布的洗涤过程

1）主洗前的浸泡。

2）预洗——加少量洗涤剂。

3）主洗——加适量洗涤剂和化油剂。

4）第三次过水时加入酸粉和上浆粉。

（4）窗帘的洗涤程序

酒店窗帘有厚窗帘和纱窗帘之分，通常均为化纤面料。

洗涤的基本步骤：

1）冲洗（厚窗帘）。

2）过水（三次）。

3）脱水。

（5）毛毯的洗涤程序

1）分类。根据被洗毛毯的质地、颜色进行分类。

2）检查。对毛毯进行检查，如有污迹，应用相应的去污剂做特别预去污处理。

3）准备溶剂。将适量的清洁溶剂抽到筒体；根据毛毯状况加入约为毛毯重量0.25%的水和1%~4%的干洗洗涤剂。开启小循环30秒，再将溶剂抽回工作缸内备用。

4）装机。将毛毯放入干洗机（注意机器的载重量，严禁超载），开启泵。

5）洗涤。正反转洗涤，洗液经过滤器循环，时间6~8分钟；将洗液抽进蒸馏缸，并高速脱液两分钟；将清洁溶剂抽进筒体至高液位；正反转洗涤，洗液经过滤器循环，时间3~4分钟；将洗液抽进工作溶剂缸。

6）脱液。高速脱液3~4分钟。

7）烘干。烘干温度60~65℃，时间为25~35分钟。

8）冷却（排臭）。冷却（排臭）时间为3～5分钟。

小提示

洗涤棉织品的注意事项：
1）餐厅与客房的分开洗，色彩不同的分开洗。
2）注意有无夹杂遗留物品。
3）机器的承载量（最低开机量）。
4）床单甩至五六成干后直接送入整熨机整熨。
5）有折纹、未熨平的或未干的要返工。

（三）影响洗涤程序的因素

1）洗衣设备。在设计洗涤程序时，必须考虑洗衣设备的自动化程度。
2）水质。水质对洗涤效果影响很大。在设计洗涤程序时，必须考虑当地的水质状况。
3）被洗布件的特征。要考虑到布件的质地、颜色及染色牢度、污垢类型及程序、洗涤工作要求等。

三、干洗洗涤程序

干洗的对象主要是一些丝绸缎类、毛料、做工精细结构紧密的服装、不宜水洗的衣物等。

（一）丝织品及棉、麻织物干洗洗涤

1）对于春夏季穿着的丝织品或棉麻织物，采用加料干洗法洗涤会有良好的效果。
2）对于秋冬季节穿着的丝织物或棉麻织物，一般可采用二次干洗法。

（二）普通衣物干洗洗涤

普通衣物是指一般的西服、裤子、裙子、短外套等。一般采用二次干洗法或加料干洗法。

（三）厚毛料、大衣类衣物干洗洗涤

厚实毛料、大衣类衣物多在冬天穿着，穿着时间较长，污垢程度相对比较严重而且比较复杂。对这类衣物一般采用加料干洗法洗涤。

（四）纯白衣物（或近似白色的衣物）干洗洗涤

洗涤纯白衣物需要干洗机内有一个绝对清洁的干洗环境，才能保证衣物洁白、不发灰，一般采用二次干洗法洗涤。

四、布件的去渍

（一）污渍的种类

1）水基污渍。可用普通洗涤剂或含溶剂的水溶液去除。
2）油脂类污渍。要针对性地使用有机溶剂去除。
3）油基色素渍。通常可采用有机溶剂去除。
4）果酸色素渍。可采用有机酸做溶剂的溶解方法去除，也可用洗衣粉水溶液去除。
5）蛋白质类污渍。可用皂液或蛋白酶处理。

（二）去渍剂

1）湿性起渍剂：中性洗涤剂、碱性蛋白酶、甘油、醋酸、草酸、氨水、氢氧酸（除锈剂）、肥皂酒精溶液。
2）干性起渍剂：香蕉水、乙醚、松节油、汽油、四氯化碳、四氯乙烯。
3）漂白剂：氧化漂白剂、还原漂白剂。

（三）去渍的方法

1）喷射法。水基可溶性污渍可采用喷射法去除或部分去除。
2）擦拭法。又分为刷式和刮板式。
3）浸泡法。浸泡法是指将布件的污渍部位浸泡在装有化学药剂的器皿内，使化学药品有充分的时间与污渍发生反应。

（四）去渍的注意事项

1）布件受到污染后，应尽早对其采取去渍处理，以提高去渍效果。
2）根据理论和经验判断污渍的种类。
3）仔细鉴别布件的染色度和纤维成分等。
4）不熟悉的面料或没有接触过的污渍，应先在布件衬里或边角处做去渍试验。
5）使用去渍药品，应从弱到强、从少到多，不能一开始就大量使用。
6）去除时间长的污渍时，可少量、多次地使用去渍药品。
7）使用两种或两种以上的去渍药品时，应先将第一种漂净后，再使用第二种（仅限于水洗）。
8）为防止污迹扩散，使用去渍剂时，应从污渍周围向污渍中心滴注，擦拭时同样如此。
9）去渍时。污渍面宜向下，放置在毛巾或吸水纸上，从布件背面施加去渍剂，尽量少用强力擦搓。
10）用同一方法处理污渍几次后，如果效果仍不明显，应考虑改用其他方法。
11）任何水洗去污的布件，去渍后要及时将化学药品洗净，避免化学药品的残留对布件造成损害。

五、客衣的洗涤

1. 收取时间

1）每日收取洗衣时间为 10:00～12:00。
2）12:00 之后收取为次日洗衣。

2. 进入客人房间

1）按敲门程序敲客人房门。
2）如客人在房间，询问客人是否有要洗的衣物；如客人有衣物要洗，问清是水洗、干洗、熨烫、是否有特殊要求，并向客人说明收费标准及送还时间。
3）如客人不在房间，则进入房间，检查客人是否有洗衣。

3. 检查洗衣单填写情况

1）检查洗衣单上的房号、客人姓名、洗衣数量等内容是否填写。
2）若未填写，则不予以收取，将圆珠笔和洗衣单放在明显位置，提醒客人填写。
3）检查所填写洗衣数量与实际数量是否相符。

4. 检查衣物

1）检查衣物内是否有客人物品，若有则及时掏出，并归还客人。
2）检查衣物是否有破损，如有破损及时告知客人，并征询客人意见是否需要清洗。

5. 将洗衣收出，送至房务中心

1）将洗衣收取，统一送至房务中心。
2）与房务中心文员共同核实洗衣单内容。
3）确认后，双方分别在洗衣登记本上的收取人栏和登记人栏签字认可。

6. 客衣收发员收取签字

1）洗衣房客衣收发员定时收取衣物。
2）收取时，逐袋、逐项核对房号、衣物数量等是否与实际相符。
3）确认后，在洗衣登记本上的洗衣房确认人处签字。

7. "DND" 房间处理情况

1）挂"DND"房间可以不查客衣；在客人准许打扫后打扫时发现有洗衣，如超过收客衣时间，可以收取并给客人留言，告之因超过收客衣时间，洗衣将在第二天返回，如需加急请与客房中心联系。
2）客人有提前声明或长住客有特殊要求除外。

8. 加急洗衣的收取

1）加急洗衣在收到客人通知时进行收取。
2）收洗衣时向客人说明要加收 50%的加急费。
3）及时通知洗衣房收取。

9. 客衣收发员的衣物检查

1）在衣物分类时检查衣袋是否有其他物品，如有则及时与房务中心联系归还客人。
2）检查衣物是否有纽扣失落或破损。
3）检查客人填写的数量与物件是否与实物一致。
4）如有差异，及时填写衣物差异单送到客人房间。

10. 洗衣送回

1）普通洗衣当日 18:00 前送回。
2）每日 12:00 以后收取的洗衣，于次日 18:00 前送回。
3）加急洗衣于 4 小时内送回。
4）洗衣送还由客房中班服务员与客衣收发员共同核对衣物无误后，为其开门将衣物送回客人房间，并在洗衣送还本上双方签字确认。挂件挂在壁柜里，折叠衣物放在床上。
5）如房间挂"DND"，则将客衣送至房务中心，与文员做好交接，待第二天送还客人，并将洗衣送还通知单从门底缝塞入房间。

11. 客人退房处理

1）如客人退房无法归还，按遗留物品程序处理。
2）如客人要求存仓，做好记录，将客人衣物保管好，待客人下次入住时再归还给客人。

小提示

服务员取洗衣袋时，要做到"五清"：
1）客房号码要记清。
2）客人的要求要写清（洗涤方式）。
3）口袋要掏清。（钱物应送交客人并当面点清；如客人不在房间，应把遗留物品放在梳妆台上，如是贵重物品或钱，应马上送到客房部办公室。）
4）件数要点清。
5）衣料破损、污渍、纽扣脱落要看清。（如果有这些情况，应向客人说明，并在洗衣单上注明破损程度及位置，避免不必要的矛盾。）

六、服装和布件的熨烫

熨烫作为服装和布件洗整的最后一道工序，是保证各种服装和布件外观达到平整、挺括、定型的关键环节。

（一）熨烫工具

熨烫工具包括人像机、绒面蒸气熨衣机、光面蒸气熨衣机、平张熨衣机、手工操作熨烫工具及辅助熨烫工具。

（二）布件的熨烫温度

单一布件纤维的熨烫温度及危险温度如表 6-2 所示。

表 6-2 单一布件纤维的熨烫温度及危险温度

织物	直接熨烫温度 / ℃	危险温度 / ℃
棉	150～180	240
麻	155～185	240
毛	120～150	210
丝	120～160	200
涤纶	140～160	210
锦纶	120～140	170
丙纶	85～100	130
腈纶	115～130	180
维纶	120～140	170
氯纶	45～65	90
黏胶	120～150	220
醋纤	120～140	160

（三）熨斗的操作规则

1）衣物分类，流水作业。
2）熨前观察，领会要求。
3）按部就班，合理操作。
4）熨后细看，及时补救。

（四）机械熨烫操作规则

1）熨前观察，领会要求。
2）合理摆位，循序渐进。

3）熨时把关，仔细入微。

4）熨后检查，及时补救。

【情景模拟】

模拟一个情景剧，内容是送洗客衣服务，一共四个角色，分别是房务中心接线员、楼层服务员、客人和洗衣房收发员。送洗的衣物在熨烫时烧了个洞，酒店建议客人买一套新的，费用由酒店承担，最终平息了这场事故。

▌走进酒店

重庆金科大酒店

重庆金科大酒店占地面积 6000 平方米，建筑面积 38000 米 ^{2}，拥有 206 间客房、30 个餐饮豪华包房、11 个茶艺包房，"银座俱乐部"携 30 个豪华 KTV 包房入驻，是集住宿、餐饮、娱乐于一体的酒店。

服务设施：宴会厅、送餐服务、游泳、酒店内餐厅、洗衣服务、咖啡厅、叫醒服务、礼宾司服务、商务中心、水疗服务、前台贵重物品保险柜、美容美发、夜总会、健身、桑拿、会讲英语的服务员。

餐饮休闲：粤珍轩中餐厅（粤菜为主，川菜为辅）、璇宫西餐厅（中西式自助餐）、紫园茶坊（棋牌娱乐、功夫茶表演）、廊桥吧（各式红酒、洋酒、鸡尾酒及各式咖啡）、行政咖啡厅（中西小吃零点、下午茶、咖啡）、宴会厅；健身、游泳、棋牌、桑拿、卡拉 OK、美容美发、台球、按摩、保龄球、网球、夜总会、乒乓球。

会议设施：容纳 200 人的剧院式多功能厅，内部采用世界知名品牌音响系统，可进行语言扩声和现场演出，并可根据分区需要进行分区广播，是举行大型宴会、庆典等大型活动的最佳场所。

可容纳 90 人的课桌式国际会议厅，是一个多媒体多功能的专业会议场所。内设有数字会议系统、音响扩声系统、中控系统等诸多系统，为与会者提供各种不同类型的会议服务，同时也是学术交流、科学讲座、新闻发布、商务论坛等各种大型国际会议的理想场所。会议中心还拥有两套高级会议室和一个贵宾接见厅，满足客户提供各样的会议需求。

酒店相关服务条款：

1）房费包含酒店服务费，不包括酒店其他费用、税收及客人额外要求的费用。

2）酒店房间一般情况下保留到预订当天的 18:00，节假日可能保留到 17:00。

3）通常酒店的入住时间为 14:00，离店时间为正午 12:00。如提前入住或推迟离店，均需酌情加收一定费用。

4）如客人因其他原因晚到，请在预订成功后直接致电保留房间，会展等特殊时期需要提供信用卡担保或者提前支付房费。

5）可接受信用卡：万事达卡（Master）、威士卡（VISA）、运通卡（AMEX）、大来卡（Dinners Club）、JCB 卡、银联卡。

酒店政策：

1）入住和取消入住时间为 14:00 以后，离店时间为 12:00 以前。

2）不同类型的客房附带不同的取消预订和预先付费政策，选择上述客房时，请参阅"客房政策"。

3）押金/预付款入住时需要出示政府核发的身份证件（带照片）。

4）请携带信用卡和现金用以支付押金或额外费用。

5）膳食安排：自助早餐，68元每位。

6）不可携带宠物。

7）特殊条款信用卡授权解除需时1～3个月。视不同国家、城市的银行操作时间而定。

【思考与练习】

1．简述布件的洗涤程序。

2．简述布件的去渍方法。

3．简述客衣的收取、洗涤、送回程序。

项目七 客房部人力资源管理

❖ 知识目标
1. 了解客房部定岗定员流程，了解招聘和调配方法。
2. 了解员工培训种类和方法。
3. 了解员工绩效评估。
4. 了解激励的方法和意义。

❖ 能力目标
1. 能够说出客房部定岗定员流程、招聘和调配方法。
2. 掌握培训计划的制定。
3. 熟悉员工绩效评估内容、方法和程序。
4. 熟悉激励的方法和意义。

在酒店所拥有的一切资源中，人力资源是第一位的，是现代管理的核心。

人力资源管理是指根据企业发展战略的要求，有计划地对人力资源进行合理配置，通过对企业中员工的招聘、培训、使用、考核、激励、调整等一系列过程，调动员工的积极性，发挥员工的潜能，为企业创造价值，确保企业战略目标的实现；它是企业的一系列人力资源政策及相应的管理活动。这些活动主要包括企业人力资源战略的制定，员工的招募与选拔，培训与开发，绩效管理，薪酬管理，员工流管理，员工关系管理，员工安全与健康管理等。总而言之，人力资源管理是企业运用现代管理方法，对人力资源的获取（选人）、开发（育人）、保持（留人）和利用（用人）等方面所进行的计划、组织、指挥、控制和协调等一系列活动，最终达到实现企业发展目标的一种管理行为。

任务一　客房部的人员配置、招聘与调配

【任务目标】

了解客房部定岗定员流程，了解招聘和调配方法。

【任务准备】

1. 学生组成四个学习小组，搜集客房部人员配置的相关内容，以及招聘与调配的方法。

2. 每个小组由一名小组代表发言，其他成员补充说明。

情景导入

一起客房服务员集体怠工事件

某高星级酒店在开业的第二年，由于旅游市场不好，酒店平均出租率降到30%以下，酒店为了节省开支，采取了裁人措施，只保留不到50%的员工。随着时间的推移，旅游市场逐渐好转，为了解决员工短缺问题，酒店不得不招收大量新人上岗，但是还是不够，为了保证服务质量，客房部临时决定所有员工停休两周。两周以后，出租率依然居高不下，客房服务员由日常清扫14间客房，上升到清扫16间客房。由于工作量加大，服务员为了完成任务，清扫客房的速度加快，服务质量问题增多，引起了客人投诉。酒店管理层非常重视客人投诉，给客房部施加很多压力，提出如果再出现客人投诉，将更换客房部经理。客房部经理要求领班严格管理。领班为了保证服务质量，加大了查房频率，一旦检查出不合格的房间，就要求员工返工。有的员工承受不了这么大的工作压力，以请病假来逃避现实。这样很多员工一天不得不清扫18间客房，并且每天加班到晚上七八点钟。这种状况持续了一段时期，突然有一天，客房部管理人员上班时，发现所有的楼层的服务员都不见了。他们意识到事态的严重性，立即在店内四处寻找，终于在酒店不远的操场上发现了这些服务员。经过劝说与许诺，服务员才重新回到工作岗位。

一、客房部的人员配置

人员配置是客房部管理工作的重要内容，做好这项工作意义重大。一方面，它关系到能否选好人、用好人、管好人；另一方面，它影响着客房部的日常运行；再一方面，它最终会影响客房部的服务质量和经营管理效益。

人员配置是一项系统工作，具体包括选择服务模式、设置组织机构、预测工作量、制定工作定额和编制定员等一系列具体工作。

（一）选择服务模式

客房服务一般有两种模式，即楼层服务台和客房服务中心，每一种服务模式都直接

影响客房部的编制定员，所以，酒店应根据自己的客源对象、档次、服务特色等具体情况，对客户服务模式做出正确的选择。

（二）设置组织机构

客房部的组织机构如何设置，直接影响到所需配置的员工数量。客房部在设置组织机构时，应尽量压缩层次，减少分支机构和岗位，从而尽量减少所需配置的员工数量。

（三）预测工作量

工作量是编制定员的重要依据，工作量的大小与配置的员工数量成正比。能否准确地预测工作量将直接影响编制定员的合理性。因此，客房部在编制定员时，必须科学准确地分析和预测其所承担的工作量。一般来说，客房部的工作量主要包括三个部分，即固定工作量、变动工作量和间断性工作量。

1. 固定工作量

固定工作量是指那些只要酒店开门营业就会有的、必须去按时完成的日常性工作任务量，只有完成这些工作才能确保酒店的正常运营、维护酒店的规格标准。例如，客房部所承担的酒店公用区域的日常清洁保养工作、维护内部正常运转的岗位值勤等都属固定工作量，这部分工作不受或基本不受酒店客情等因素变化的影响。固定工作量往往反映一个酒店或部门工作的基本水准，因此，在预测或确定这部分工作量时，一定要充分考虑酒店的档次、运营的模式和酒店质量标准等各种因素。

2. 变动工作量

变动工作量是指随着酒店客情等因素的变化而变化的工作量。客房部的变动工作量主要是指受客房出租率等因素影响的这部分工作量，如客房的清扫整理、对客服务等。虽然客人成分的差异、季节的更替、天气的变化等都会对这部分工作量产生一定的影响，但起决定性作用的还是客房出租率，因此，在预测和确定客房部变动工作量时，应以客房出租率为基本依据。

3. 间断性工作量

间断性工作量通常是指那些时间性很强、无须连续进行但又必须定期或定时完成的工作量，如外墙外窗的清洗、地毯的清洗、大理石地面的清洗打蜡、窗帘的洗涤等。客房部在预测工作量时不能忽视这部分工作量。

为了使所预测的工作量客观准确，有关人员在进行这项工作时，必须注意对当前工作情况进行实地考察，全面客观地分析和判断实际的工作量，及时把握工作量的变化。还必须不断地进行积极的探索，在各方面进行完善和改进，如调整劳动组织、改善劳动条件、加强劳动管理、提高员工素质、修订质量标准等，在保证质量标准被市场认可的前提下，科学、合理地预测或确定工作量。

（四）制定工作定额

工作定额是指在一定的物质技术和劳动组织条件下，在充分发挥员工积极性的基础上，为生产一定产品或为完成一定的工作量所规定的必要劳动消耗量的标准。工作定额可以用时间定额和工作量定额两种方法来表示，这两种方法是互相联系的，其实质是相同的。通俗地讲，时间定额所表示的是生产单位和各产品或完成单位工作量所需的标准时间；工作量定额所表示的是在单位工作时间内应该完成的达到和各标准的工作量。

酒店属劳动密集型企业，其客房部的工作更是如此。因此，实行定额管理意义重大。一方面，使编制定员有据有依；另一方面，能够调动员工的积极性，提高工作效率；再一方面，有利于开展劳动竞赛、推广总结经验、便于检查考核。

1. 制定工作定额的原则

1）定额指标必须先进合理。其中，"先进"要求所确定的定额指标既不能过低，也不能过高。如果指标过低，就不能发挥每个员工的能力水平，激发大家的工作积极性，难以保证应有的工作效率，从而失去定额管理的意义；如果指标过高，员工难以达到，势必挫伤他们的积极性。因此，工作定额既要客观反映大部分员工目前已经达到的实际水平，又要充分预见进一步提高的可能性；"合理"就是要实事求是，从实际出发，充分考虑到管理、设备等客观条件，以及大多数员工目前的能力水平和可以挖掘的潜力，把指标定在经过努力能够实现的可靠基础上，使大多数员工能够达到、一部分员工可以超过、少部分员工经过努力能够接近。只有先进合理的定额指标才能对全体员工起到鼓舞的激励作用。

2）定额水平要尽可能保持平衡。这里的平衡并不是简单的平均，而是要求在不同部门、不同岗位之间，定额水平应基本平衡，尽可能避免松紧不一、忙闲不均，从而保证整个酒店、各个部门、全体员工都处于紧张高效的运作状态。

3）要正确处理定额的稳定与修订关系。定额首先必须保持相对稳定，不宜频繁修改，否则容易挫伤员工的积极性和不断进取的精神。但是，定额不能一成不变，也需要根据各相关因素的变化而适时地进行修订，以保证员工工作效率的能力水平持续稳定地提高。

2. 制定工作定额的方法

制定工作定额的方法多种多样，如经验统计法、技术测定法等。酒店客房部在制定工作定额时所采用的主要是经验统计法和技术测定法。

1）经验统计法就是以历史上本酒店或其他同类型酒店实际达到的指标或行业平均水平为基础，预测劳动效率可能提高的因素，经过综合分析确定工作定额。用这种方法制定定额，简便易行、工作量小，所确定的定额指标能够反映员工的实际工作效率，比较适合酒店工作的特点。但这种方法不够细致，定额水平往往过于平均化，缺乏先进性。

2）技术测定法就是通过分析员工的操作技术，在挖掘潜力的基础上，对工作各部分、各环节的时间进行观察、测定和计算，根据测定和计算结果来制定或修订工作定额。这种方法包括工作实写、测试、计算和分析等多个环节，操作起来比较复杂，耗时多、成本高，但比较科学。在具体操作中，必须注意选择合适的测试对象。他们要有代表性，能够真实地反映员工的实际水平。另外，测试手段和方法也必须科学。

3. 制定工作定额时需要考虑的相关因素

1）员工素质。员工的年龄、性别、受教育程度、专业训练水平及工作经验等个人素质因素都对工作定额的确定有直接的影响。因此，在制定或修订工作定额时，必须客观地分析和了解有关员工的实际素质水准，不要凭空想象、盲目行事，使确定的定额指标不切实际。

2）工作条件。酒店的建筑风格、设施布局、客房面积及客房内部的装饰布置、客源结构、劳动工具的配备等客观条件都是制定或修订工作定额时不可忽视的因素。

3）规格标准。规格标准的高低无疑与定额指标的高低有着直接的关系。通常，规格标准越高，所需投入的劳动量就越大。因此，在制定或修订工作定额时，必须考虑工作的规格标准，使定额指标与规格标准相适应。

4）工作的吸引力。一般来说，管理层都希望把定额指标定得高一些，这种愿望和做法也很正常，但在实践中往往行不通。因为，能否完成定额，并非仅仅是员工的能力问题，还要看员工是否愿意努力。员工是否愿意努力，主要取决于工作对员工吸引力的大小。形成工作吸引力的因素有很多，主要包括工作性质、员工地位、薪资待遇、工作环境、人际关系、发展机会、企业状况等。因此，管理人员在制定或修订工作定额时，不能忽视这一方面，在管理过程中，要尽量创造条件，增强各项工作对员工的吸引力。

（五）编制定员

客房部在编制定员时，要以精简高效为原则，既要保证正常运行，又要避免人力资源浪费。客房部编制定员的基本方法有两种，即按劳动效率定员和按岗位定员。

1. 按劳动效率定员

按劳动效率定员就是根据工作量、员工的劳动效率和出勤率等因素来确定所需的员工数量，计算公式为

$$定员数量＝工作量÷（工作定额×员工出勤率）$$

按劳动效率定员这种方法适用于实行定额管理、从事变动工作量工作的岗位定员。

2. 按岗位定员

按岗位定员就是根据组织机构、服务设施设备等因素先确定所需的岗位，再根据岗位的业务特点，考虑各岗位的工作量、开工班次、员工的出勤率等，确定各岗位所需配置的员工数量。这种方法适用于为从事固定工作的岗位进行定员。

【例 7-1】某四星级酒店拥有 480 间客房（均折成标准间计），平均分布在 20 个楼层，其中有五个楼层因专门用于接待内宾和特色服务需求的客人而设有楼层服务台，每天安排两个班次的专职值台员负责对客服务（每班每层 1 人）。其他楼层的对客服务工作由客房服务中心统一调控。各楼层服务员的工作定额为早班 12 间/人，中班 48 间/人。

楼层管理人员设楼层主管岗位，分早晚两班，早班每个主管负责四个楼层，中班每个主管负责十个楼层。该酒店实行每周五天工作制，员工除固定休息日外还可享受每年十天法定假日和七天有薪假期，假定员工病事假为年人均十天。预计该酒店年均客房出租率为80%。请按照上面介绍的方法为该酒店客房楼层各岗位进行编制定员。

解：根据已知条件和定员方法，计算如下：

1）计算员工出勤率：

员工年工作日=365－每周固定休息日－法定休息日－有薪假期－病事假

$$=365－（52×2）－10－7－10$$
$$=234（天）$$

员工每年的出勤率=234÷365≈64%

2）楼层值台员定员人数：

按岗位定员方法定员：

$$2×5=10（人）$$

实际需要人数：

$$10÷64%≈16（人）$$

3）早班服务员定员人数：

直接导入劳动效率定员公式：

$$（480 间×80%）÷（12 间/天·人×64%）=50（人）$$

4）中班服务员定员人数：

直接导入劳动效率定员公式：

$$（480 间×80%）÷（48 间/天·人×64%）=12（人）$$

5）楼层主管定员人数（按岗位定员）：

早班：20÷4÷64%≈8（人）

中班：20÷10÷64%≈3（人）

综上所述，该酒店客房楼层所需员工人数为

$$16＋50＋12＋8＋3=89（人）$$

由于管理者的管理理念不断升华以及客人的要求不断变化，酒店服务方式也在不断调整。如很多酒店的客房服务中心不再 24 小时运行，夜间客房服务中心的职能可由总台或总机代理。有些酒店甚至不再设客房服务中心，原客房服务中心的职能则完全由总台或总机或酒店总值班中心代理。再如，有些酒店设立行政楼层，实行贴身管家服务，行政楼层变成"店中店"；还有的酒店实行"一站式"系统服务，服务员对住店客人进行全过程跟踪服务。所有这些情况都会对编制定员工作产生直接的影响，因此，我们在为某个部门或岗位进行编制定员时必须考虑到这些发展和变化。

二、员工招聘的步骤

（一）确定人员需要阶段

当客房部有员工离职、工作量增加等出现空缺岗位需增补人员时，核查各部门人力资源配置情况，检查现有人才储备情况，决定是否从内部调动解决人员需求。若无法满足可申请人员增补。提出增补原因、增补岗位任职资格条件、增补人员工作内容等，任职资格必须参照《岗位描述》来写。

（二）制定招聘计划阶段

根据《岗位描述》确定招聘各岗位的基本资格条件和工作要求。根据招聘人员的资格条件、工作要求和招聘数量，并结合人才市场情况，确定选择什么样的招聘渠道。

（三）人员甄选阶段

此阶段一般包括收集资料、初试、面试、笔试、复审等环节。招聘可采用超员招聘、缺员招聘和等员招聘等方式。

1）超员招聘即在招聘工作中所招聘的员工数超出预计的人数。此种方法适用于招聘初级员工和开业前的招聘，因为在经过开业前的系统培训之后，可从超员招聘的员工中淘汰一部分不合格的员工。此种方法的优点是可择优录用，广泛选择；缺点则是会对员工士气带来消极影响。

2）缺员招聘是指在招聘工作中所招聘的员工人数不足预计招聘的人数，一般适用于招聘初、中级管理人员，如领班、主管等。虽然这在一定时期内会造成人员短缺的现象，但是在不断发展、成熟的客房部里，可以从较低层员工中提拔，这样可以培养发展酒店自己的员工，对于员工士气的提高、培养员工的忠诚感十分有利。

3）等员招聘是指所招聘的员工人数和预计招聘的人数相等，它适用于招聘高层管理人员。

另外，已经开业的酒店，部分重要岗位还可以采用内部招聘的形式。在酒店公告栏里张贴内部招聘信息，酒店内员工可以根据自己的情况应聘。

（四）招聘评估阶段

招聘评估主要从招聘各岗位人数到位情况、应聘人员满足岗位的需求情况，应聘录用率、招聘单位成本控制情况等方面进行评估。

三、人力调配的方法

虽然在编制定员时已经对各个工种和岗位所需配置的员工数量做了精确的计算，但由于实际工作量的变化，在日常运行中，我们还必须根据实际需要合理地调配人力，达到既能保证正常运行又能避免人力浪费的目的。

（一）实行合理的用工制度

固定工承担技术含量较高的工作，临时工承担技术含量较低的工作。另外，工作量相对固定的岗位使用固定工，而工作量变化较大的岗位大多使用临时工。这样的用工制度有利于保证客房的正常运行，稳定服务质量，避免不必要的费用支出。

（二）采用灵活的调配方法

目前很多酒店流行一种"内部打工、跨部调配"的人力调配方法。所谓内部打工就是员工可以在休息时间为本酒店做临时工（不作为加班）。所谓部门调配就是部门之间可以互相调用员工。内部打工的好处：第一，员工熟悉环境，熟悉工作，可以保证质量；第二，酒店只需按临时工的标准支付工资，而不需按加班支付工资；第三，员工本人可以增加收入，增长才干，充实生活。跨部调配是一种非常有效的做法。因为各部门的工作量及人力需求量常有差异，例如，有时餐饮部的客情很好，任务很重，人手紧张，而客房部可能比较清闲，人手多。有时则相反。在这种情况下，这两个部门可以互调人员。当然，要做好这项工作，首先要求有些管理者在观念上有所调整，不能既分工又分家，各自为政，而是要有全局观念；其次，酒店要在制度上、措施上有所保证，要加强员工的交互培训，使其一专多能。除了"内部打工"和"跨部门调配"两种做法外，还有的酒店成立了"机动服务班"。"机动服务班"隶属于人力资源部，由一些经过全面培训的"多功能"型人员组成，各一线部门在人手紧张时向人力资源部门提出申请，人力资源部根据其需要从"机动服务班"抽调人员，这部分人员的工作由调用部门安排，费用由使用部门承担。这种做法对于压缩部门编制、减少人员费用、保证酒店服务质量具有非常积极的意义。

（三）实行有效的分配制度

为了提高工作效率，避免人力浪费，降低人员费用，客房部可实行计时工资或计件工资分配制度。这种分配制度对劳资双方都十分有益。

（四）合理排班

从运行的需要来讲，必须做到"人人有事做，事事有人做"。除了检查监督外，排班的合理与否也很重要。因此，管理人员在工作中必须注意摸索、总结规律。根据客情变化和客人的活动规律等因素合理排班。例如，不能简单地将客房服务员分成早中晚班，而是应该根据住客的结构及其活动规律分成几个不同的上下班时段，有的 7:00 上班，有的 8:00 上班⋯⋯这样既能保证客房检查与清扫整理等工作随时有人去做，又能保证每一个员工一上班就能立即投入工作，不会因等待而浪费时间。班次安排必须满足客房部服务的需要，确保高峰时段人员最多，同时，安排既要能够最大限度地发挥全体员工的潜力，保证满负荷地运转，又要考虑员工的承受能力和客观困难，关心和保护员工的身体健康。

（五）准确预测、预报客情

由于客情是不断变化的，工作量也因此而变化，要想合理地安排和使用人力，了解客情变化，对客情进行准确预测预报就有着十分重要的意义。客房部要与相关部门进行有效的沟通和协调，建立客情预测预报制度和程序，力求准确地掌握当日、次日、本周，甚至未来较长一段时间的客情，从而根据客情合理地调配人力。

（六）制定弹性工作计划，控制员工出勤率

制定弹性工作计划，控制员工出勤率是保证客房部正常运转，避免员工紧缺或人力浪费的一项有效措施。客房部通过弹性工作计划可以调节日常的工作节奏、平衡工作量，从而做到闲时紧紧张张，忙时从容不迫。如计划卫生、员工培训等都是很好的调节方法。控制员工出勤率的方法很多，除了利用工资奖金差额来进行控制外，还可通过补休、休假、灵活排班等办法来减少员工的缺勤和避免窝工。

▌案例分析

故障房也得派用场

中国羽毛球公开赛在某地举行，来自 12 个国家的运动员、领队和组委会成员 100 余人下榻在四星级的某酒店。

15 日 20:00 时，客房中班领班小贾和其他几名服务员做完了常规工作，然后又为参加羽毛球赛事的客人做好了夜床准备，服务员们开始更衣梳洗准备下班。

正在此时，客房部值班经理急匆匆来到服务室，告知大家："总台紧急通知，因临时增加 10 名陪同人员，羽毛球大赛组委会要求加房，没有 OK 房，故障房也可以。客人马上就要到达。"

大家听后不由得一愣，虽然正好有五间故障房已经维修完毕，但尚未清理过，其中有几间原始常客用房，家具还没来得及更换，备品也还没安置，况且离客人抵店已没多长时间了，任务十分艰巨。小贾一班人别无选择，只有决定立即行动。

中班几名服务员与夜班办完交接手续，有的已经下班走了。为了满足顾客的紧急需求，小贾立即把他们全部召回，经简明交代任务后，大家便兵分三路，投入到紧张的故障房恢复工作中去。晚 22:40，在中、夜班服务员的通力合作下，五间故障房变成了 OK 房。20 分钟后，客人住进房间，他们全然不知前两个小时前，这儿还是另外一副模样。

问题：临时加班，故障房迅速变 OK 房，这个酒店为什么能做到？

【情景模拟】

分组模拟员工的招聘和人员调配流程。

▌走进酒店

洲际酒店集团的企业文化——我们的致胜之道

洲际酒店集团（InterContinental Hotels Group PLC，IHG）是一个全球化的酒店集团，在全球 100 多个国家和地区经营和特许经营着超过 4400 家酒店，超过 660 000 间客房。"洲际"旗下的酒店品牌有洲际酒店（InterContinental Hotels & Resorts）、假日酒店（Holiday Inn）、皇冠假日酒店（Crowne Plaza Hotels & Resorts）、假日快捷酒店（Holiday Express）、英迪格（Indigo）品牌酒店、Candlewood 品牌酒店、Staybridge 公寓式酒店等品牌。

一、Do the right thing（做对的事）

We always do what we believe is right and have the courage and conviction to put it into practice，even when it might be easier not to. We are honest and straightforward and see our decisions through.

我们始终做我们认为正确的事，即使会面临困难，我们还是有勇气付诸行动。我们正直、坦诚，并能坚持到底。

1）We keep our promises and we don't let people down.

我们履行自己的承诺而不失信于他人。

2）We seek out the facts and trust our judgment.

我们尊重事实并相信自己的判断。

3）We take decisions even when they're difficult.

即使有时是困难的，我们仍然勇于做出决定。

二、Show we care（体现关爱）

We want to be the company that understands people's needs better than anyone else in our industry. This means being sensitive to others，noticing the things that matter and taking responsibility for getting things right.

在同业中，我们力求比其他公司更能理解人们的需求。这意味着关注他人，留意周围的事物，察觉事情的重要性，并能主动担负起更正失误的责任。

1）We treat people as individuals.

我们将每个人视为一个独立的个体来对待。

2）We look and listen for the little things that make a difference.

我们积极寻找让我们体现关爱的细节之处。

We use our experience to find new ways to deliver great service.

我们利用过去的经验找出提供优异服务的新途径。

三、Aim higher（追求卓越）

We aim to be acknowledged leaders in our industry，so we have built a team of talented people who have a real will to win. We strive for success and value individuals who are always looking for a better way to do things.

我们致力于成为同行业中公认的领先者，所以我们建立了一支充满必胜信念的精英团队。我们力求成功并珍视那些始终寻求更好工作方法的人。

1）We put our hearts into learning new things.

我们尽心学习新事物。

2）We challenge ourselves and those around us.

我们挑战自我及他人。

3）We always look for ways to improve.

我们不断寻求改进之道。

四、Celebrate difference（求同存异）

We believe that it's the knowledge of our people that really brings our brands to life.

While other companies may want to impose a rigid，uniform view of the world，we do not. Our global strength comes from celebrating local differences whilst understanding that some things should be kept the same.

我们深信是大家的知识为我们的品牌注入生命。其他公司可能会强加员工一种死板而一成不变的世界观，而我们不这么做。我们全球性的优势源于在保持一致的同时也乐于接受地方差异。

1）We welcome different perspectives and listen to everyone's ideas.

我们欢迎不同的观点并听取每个人的意见。

2）We are respectful of all cultures and look to learn from others.

我们尊重各种不同的文化并愿意向他人学习。

3）We play an active role in the communities in which we operate.

我们在身处的社会团体中发挥积极作用。

五、Work better together（协作共赢）

When we work together we are stronger. We're at our best when we collaborate to form a powerful，winning team. We listen to each other and combine our expertise to create a strong，focused and trusted group of people.

团结就是力量，同心协力使我们成为一个强而有力的致胜团队。我们听取每个人的意见，结合我们的专业知识，创造一个坚不可摧、目标专注、相互信赖的团队。

1）We work hard to develop excellent working relationships.

我们致力于建立优良的工作关系。

2）We think about what we do and how it might affect others.

我们充分顾及自己的言行及可能对他人产生的影响。

3）We trust and support each other

我们彼此信赖，相互支持。

【思考与练习】

1．客房部包括哪些工作量？

2．客房部编制定员应考虑哪些因素？

3．如何有效地进行人力调配？你是如何理解"店内打工"的？

任务二　　员工培训

【任务目标】

了解员工培训的种类和方法。

【任务准备】

1．将学生分成四个学习小组，搜集并整理客房部员工培训的内容和方法。

2．每个小组由一名小组代表发言，其他成员补充说明。

▌情景导入

酒店整体概念培训

两位客人走进一家三星级酒店大堂，正好碰上刚送完行李的行李员。行李员以为客人要住店，就指引他们去总台登记。未料客人并不是住店，而是来就餐的。

客人问："你们旋转餐厅很有名，在几楼？"

行李员答："28 楼。请乘左边的快速电梯上去。"

客人问："是广帮菜吧？"

行李员答："有粤菜，也有淮扬菜。实际上，上海这样开放的城市酒店，菜肴已是集各帮之长，这里也有北京烤鸭，也有四川火锅。很难绝对说是哪一帮。你们不妨上去试一试。"

客人问："价钱贵不贵？"

行李员答："旋转餐厅和二楼的潮州餐厅一样很豪华，档次高，价格比较贵。一般来说，平均每位的消费要 100 多元，如果点海鲜或高档菜的话恐怕要 200 多元了。底楼东侧的百花厅也可以吃，价格适中。你们两人去吃，100 元出头就差不多了。"

两位客人得到了准确的信息，互相商量了一下，决定还是去 28 楼旋转餐厅。走之前，又问行李员一句："旋转餐厅开到几点？""晚上 11 点。"行李员不假思索地回答。

别以为这位行李员是位先进员工，在这家酒店，每位员工——不管是哪个部门、哪个岗位，也不管是前台，还是后台——到店之后都必须进行酒店整体概念培训。

酒店将所有的服务设施和项目写成培训册子。员工对全店这些设施的服务作用、服务对象、所在位置、性能、特点、开放时间、专门要求等都必须背出记住，并进行考核，过关后方能上岗。这就是酒店的整体概念培训。当客人来到酒店，客人在酒店里向任何一位员工打听任何一项服务项目，都能得到及时满意的回答。如果刚才那两位客人碰上的不是行李员，他们同样也能如愿以偿。

对于前台一线员工，尤其是前厅、客房、餐厅、销售部门的员工，这种整体概念培训更为详细严格。

员工素质的高低对于酒店的成败起着决定性的作用。酒店要有一支高素质的员工队伍，除了在选择招聘员工时严格把关外，更重要的是要加强员工培训工作。没有有效的培训，就不可能有优秀的员工。

一、培训的目的

1）酒店和各个部门都有明确的管理目标，并且制定了达到这个目标的各种标准。为了达到预订目标，需要对所有员工进行培训。

2）在管理过程中，必须依据这些标准来进行检查和督导。若发现有违反标准、降低标准的地方，或者发现实际工作与标准有差距，这就需要对员工进行培训。

3）随着科技水平、经济水平和旅游业的发展，酒店必然会采用新的科技成果、新的服务标准来推动酒店的接待服务水平和管理水平向前发展，并使之达到一个新的高度，这就需要花大力气搞好员工培训。

4）为了适应经济、社会发展潮流和企业之间的竞争，也需要对员工进行不断的培训。

5）满足员工自我实现的需要。

二、培训的种类

根据培训的对象、内容，以及方式和要求等，客房部的员工培训工作可分为以下几个种类。

（一）入店教育

入店教育的对象是刚招聘的新员工，这项培训通常都由人事培训部负责。各部门招聘的新员工由人事培训部召集起来，统一进行入店教育。入店教育的主要内容包括了解酒店、学习员工手册、熟悉酒店环境、熟悉酒店安全与消防等。

（二）岗前培训

入店教育完成后，新员工就可到聘用部门去接受岗前培训。新员工上岗前必须接受培训，在经过培训后，还需接受严格的考核，合格后才能正式上岗。员工的岗前培训是酒店培养、造就合格员工的最佳时机。客房服务员岗前培训的主要内容有：①本部门的规章制度；②客房服务员的岗位职责；③安全守则；④礼节礼貌；⑤仪表仪容及个人卫生；⑥客房常识；⑦沟通协调；⑧清洁器具和清洁剂的使用；⑨客房楼层的物资管理；⑩表格的使用；⑪对客服务的程序规范。

（三）在职培训

对在职员工的培训是客房部及整个酒店员工培训的重点，也是客房部及整个酒店日常工作的重要内容。那种认为培训知识为了开业、能够上岗的想法是非常错误的。员工的在职培训主要有以下几种形式。

1）日常培训。日常培训是指在日常工作中对员工进行的培训。这种培训不需要专门安排和特别的准备，也不会影响日常工作，通常是管理人员对其下属进行个别指导和训示，或者利用各种机会对某些员工进行适当的指示，目的在于强化员工的质量意识，培养员工良好的工作习惯，不断提高员工的工作能力和工作水准，并能使部门或班组工作日趋规范和协调。例如，客房领班查房时，发现员工清扫整理客房的程序不对、方法不当等问题，就要现场进行指导、示范、纠正。日常培训方便实惠，针对性强，各级管理人员要善于在日常工作中发现机会，合理安排。

2）专题培训。随着工作标准和要求的不断提高，酒店内外因素经常变化，客房部有必要对员工进行有针对性的专题培训，增强员工的适应性。

3）交叉培训。交叉培训是在员工做好本职工作的前提下，安排员工学习其他岗位的业务知识和操作技能。这种培训可以在部门内部安排，也可以跨部门安排。通过交叉培训，可以使员工一专多能，既能丰富员工的工作内容，又有利于部门及岗位之间的人力调配。

4）下岗培训。对于一些不称职的在职员工，但还没有达到必须解除劳动合同的程度的，可以让其暂时下岗接受培训，通过培训重新安排。

5）脱产进修。对一些专业性较强或准备提拔晋升的人员，以及由于其他某种需要而必须接受培训的人员，可以让他们脱产参加一些专门的培训班或到专业院校进修学习。虽然这种培训费用较高，甚至对目前工作有一定影响，但能够使受培训的人员扩大见识，提高业务水平。

（四）发展培训

发展培训的目的就是培养管理人员和业务骨干。通过培训，使他们能够胜任更高层次的职务或承担更重大的责任。这种培训的内容和方式等要根据培训对象的基础及发展目标等具体情况来确定和安排，通常必须有一整套的培训方案，包括培训内容、要求、时间安排、指导老师、培训方式、考试考查等。

三、培训的方法

员工培训，通常可以采取的方法讲解、示范、专人指导、角色扮演、情景教学和案例分析、对话训练等。

1）示范是由培训老师对学员做操作表演，然后让学员模仿练习。这种培训方法主要用于操作技能的培训。

2）专人指导主要用于对新员工的培训。新员工一般都有某种陌生感和局促感，要让新员工感到自己已经是集体中的一员，一个较好的方法就是给予个别指导，专门为其配备指导老师。这样，一方面使其感到酒店对他们的重视，另一方面有利于他们尽快适应环境，掌握所需的知识和技能，达到合格员工的标准。

3）角色扮演是一种能够将学习和兴趣结合起来的培训方法。通常由学员扮演特定的角色，如服务员和客人等，按照培训老师编写的脚本进行表演。未参加表演的人可以观看并可以提出意见，指出表演中的一些问题。这些培训可以加强员工的角色意识，提高员工的操作和判断能力。

4）情景教学和案例分析是由培训老师设计一些情景或给出一些案例，要求学员分析、做出判断，并提供答案或解决问题的方法。这种培训方法对培养员工的综合能力非常有效。

5）对话训练强调学员对话能力的培养。通过对话训练，一方面可以提高学员的口头表达能力，另一方面可以使学员养成使用礼貌用语的习惯。

客房部的员工培训，除了以上几种方法外还有一些非常方便且很有实效的方法，如影视录像、照片图标、参观考察、交流研讨等，在具体的培训工作中要因需选择。

四、发现培训需求

客房部管理人员可通过分析工作中带有普遍性的问题和根据酒店或部门制定的工作目标与现状之间的差距来确定是否需要进行培训、何时进行培训和怎样进行培训。

通常需要进行培训情况：①酒店开业时；②新的设备投入使用时、工作程序和管理制度开始实施时；③当员工从事一项新工作时；④当管理者想帮助员工在事业上发展时；⑤工作效率降低时；⑥工作中不断出现差错时；⑦各岗位之间经常产生摩擦时；⑧顾客投诉较多或者员工工作不符合酒店质量和数量要求时；⑨酒店或部门制定的工作目标与现状之间有较大差距时。

五、制定培训计划

确定培训需求以后，就要制定培训计划。一个完整的计划应该包括以下几个方面：①培训目标（objectives）；②培训时间（when）；③培训地点（where）；④培训内容（what）；⑤培训对象（trainee）；⑥培训者（trainer）；⑦培训方式（how）；⑧培训设备（equipment）；⑨培训组织（organization）。

六、做好培训的考核和评估

在培训结束后，应通过笔试、口试、操作等不同的方式对受训员工进行考核，以确定其是否达到了培训目标。同时也要听取受训员工的意见、看法，并从培训的内容、方式、组织管理和培训效果等方面进行评估，总结经验和教训。

【情景模拟】
培训者对操作内容进行讲解示范，小组情景训练、角色演练。

▌走进酒店

某酒店员工培训考核制度

1）凡属酒店安排的强制性、阶段性、针对性专业培训，被安排参加培训的员工必须按规定、按时参加。

① 参加培训员工的考勤与工资挂钩，每缺勤一次扣月工资 20 元，每迟到一次扣月工资 5 元，无论何种原因，若缺课达总课时量的 20%，培训部有权取消其参加结业考试的资格。

② 参加培训人员均需在签到表上签名。

③ 培训部每月通报一次对缺勤人员的处理。

④ 将考勤情况存入档案，作为日后晋职、调薪的依据之一。

2）当每个专题培训结束后，培训部将会对参加培训的员工进行考核。

① 考核合格者成绩记入个人档案，作为日后晋职、调薪的依据之一。

② 理论考试不合格者，将扣月工资 20 元；参加补习考试仍不合格者，予以降薪至试用期工资；再培训不合格者，将予以辞退处理。

③ 培训部查核，现场操作未按规范操作者，一次扣月工资 20 元，当班经理（领班/主管）在现场同时负连带责任，扣月工资 5%。

3）每半年组织一次全面考核（针对所有员工），此次考核是对这半年来的培训的一次综合考评。

① 考评内容：纪律、礼貌、敬语服务、服务技能、领导技巧、组织能力、与客关

系、部门协调、服从安排等，是对半年以来培训内容的综合考核。

② 考评合格者，成绩记入个人档案，作为日后晋职、调薪的依据之一；考评不合格者，予以降薪 20%，为期一个月，一个月后再补考，合格者恢复原工资级别，不合格者予以降职或辞退处理。

【思考与练习】

客房部员工培训有哪些种类？

任务三　　员工绩效评估

【任务目标】

了解员工绩效评估的内容、方法、程序。

【任务准备】

1. 将学生分成四个学习小组，搜集并整理客房部员工绩效评估的内容、方法和程序。

2. 每个小组由一名小组代表发言，其他成员补充说明。

员工的绩效评估是人力资源管理中的重要内容，它贯穿于人力资源管理的全过程。从员工的选拔、培养一直到使用，都要进行评估。

员工绩效评估，就是按照一定的标准，采用科学的方法，对酒店员工的品德、工作绩效、能力和态度进行综合的检查和评定，以确定其工作成绩和潜力的管理方法。其实质是了解并掌握现有员工的信息，为员工的报酬、晋升、调配、培训、激励、辞退和职业生涯管理等工作提供科学的依据。

一、员工绩效评估的作用

1）激励员工更好地工作。通过工作评估，能充分肯定员工的工作成绩及良好表现，激发员工的进取心；也可以发现员工工作中的缺点和不足，以便采取相应的管理措施。

2）为员工以后的发展提供了依据。评估可以发现有发展潜力的员工，为今后职务的提升或担任更重要岗位的工作打好基础，也可以发现不称职、不合格的员工，为保证工作质量和服务质量，调动或解聘其工作或职务。

3）有助于改善员工和管理人员的关系。评估能够加强员工与管理者之间的双向沟通，促进他们的互相了解。

二、员工绩效评估的内容

员工绩效评估的依据是酒店"岗位责任制"或"工作说明书"中对该岗位员工的基本要求，以及员工对岗位职责的履行情况。

绩效评估的内容包括被评估者的基本素质、工作业绩、工作态度等。

员工评估样表如表 7-1 所示。

表 7-1　员工工作表现/贡献评估表

（非管理人员用）

被评价者个人资料：

姓名：	性别：	年龄：	部门：
评估日期：	任职时间：		职位：

评价标准和操作说明：

请在适当的栏内填写等级对应的字母。

A．（10分）出色，绩效特别优秀，并始终超越本职位常规标准要求。

B．（8分）优良，工作绩效经常超出本职位常规标准要求。

C．（5分）可接受，工作绩效经常维持或偶尔超出本职位常规标准要求。

D．（4分）需改进，工作绩效基本维持或偶尔未达到本职位常规标准要求。

E．（2分）不良，工作绩效显著低于常规本职位正常工作标准的要求。

F．此项目不适用于此人。

工作相关标准	评价因素描述	评分等级	
		自我评价	主管评价
工作责任感	表现出维护组织利益与形象的具体行为		
	乐意接纳额外的任务和必要的加班		
	肯为工作结果承担责任		
	保持良好的出勤记录，没有不合理缺席		
客户（包括组织内部的服务对象）服务意识	倾听客户问题，努力发现、理解客户需求		
	合乎组织规则地满足客户需求，提供清晰、完整的答案		
	提供额外的帮助		
	以愉悦和友善的态度提供服务		
工作品质	服从上级指示		
	遵守规章制度和业务规程		
	为后续的工作提供最大便利		
	在无监督情况下保持工作质量的稳定		
工作效率	准时完成工作任务		
	根据需要主动调整和加快进度		
	能在规则允许范围内改进方法以提高效率		
工作技能	具备良好的理解能力，很好地理解工作任务需求		
	具备良好的发现和解决问题能力，及时发现问题，找出问题的原因，采取有效的措施解决问题		
	能根据当前工作的特点，对现有的方法和技术做出灵活运用，并创造性地提出新方法		
	具备必要的业务工作知识、技能和方法，能独立完成本岗位的工作		

续表

工作相关标准	评价因素描述	评分等级	
		自我评价	主管评价
团队合作	愿意与他人分享经验和观点		
	采用合适的方式表达不同意见		
	与同事和协作部门保持良好的合作关系		
	参与和支持团队工作，推进团队目标的达成		
	能为团队利益做个人的牺牲		
个人发展	对自己的能力和判断有信心，愿意尝试有挑战性的工作任务		
	经常对自己提出新的要求和目标，愿意承担更大的责任		
	有清晰的个人的发展计划和培训需求		
	以积极态度接受与工作有关的培训		
	安排利用个人时间以提高专业技能		
工作绩效整体评估	平均分：	等级：	
主要工作改善建议（个人填写）			
工作期望（主管填写）			
上级主管审核意见		签名：	

三、绩效评估的方法

客房部的员工评估方法主要有以下几种。

（一）记分考核法

记分考核法就是对每项评估的内容给定一个特定值，通常叫分数。例如，对服务员仪表仪容的考核，可以把完全达到要求的定为 10 分，把基本达到要求的定为 9 分。

（二）表格评估法

表格评估法是将评估的内容、标准及结果等用表格的形式详细列出。评估时，对照被评估者的实际表现对其进行逐项评定。

（三）重要事件评估法

有些工作的成绩如果难以量化，管理人员就可对被评估者在某一时期内的突出成就与缺点进行评估。

（四）工作效率考核法

工作效率考核法适用于对可量化的工作进行考核评估，如客房服务员一个早班能清扫整理的客房数、一个中班可照看的客房数、铺一张西式床需用的时间长短等。

（五）排列名次评估法

根据员工的考核成绩和综合表现，将员工评估的结果用名次排列出来。

（六）对比评估法

对比评估法是将小组成员进行一一对比，通过对比，做出评定结论。

四、评估的程序

客房部的员工评估工作通常按照以下程序进行。

（一）观察与考核记录

各级管理人员在平时的工作中，要对下属的工作表现进行观察和考核，并注意听取有关人员的反映，做好记录。对平时使用的工作表格进行收集、整理和存档，为评估提供依据。

（二）填写考评表格

考评表格通常由酒店统一印制，评估者则根据规定标准和被评估者的实际表现进行评定。

（三）与被评估者面谈

在完成了书面评估（即填写好评估表格）后，客房部的经理等管理人员需与被评估者见面，要根据考评表上所列的内容及要求，就评定意见向被评估者解释说明，了解被评估者的意见和看法，并可以相互讨论。通过面谈、讨论，双方形成一致意见，最后双方在考评表上签字。如果经过面谈讨论，双方仍不能取得一致意见，可由人事培训部约见被评估者，听取他的意见，并做适当处理。

（四）存档

前面几个步骤完成之后，且考核表上的各个项目都已填好，就可将考评表的正本存入员工档案，副本报送部门主管。

五、评估注意事项

（一）评估的期限

员工的工作评估最好每半年一次。对新员工的评估可以多一些。另外，平时如遇到特殊情况，可对员工进行特殊评估。

（二）评估者的人选

评估小组通常由被评估者的直接领导、部门负责人，以及人事培训部的代表和员工代表组成，有的酒店还会有工会代表参加。其中，由被评估者的直接领导和所在部门负责人唱主角。

（三）评估制度的制定

评估制度的制定可以由少数人和管理人员去制定草案，经员工反复讨论后生效。

（四）考评的公正性、合理性和可靠性

考评必须公正、合理、可靠。为了做到这点，要防止犯以下几点错误：

1）光环效应。人们很容易只根据人的某一特征和自己的喜好将别人贴上好或坏的标签，而不善于全面公正地分析。这种仅凭一两个特征来衡量评价人的优缺点的习惯就叫做光环效应。往往这一两个特征掩盖了其他特征，掩盖了人的真实才能。光环效应可以是正效应，也可以是负效应，但无论哪种效应都不客观。

2）好人主义。好人主义就是给每个人都打高分，不愿得罪人。这种情况最容易发生在对管理人员的考评上。如果大家都好，真正优秀杰出的人就得不到承认。

3）中间倾向错误。有些考评人员总认为人都是差不多的，不好也不坏，于是对每个人都打中间分或接近这个数，而看不到差异。

（五）做到常规评估和特殊评估相结合

特殊评估主要是在员工表现很好、有突出成绩和员工表现不好、可能出问题或出了问题的时候进行，尤其当发现员工表现不好的时候，一定要对其进行评估，这可以给员工创造改正的机会，防止将可能犯错变成现实。

【情景模拟】
分组讨论员工绩效评估的流程。

走进酒店

某酒店客房部楼层员工考核方案

此考核项目是每天对工作制度方面的考核，工作业务考核每半年进行一次，根据员工考核成绩对员工进行评级，保证客房部楼层员工对客提供优质服务。考核对象为客房部楼层员工，考核范围如下：

一、工作制度考核（30分）

1. 考勤（包括培训出勤）（10分）
2. 礼貌礼仪、仪容仪表（10分）
3. 工作纪律（10分）

二、工作技能考核（50分）

1. 酒店产品知识考核（10分）
2. 铺床操作考核（10分）
3. 清洁房间卫生质量（15分）

4. 对客服务质量（15分）

三、直接上级和经理鉴定（20分）

评定方案：①员工评定连续3个月总分在前5名者进入A级员工、B级员工评选范围；②楼层员工每6个月评选一次；③员工评分包括工作制度得分、工作技能考核得分、直接上级和经理鉴定得分；④考核内容主要针对员工平时的工作表现及客房卫生质量，在保证卫生质量的前提下，努力提高员工的工作效率，保证对客人高水平的服务。

【思考与练习】

使用《员工评估样表》对自己在学习团队中的表现进行评估。

任务四　员工激励

【任务目标】

了解激励的方式与意义。

【任务准备】

1. 学生组成四个学习小组，搜集并整理激励的方式。

2. 每个小组由一名小组代表发言，其他成员补充说明。

情景导入

有满意的员工才有满意的客人

某酒店近段时间员工流失率大大升高，员工士气低沉，顾客投诉增加，总经理要求办公室主任着手调查原因。办公室主任通过员工意见征询和多方摸底，调查结果反映：89%的员工觉得在酒店无前途可言；75%的员工反映酒店缺乏业余文化氛围；65%的员工感觉得不到重视；12%的员工不满意现在的工资福利。

针对这些问题，总经理连夜召开部门经理会议商讨对策，最后决定采取一系列措施：①成立员工艺术团组织，以丰富员工业余文化生活；②成立员工之家，为员工设立免费歌舞厅、放映室、书吧、乒乓球室，使员工下班有去处；③设立总经理意见箱，由总经理亲自处理意见箱里的内容，鼓励员工多提合理化建议和意见，一经采纳给予奖励；④每月进行两次员工比赛活动，以提高员工士气。

一个月后，该店员工流失率逐渐回落，员工士气明显提升，顾客投诉率大大减少。三个月后，办公室主任再次对全体员工进行了一次意见征询，奇迹发生了：95%的员工觉得受到了重视；86%的员工反映业余生活丰富，并提出了更多的意见和建议；97%的员工表示愿意留在酒店工作。

激励是针对全体员工的一种人力资源管理方法。激励就是通过科学的方法激发人的内在潜力，开发人的能力，调动人的积极性和创造性，使每个人都能切实感到人有所展、力有所为、劳有所得、功有所奖、过有所罚。激励的过程就是促进员工积极努力工作的过程。

一、激励的重要性

一位学者曾经指出，绝大部分的员工为了应付企业指派的全部工作，一般只需要付出自己能力的20%～30%。如果员工受到有效的激励，则将付出他们全部能力的80%～90%。由此可见，激励对员工潜在能力和工作积极性具有很大的推动力。

激励对酒店员工来说同样重要，他们只有在激励的作用下才有可能充分发挥他们的主观能动性和创造性，才能付出他们最大的工作效能。酒店的所有员工，从总经理到一线服务员都需要激励。

二、激励的方式

激励的方式是指管理者在调动员工工作积极性的过程中所采取的具体形式。

心理学的研究表明，需要是员工工作表现和努力程度的原动力。员工的工作表现是为了满足某种需要而产生的，是在动机的驱使下而进行的有意识、有目的的活动。因此，激励可以采用需要激励方式，即通过满足员工的需要来激励员工努力工作。员工的需要是多方面、多层次的，主要可以归结为物质需要和精神需要两个方面。

（一）物质激励

物质激励是指通过合理的分配方式，将人们的工作绩效与报酬挂钩，通过分配量上的差异作为酬劳或奖励，以此来满足人们对物质条件的需求，进而激发人们更大的工作积极性。

1. 基本收入激励

工资是基本收入激励最主要的方式。利用工资作为激励的方式有两种：一是用工资来反映员工的贡献大小及业务水平的高低，鼓励员工以多贡献和钻研业务来取得相应的报酬；二是改革工资制度，用工资晋级择优原则、浮动工资等作为激励的手段。

2. 奖金激励

奖金是组织对符合企业倡导精神的员工的一种奖励方式。利用奖金激励时要注意：奖金的多少，并不在于物质上、经济上的制约，重要的是心理上的提示作用，即从人的自尊需求层次上起激励作用。

3. 福利激励

在职工福利设施、社会保险、公费医疗等未实现社会化的当前和将来相当长的时期内，一些大型的福利项目（如住房、煤气补贴、奖励旅游、出境观光等）仍然作为激励的手段被企业界广泛采用。被用做激励的福利条件要具有吸引力，通常采用成绩和贡献累计形式，在达到一定程度后方能给予，例如，采用积分制、考核系数积分制等形式。

4. 特殊物质激励

对有创造发明、重大贡献或在一定时期内成绩突出、弥补或避免了重大经济损失的员工，除前述物质激励手段外，还可给予数额较高的奖金或较高价值的实物奖励。

（二）精神激励

人的精神活动非常独特，除了生存必不可少的物质需求外，还有尊重需要和自我实现的需要。"尊重需求"是人对名声、威望、赞赏的需求；"自我实现需求"是希望个人能力得到社会的承认，是希望自己能胜任复杂工作，希望个人能得到别人的尊重、信赖和高度评价，实现个人的理想和抱负、发挥自己的特长并在事业上取得成功的欲望。抓好员工的精神激励可以使员工热爱团队、焕发工作积极性。

1. 需要激励

需要激励是酒店应用最普遍的一种激励方式，其理论基础是美国心理学家亚伯拉罕·马斯洛的需要层次理论。客房管理者要按照每一个员工对不同层次需求的状况，选用适当的动力因素来进行激励。例如，对追求物质需求的员工，可强调富有竞争力的工资、工作期间的休息、工作餐和制服等；对追求安全和保险需求的员工，可强调工作安全、健康保险、工作保障和退休金计划等；对追求归属需求的员工，可多组织团体活动，经常与他们进行沟通；对追求自尊的员工，可对其工作成绩及时给予表扬和关注，给予一定的物质和精神奖励；对追求自我实现的员工，可授予责任和权利，安排挑战性的工作，让其获得成就和荣誉感。

2. 目标激励

目标激励是指客房管理者通过确立一定的目标，使员工在完成目标的过程中发挥自己的潜力，并实现自己的个人目标。如果客房部目标与员工个人的目标方向一致，员工必然为达到客房部目标而努力工作。因为客房部目标的完成，意味着个人也达到了目标。

3. 情感激励

情感激励是针对人的行为最直接的激励方式。情感激励的正效应可以使员工自觉地努力工作，而负效应则会大大地影响员工的工作情绪。情感激励的关键是管理者必须用自己的真诚打动员工。

4. 信任激励

管理者充分信任员工并对员工抱有较高的期望，员工就会充满信心，并产生强烈的荣誉感、责任感和事业心。这样的员工愿意承担工作，更愿意承担工作责任，同时也愿意在自己工作和职责的范围内处理问题。

5. 榜样激励

榜样激励就是通过满足员工模仿和学习的需要，引导员工行为向组织目标所期望的方向发展。榜样是实实在在的个人或集体，来自于员工之中。另一方面，管理者的行为本身就具有榜样作用，对员工产生着一种巨大的影响力，管理者的工作态度、工作方法、性格好恶甚至言谈举止都会给下属以潜移默化的影响。

6. 惩罚激励

惩罚激励是对员工的某种不符合客房部要求的行为予以否定和惩罚，使由此带来的不良影响减弱、消退，以此达到激励员工的目的，即负强化。管理者应恰如其分地利用批评、惩罚等手段，使员工产生一种内疚心理，并消除消极因素，把消极因素转化为积极因素。

三、激励的注意事项

1）激励要有广泛性。激励的目的是调动全体员工的积极性，并不是调动个别人的积极性。因此，激励的范围要大，让更多的员工获得价值较低的奖励要比让极少数员工获得价值甚高的奖励更为重要。

2）精神奖励重于物质奖励。

3）充分利用自身的条件。尽量不用现金奖励，且物质奖励和精神奖励相结合。例如，让员工住客房，或者带上自己的亲友（限人数）在酒店享受一次免费晚餐等，这种做法既是一种有效的激励，又是对员工的一种很好的培训。

4）要注意公平、公开、公正。

5）提倡集体之间的竞争，不鼓励个人之间的竞争。

6）批评和表扬都要注意分寸。批评不宜公开，要避免训斥，留有余地。表扬也要适度，过度或过分表扬员工，容易给受表扬的员工太大压力，也会使其失去群众基础。

7）表扬和批评必须及时。

【情景模拟】

分组讨论员工激励的方法，并提出更好的建议。

走进酒店

阿布扎比皇宫酒店

一、简介

阿布扎比皇宫酒店位于阿拉伯联合酋长国首都阿布扎比西北的海岸边，是耗资30亿美元修建的，该酒店被认为"简直是为国王而建的"。该酒店原本是为海湾合作委员会首脑来到阿布扎比参加会议而修建的，也是世上唯一的八星级酒店。

阿布扎比皇宫酒店位于阿拉伯联合酋长国首都阿布扎比的海滩，北面和西面临海，是一座古典式的阿拉伯皇宫式建筑。远远看去，它有点像清真寺，也有点像传说中的辛巴德或阿里巴巴时代的皇宫。每座宫殿都有一个传说的故事，具有很浓的民族色彩。这座与阿联酋总统府仅一街之隔的宫殿式饭店，远看像一个巨大的城堡，拥有 1300 多米长的黄金海岸线。

阿布扎比皇宫酒店是一座从沙漠中拔地而起的奇迹。走进这个黄金和大理石堆成的宏伟宫殿，你会以为来到了《一千零一夜》中的阿拉伯皇宫。而该酒店确实有童话般的神奇，如动动手指就能控制整个房间，或者足不出户就能购买商品送货上门。太多的不可思议，让该酒店成为了阿拉伯半岛最令人向往的旅游胜地之一。

阿布扎比皇宫酒店原本是为酋长们所准备的行宫，是为海湾合作委员会首脑来到阿布扎比参加会议而修建的，如今顶层依旧是酋长们所专属的总统套房。可想而知，这里的一切完全比照宫廷标准来建造。曾经为满足沙漠豪族所准备的宫殿，足以让入住酒店的每一位客人都有做国王的感觉。哪怕只是在宫殿酒店转上一圈，都能对皇宫贵族的奢华生活大开眼界，不枉到阿布扎比走上一遭。

阿布扎比皇宫酒店是典型的阿拉伯皇宫式建筑，从主楼到附属建筑，宽度延绵达 1 千米，展示着阿拉伯文明独有的富丽堂皇。穹顶是阿拉伯建筑特有的标志，一般的建筑会由一个大穹顶和数个小穹顶组成。而该酒店拥有令人吃惊的 114 个穹顶，全部由马赛克砌成，格外华丽庄严。其中最大的穹顶直径达 42 米，表面镀银，并在顶端装饰了黄金。酒店外墙采用了带有沙粒质感的材料，透着中东沙漠特有的五彩缤纷，为这幢气势宏伟的建筑披上了浓郁的阿拉伯风情的外衣。酒店大门是一座意大利石材砌成的凯旋门，足有 40 米高。通过长达数百米的坡道，便可直抵酒店大厅，酒店的内部装饰同样令人惊艳。顶部所悬挂的 1002 盏施华洛世奇水晶枝形吊灯，璀璨夺目。除了最好的大理石和马赛克，以及价值不菲的油画装饰，连每一块指示牌都金光熠熠，让这座酒店成为了神话中才有的"黄金宫"。

这家酒店的独特之处不仅在于表面的豪华，还在于不为人知的管道系统。管道内蜿蜒近 1000 多千米的蓝色、红色与绿色的光缆和电缆，以及其他多种时髦物件，都在向人们证实高科技才是这家酒店最耀眼的招牌。此外，酒店拥有长达 1 英里的私人海滩，两座游泳池面积有数个足球场那么大。

二、酒店环境

阿布扎比皇宫酒店最为骄傲的口号是"满足你的一切愿望，实现你当国王的梦想"。除了目不暇接的奢华，酒店内号称来自 22 世纪的高科技设施，更是实现了神话般的梦幻享受。入住的顾客会领到一个价值 2500 美元的掌上电脑。从这一刻起，你就仿佛拥有了一个阿拉丁神灯式的仆人。这个小巧的电脑带有一个 8 英寸大小的彩色显示屏，装有 Linux 系统，与电视、立体声音响及其他装置相连。人们通过它可以设定叫醒电话、下载电影、录像或召唤服务员。酒店工作人员也通过类似的装置来遥控电视、灯光、声响和空调。

酒店内部面积达 242820 米^2，但客房只有不到 400 间，酒店内还有一个面积达 7000 米^2 的中东地区最大型豪华礼堂，可容纳 1200 人开会；一个可容纳 2800 人的舞厅；12 个餐厅和 8 个娱乐厅，配有 128 间厨房和餐具室，可同时接待 2000 多人就餐。另有 40 个会议室和附带 12 个工作间的新闻中心。从饭店通道一头走到另一头，长近千米，有时客人在饭店用餐或购物后经常找不到房间，得找服务员领路才能"回府"。

这座超豪华饭店所有房间都配备了号称"22 世纪的设施"。50 英寸或 61 英寸的交互式等离子电视、无线高速因特网接入是该饭店所有客房的最低标配，套间还有先进的笔记本电脑和集打印、扫描和传真等功能于一体的办公设备。客人在普通客房内能通过一个专门的触摸屏来控制房间内的所有设施，如灯光、空调温度、室内游戏和娱乐节目。客人通过交互式电视，能在酒店区域内的任何一处都可以享受到无线上网的乐趣、发出房间服务指示，或结账退房。

阿布扎比皇宫酒店工作的员工远比客人多得多。酒店职员和宾客的比例高达 6∶1，由于饭店走廊又多又长，经常有工作人员在上班时迷路其中。由于内部面积过大，有些楼梯间距超过 1 千米远，为方便员工正常活动，酒店还为职工配备 45 辆高尔夫球场专用的高尔夫球车代步。

如此豪华的酒店，服务当然是非比一般。这里的工作人员会以铺满玫瑰花瓣的银盘为客人端上阿拉伯咖啡，向女士赠上鲜花。客房服务人员每天会在客房床单和枕头下放薰衣草，让客人在氤香气氛下入眠；单是沐浴，就为客人提供了七种选择，酒店还可以特别为客人准备香槟浴。

当客人在酒店专属的 1.3 千米海滩上享受阳光，或是在堪比足球场的游泳池旁休憩时，服务人员还会默默为你洒水雾消暑。毫无疑问的是，在这座无与伦比的官殿内，游客完全可以享受到国王般的生活。

酒店有一个全职的安全官员负责酒店的网络，包括 16 个防火墙与侵入探测系统。如有需要，酒店电脑和播放网络可以完全与外界断开，就像美国政府的内部安全网一样。

阿布扎比全年阳光普照，为所有人展现了一个活跃的现代大都市。同时，它还拥有宁静而色彩强烈的沙漠，崎岖的山区景色以及沙漠中郁郁葱葱的绿洲，辽阔无边而未受任何污染的海滩及 200 个岛屿。宏伟的阿布扎比皇宫酒店恰能体现出这个国家独特的传统魅力和深厚文化。阿布扎比正满怀友情与热切，欢迎世界各地游客的到来。

三、酒店风格

1. 装修风格

酒店的装修用的全部是最新材料和技术，饭店的圆顶用最新照明技术、防腐特殊材料和纯金制造，一到晚上就会自动发光，金光闪闪，永不掉色。据说，这个圆顶还是世界上最大的圆顶建筑。酒店总共用了 19 万英尺^{3}进口大理石，1002 个盏施华洛世奇水晶装饰枝型吊灯（单是特别定制的水晶吊灯，就需要 10 名清洁工打理）。酒店还设有私营沙滩和两座池塘，其间散布着一些按摩浴缸。

饭店正门的外形有点像巴黎的凯旋门，汽车穿过"凯旋门"后，再经过一条三四百米长的坡道，便来到了位于四楼的饭店大厅。该饭店共有大小圆屋顶 114 个，突出了阿拉伯建筑风格。

2. 房间风格

整个酒店共有 394 套客房，分为总统套间、官殿套间、海湾豪华套间、海湾套间、钻石客房、珍珠客房、珊瑚客房和豪华客房 8 种。客房的地板是大理石或地毯，房间价格从 600～13000 美元不等，外加 20% 的服务费。房间最小的客房面积为 55 米^2，最大的总统套间面积近 1000 米^2。16 套官殿套间位于饭店的六层和七层，每套面积达 680 米^2。每个套间有 7 名专门的服务员在门外 24 小时待命，随时听候客人的吩咐。客人入住前，服务员会把套间里的电脑等设备的语言选择调整为客人最熟悉的语种，让卧室、客厅和餐厅里的电视上播放客人喜欢的电视节目或音乐。酒店顶层的六个总统套间，只接待来自海湾地区的元首或王室成员，还有专属的入口车道。

【思考与练习】

1. 什么是员工激励？激励有哪些方式？
2. 客房部开展员工激励需要注意哪些问题？

项目八　客房部物资管理

❖ 知识目标
1. 了解客房费用预算的内容、依据及控制。
2. 了解客房设备管理的任务和更新改造计划。
3. 了解客房用品的配置和发放管理要求。
4. 了解客房布件的配置和管理控制要求。
5. 了解环境保护与"绿色客房"建设的基础内容。

❖ 能力目标
1. 能够制定简的单个人生活预算。
2. 能够说出客房设备管理的任务。
3. 掌握客房用品的日常管理。
4. 掌握客房用品的定额控制。

　　客房的物资是客房部员工赖以从事客房商品生产的物质条件和技术保证，是客人获得酒店产品使用价值的物质基础，是体现酒店等级水平和规格的重要方面。良好而有效的客房物资管理与控制，不仅能够提高服务质量，也是降低消耗，达到客房预期利润目标的重要途径和保障。

任务一　　　客房费用预算和设备更新改造

【任务目标】

1. 了解客房费用预算的内容、依据及控制。

2. 了解客房设备管理的任务和更新改造计划。

【任务准备】

1. 将学生分成五个学习小组，调查酒店客房费用预算的内容，以及客房设备管理的任务和更新改造计划的制定内容，收集并整理。

2. 每个小组将由一名成员代表本小组发言，其他人员补充说明。

■ 情景导入

卫生间的气味

我国北方一家二星级饭店，建筑外观还不错，设备也算得上齐全，在当地也算是个名流经常往来之地。一天，住在该饭店 806 房间的客人在清晨起身后发现客房卫生间地面上有积水，便叫来服务员收拾。因自己急于方便，就来到饭店大堂的公共卫生间。一进卫生间，一股难闻的异味扑鼻而来，该客人差一点呕吐。没办法，客人憋住气方便完之后火速离开，然后便去找服务员提意见。谁知，听了客人的投诉后，服务员回答道："卫生间总是有臭味的。再说，我们饭店人来人往，有些客人用过后又不冲水，怎么弄得干净？"客人听后很恼火，就去找饭店部门经理。谁知，经理也是个善于打"太极拳"的人，他说"卫生间就是有臭味，你就将就一些吧！"客人听后火冒三丈，说："你们也算是星级饭店，公共卫生间竟然搞成这个样子！我要向你们的上级单位反映，并且告诉熟人，出差时再也不住你们饭店了。"

预算是管理人员用来控制和指导经营活动，特别是选择和控制设备用品的根据。制定预算的优点之一是，它能使部门经理为今后一段时间的工作做好详细规划。客房部应根据酒店的总预算，制定部门自身的预算。这是控制客房物资设备用品、控制营业成本、提高设备完好率和加强客房部管理的重要措施。

一、客房费用预算的主要项目

预算能改善资金使用率，所以我们制定预算要力求谨慎，一旦制定出来，它就必须成为指导开支的纲领。客房部的预算与酒店的预算一样，每年制定一次，其中主要有固定资产预算和经营预算两个预算项目。

（一）固定资产预算

固定资产预算是指客房部负责人根据酒店的要求，对酒店内部客房的设备、设施根据更新改造计划或工作需要，提出购置和补充设备及家具等的预算。这个预算主要包括各种清洁机器设备的购置和补充，家具的更新或翻新（如婴儿床，加床等），各种大件棉织品的更新购置（如窗帘、床罩等），以及各种服务型设备的购置（如制冰机、热水器、消毒柜、吸尘器等）。

（二）经营预算

1. 年度收入预算

客房年度收入主要包括客房收入、会议室收入、客房其他收入等。

客房收入预算即客房年度销售预测，是指对预期的年度客房销售作营业收入计划分析的过程，其结果是制定客房年度销售预算。制定客房年度销售预算计划，要依据以下三个方面的预测资料：①酒店总经理下达的客房年度销售的各项指标；②近两年来客房实际营业状况统计资料；③预期年度的客房预订统计资料。

年度收入预算的制定步骤如下：

1）根据统计资料提供数据，分析并权衡出租率，以及平均房价与客房年度销售各项指标之间的关系。

2）商定客房出租率和平均房价的浮动百分比。

3）计算年度客房出租间天数。

4）根据季节差别和酒店接待能力，科学、合理地将卡房销售预计达到的平均房价、出租率、间天数及客房总收入按月分解并单列。

5）填制客房年度销售预算表并报酒店总经理审核。

2. 年度费用开支预算

1）客房部员工薪酬预算：①员工工资：员工的工资、奖金、补贴、养老保险等；②住房公积金：实际每月为员工支付的住房公积金；③职工教育经费：实际每月为员工支付或将支付的职工教育经费。

2）清洁用品预算：化学清洁剂、拖把、刷子、扫帚等费用支出。客房、公共区域卫生清洗，包括中性清洁剂，地毯清洁剂，浴厕清洁剂等一切清洗用品及杀虫费、消毒剂等支出。

3）客用品预算：各种客房内摆放的供客人使用的洗发水、浴帽、卫生纸、香皂、洗漱用品、拖鞋、房间的赠品等费用支出。

4）办公用品预算：各种文具、办公用品和各种表单等费用支出。

5）棉织品预算：所有酒店的棉织品，如面巾、地巾、浴巾、方巾、床上用品等费用支出。

6）洗涤费用：客衣洗涤费，以及客房的面巾、地巾、浴巾、方巾、床单、被套、枕套等的洗涤费用。

7）工服洗涤费：员工的工作衣发生的清洗费用。

二、制定客房费用预算的主要依据

客房部预算由客房营业收入、营业费用、营业利润三部分组成。客房费用预算的主要依据有以下几个方面。

（一）客房营业收入预测

客房营业收入预测是制定客房费用预算最重要的依据。客房部应根据酒店经营业务总计划、前厅部预测的客房营业收入，来决定其各项费用和支出的高低。

（二）各项支出和物资用品消耗量的历史资料

客房部的各项支出和物资用品消耗量的历史资料，提供了它营业的一般状况和趋势，再根据下一年度接待的特殊需要和安排作出必要的调整，即可制定出较准确的预算。

（三）客房部各类日常工作记录

客房部各项有关员工操作、物品的消耗和贮存、设备维修保养的记录、客房历史档案等，都是指定预算的重要参考依据。客房部应妥善保管好各种工作报表和记录，为制定预算提供准确数据。

三、预算的执行和控制

按照计划要求和经济指标，组织计划任务的实现，是客房部经营管理的目的。对预算的执行和控制可分为三个步骤。

（一）按预算总表分解每月指标

客房工作的随机性大，内容复杂，一年中每月的经营活动都随客情而变化，在分解指标时要将具体情况（如淡、旺季，设备维修更新等情况）结合进去分解，做好每月科目预算（表 8-1），以利于控制工作。

表 8-1 月预算项目表

项目	1 月		2 月		3 月		4 月	
	本年	去年	本年	去年	本年	去年	本年	去年

（二）执行预算计划

预算确定后，要落实到部门内部的各个环节，依靠各级员工来认真执行。各级人员应严格按计划规程办事，这可通过制定相应的工作规程来实现。

（三）预算的检控

在按预算所开展的客房部的经营活动中，会发现各种各样的情况，如不检控，就会有偏离预算的事情发生。因此，管理人员必须对预算的执行情况进行检查，一般每年不得少于两次，最好是每月一次。

客房预算执行情况表（表8-2）是客房经营活动的"晴雨计"，经营管理的好坏最终都在这张表中反映出来。在比较的基础上及时发现偏差，分析原因，找出解决的办法。

表 8-2　客房预算执行情况表

项目	本月实际		本年累计		
	本年	去年	本年实际	预算	去年实际
直接开支					
合计					

由于预测不可能准确无误，所以预算指标与实际业务运行发生较大的误差是正常的，它可以通过修订预算进行弥补。如误差过大，客房部经理应召集所有管理人员开会商讨，寻找切实可行的办法，消除因开支过大造成的赤字。例如，可严格压缩剩余月份的开支，使全年累计开支不超过预算太多或基本持平。

▌案例分析

无法修好的电视机

某酒店住了一位商务客人，当晚在房间内休息。他打开电视机，多数频道没有图像，几个频道即使有图像也是模糊不清。于是，他打电话给楼层服务员要求派人前来检修。半个小时过后，客人仍未见有人进房检修便再打电话给服务员，询问是否有人检修电视机。服务员连声道歉并请客人等候。大约20分钟后，才来了一位修理工，对电视机做了一番检查后，表示这个电视机无法修理，离房而去。恼怒的客人打电话到总经理处投诉。

问题：这个案例说明这家酒店的客房设备管理方面存在什么问题？

四、客房设备用品管理

客房设备用品管理，就是对酒店客房商品经营活动所必需的各种基本设备和用品的采购、储备、保养和使用所进行的一系列的组织和管理工作，它对客房部固定资产预算有重要影响。

（一）客房设备分类

客房管理系统的基本设备和固定用品可分为以下几类。

1）房屋及安装在房屋内部，同房屋不可分割的各种附属设备，如水暖设备、卫生设备、冷暖空调设备等。

2）家具设备，如用于经营服务的床铺、沙发、写字台、梳妆台、琴凳等，以及经营管理方面所使用的家具。

3）电器设备，如用于酒店经营服务或管理用的计算机及其网络设备、音响设备、电视机、电冰箱等。

4）地毯，包括在酒店所有区域使用的不同材质的各类地毯。

5）机器设备，指用于经营服务的洗衣机、烘干机、打蜡机和吸尘器等。

6）生活用品及装饰用品，包括烟茶具、挂毯、字画等。

（二）客房设备用品管理的任务

客房设备用品管理的任务，就是要为客房提供与其等级相适应的优良设备和物品，使客房经营活动建立在良好的物质技术基础之上。具体来说，客房设备用品管理的任务有以下四方面的内容：

1．编制客房设备用品采购计划

客房部各业务部门提出增加设备用品的计划，客房部在根据实际需要进行综合平衡后加以确定，报请酒店财务及采购部门购买所需要的各种设备用品，以保证客房经营活动的正常进行。

2．制定客房设备用品管理制度

该制度主要包括设备用品分级归口管理制度，设备管理岗位责任制度，以及设备、工具的使用、维修、保养制度，安全操作规程等各项规章制度。制度一经制定，就要认真执行，任何人不得违反，执行过程中要奖罚分明。

3．加强设备用品的日常管理

为满足客人需求，必须在设备用品的日常管理工作上下工夫。要加强客房设备维护保养，使客房设备始终处于良好状态；及时供应客房用品，尽量减少损失浪费。

4．对现有设备进行更新改造

客房部要根据设备使用状况，及时提出设备更新改造计划，报酒店批准，在酒店的统一领导下，做好客房设备的更新和改造工作。

（三）客房设备的更新改造计划

酒店在开业三年以后总有必要对某些设施设备进行更新、改建和重新装饰，这些更新项目往往占了预算开支的大部分。同时，为了保证自己的信誉和档次，满足客人不断增长的需求，保持和扩大对客源的影响力，大多数酒店都要指定客房设备的更新改造计划，还会根据市场的情况对一些设备用品实行强制性淘汰。客房部不是客房更新改造工作的直接承担者，但客房部人员对此又最有发言权。因此，客房部应关注和参与更新改造计划的制定工作，并根据客人的需求提出有关的设想和建议，这将会使客房设备更新改造的预算更加合理和完善。

1. 常规修整

这部分工作也可属于客房部的计划卫生项目，每年至少进行一次。其主要内容包括：①地毯、饰物的清洁；②墙面清洁和粉饰；③常规检查和保养；④家具的修饰；⑤窗帘、床罩的洗涤；⑥油漆。

2. 部分更新

客房使用达三年，甚至更短，即应实行更新改造。其主要内容包括：①更换地毯；②更换墙纸；③更换沙发套、靠垫等装饰物品；④更换窗帘、帷幔；⑤更换床罩。

3. 全面更新改造

这种更新改造一般五年左右进行一次。它要求对客房的陈设、布置和格调进行全面彻底的改造。对客房的全面更新改造应加强调查研究，听取和收集客人的意见，了解国际国内同行业的行情，结合酒店的实际，搞出自己的特色。同时，要考虑酒店的经济实力，不要贪大求洋，在保证酒店整体利益的前提下，实事求是地、有步骤有重点地进行。

全面更新改造的项目包括：①床的全面更新（包括床头板）；②地毯的更新；③橱柜、书桌和梳妆台的更新；④沙发、咖啡桌的更新；⑤墙纸的更新；⑥灯具、镜子和画框等装饰物的更换；⑦卫生间三大件的更新；⑧卫生间墙面和地面材料，灯具和水暖器件等的更新。此外，还应增添一些方便客人的具有新功能、应用新科技的设备和用品。

【情景模拟】
分组讨论客户设备的分类管理方法。

▌走进酒店

半 岛 酒 店

一、概览

半岛酒店（The Peninsula Hotels）是香港现存历史最悠久的的酒店，也是香港以至全球最豪华、最著名的酒店之一。

半岛酒店位于九龙尖沙咀梳士巴利道 22 号，面对维多利亚港，中高层享有海景。酒店有 300 间客房，客房面积较香港一般酒店大。设施包括罗马宫廷风格的游泳池及健身俱乐部。地下商场多是名牌店。

半岛酒店曾被选为全球十大知名酒店，曾入住的名人包括美国前总统理查德·尼克松、影星奇勒基宝、NBA 球星迈克尔·乔丹等，英女皇伊丽莎白二世亦曾指定下榻半岛酒店。半岛酒店的劳斯莱斯车队是全球最大的劳斯莱斯车队。

二、历史

半岛酒店开业于 1928 年，有"远东贵妇"的称号，是当时全亚洲最先进及豪华的酒店之一。当时的建筑物只有七层，呈"H"形。

由 1922 年酒店动工兴建，至 1926 年竣工期间，曾一度被英军进驻作为临时军营。

第二次世界大战香港沦陷，1941 年 12 月 25 日傍晚，港督杨慕琦乘天星小轮到半岛酒店签署投降书。之后，半岛酒店曾被日军征用作为指挥中心。

20 世纪 50 年代起，半岛酒店有"影人茶座"之称，因不少电影明星都爱在半岛喝下午茶。80 年代，张国荣、钟楚红、张曼玉等艺人曾是酒店常客。好莱坞影星汤姆·克鲁斯也曾入住半岛酒店。

1994 年酒店进行扩建工程，在北面加建一幢 30 层的新翼，顶楼设有直升机场，方便重要贵宾直接使用直升机往来香港国际机场，或畅游香港上空。

开业于 1928 年，作为香港历史最为悠久的酒店，它出生的第一天起就成为了一种象征。75 年前甚至唤醒了沉寂的香港九龙半岛，并一度超越大上海十里洋场，成为城中名流风云际会、流亡贵族醉生梦死之所。它观望着香港、经历着香港，更跟随着香港成熟成长。它是香港酒店业的骄傲，在不久前美国 Zagat 调查机构在全球范围内所作的一项调查中，香港半岛酒店被评为全球最好的酒店，在全球十佳酒店中，名列第一。它还是 2003 年《时代周刊》最受读者喜爱的商务酒店，以及 Business Traveller 评出的全球最佳商务酒店第二名。

酒店公关总监张雅新小姐似乎很不习惯公式化地介绍半岛酒店的商务特点和核心竞争力，她提供给记者半岛酒店 75 年历史背后的一连串数字，并说："这就是半岛的文化，这就是半岛的竞争力。"

酒店共有 4.8 万件纯银餐具，市值 100 万美元，每天需启动 8 部打磨机擦拭，令餐具亮丽如新。这些餐具自 1925 年至今，都是用同一个制造商。

门童每天为客人拉开雕有一对门神的玻璃大门约 4000 次，他们身上的全白制服和白帽，自开业以来未转过款式。

半岛员工流失率全港最低，共有 775 个员工，平均 2.6 位员工服务 1 位客人，其中有 1 个员工服务 75 年，2 个员工服务 40 年，服务达 30 年的有 9 个，服务 20 年的则有 29 名，服务 10 年以上则有 148 名。

1960 年酒店大装修时成立的保护文物小组，淘汰了大堂的吊扇和水晶灯后，保留了大堂的哥德式圆柱顶，上有素白人面像共 76 个。

如今，作为香港上海大酒店有限公司下属机构的半岛集团，已在香港、马尼拉、曼谷、北京、纽约、比华利山及芝加哥管理着八家豪华酒店，拥有 3000 多间客房，并以其在每个大都市只建立一家顶级豪华酒店的理念而闻名于世，被国际酒店业尊称为"五星半岛"。

【思考与练习】

1. 客房费用预算的意义何在？制定客房部预算的重要依据是什么？

2. 试举例说明，客房部经理如何才能节省部门预算。

3. 客房设施设备的更新改造计划主要应包括哪些内容？

任务二　客用物品的管理

【任务目标】

1. 掌握客房用品的日常管理。
2. 掌握客房用品的定额控制。

【任务准备】

1. 将学生分成四个学习小组，讨论如何选择客用物品，以及如何做好客用物品的管理。
2. 每个小组将由一名成员代表本小组发言，其他人员补充说明。

■ 情景导入

妥善对待"粗鲁男"

一位日本客商刚刚住进浙江宁波的亚洲华园宾馆一会儿，该宾馆客房部便接到他从房间打来的电话，要求派人去其房间，有事相烦。服务员小陈被派前往。小陈来到客人门前，轻轻敲门。只听客人大喊一声："进来！"小陈轻轻推开房门。不料，一卷卫生纸突然朝她脸上飞来，不偏不倚打个正着，小陈顿时被打蒙了。定睛一看，日商怒容满面，像只好斗的公鸡。原来他刚跨进卫生间就发现卫生纸只剩半卷，顿觉受了慢待，便大发脾气。小陈捡起卫生纸，心想这是清洁员粗心造成的，忙向客人道歉："对不起，先生，是我们工作失误。"小陈回到工作间，面对突如其来的打击，想着自己所受的委屈，泪水不禁夺眶而出。但她很快冷静下来，考虑再三，认定客人发火事出有因，错在酒店清洁员不该疏忽，将用过的半卷卫生纸留给新到的客人使用。她一手拿着一卷完整的卫生纸，一手端着一盆鲜花，带着笑容重新跨进这位日本客商的房间，将鲜花与卫生纸分别安放妥当。后来，这位日本客商也自知有错，遂向酒店总经理正式表示道歉，对服务员良好的服务态度，给予了高度的评价，并拿出美金若干，诚恳地请总经理为服务员发委屈奖。同时，决定在酒店住下，成了一个长住客。

酒店应加强客房客用物品的管理，满足客人的实际需要，提高客人对客房及客房服务的满意程度，控制客用物品的消耗，能降低成本费用，减少环境污染。

一、客房客用物品的选择

在选择客房客用物品时，必须综合考虑各种因素，注意以下几个方面要求：

（一）实用

客房的各种客用物品是为了满足住客的各种实际需要而配置的，因此，这些物品必须具有实用性。

（二）美观

客房内配置的客用物品要尽可能地制作得精美一些，使其具有一定的观赏性。在清洁舒适的客房里放置令人赏心悦目的用品，会使客房增色不少。

（三）适度

客房客用物品的档次和标准必须与客房本身的档次和标准相适应，使客人感到物有所值。

（四）具有广告宣传作用

一方面，客人在使用这些物品时，能够对酒店更加了解，留下深刻印象；另一方面，客人将某些可以带走的物品带走，或在外面使用，或作为纪念品保存，或赠送他人，都能够起到很好的广告宣传作用。

（五）利于环保

酒店在选择客房客用物品时，必须考虑环境保护这一重要因素，尽量少用塑料制品，要尽可能选择使用对环境无破坏作用的"绿色"产品。

（六）价格合理

在保证以上各项要求的前提下，选择购买客房客用物品时，必须考虑价格因素，尽量做到物美价廉，从而降低客房成本费用。

二、客用物品的配备

合理地配备客用物品，能够有效地保证质量、控制消耗。

（一）客房内的配备标准

客房内所配备的客用物品，应以客房的类别和档次为依据，在品种、数量、规格、质量及摆放要求等各方面有统一的标准，并制成表格、图片等供日常发放、配置、检查和培训时使用。酒店在制定这些标准时，要参考行业标准、竞争对手标准及国际标准等，要既不违反常理，又要突破创新，以获得实效为主旨。

（二）工作车的配备标准

客房服务员的工作车专门用来存放清洁、整理客房所需的各类用具用品，其中包括客房客用物品。工作车上所配备的客房客用物品的品种、数量、摆放位置及方法上要有统一的标准。这种标准可以制成图片，写成文字，有统一的规范。

（三）楼层小仓库的配备标准

楼层小仓库应该配备客房客用物品，供楼层周转使用。客用消耗物品的配备量通常以一周使用量为标准，其他非消耗品则根据各楼层的客房数量和客情等具体情况确定合理的数量标准。对楼层小仓库所配备的物品，应将品种、数量等用卡片或表格列明，并贴在库房内，供盘点和申领时参照。

（四）中心库房的配备标准

客房部通常设一个中心库房，储备客房部的常用物品。客用消耗物品的储量以一个月的消耗量为标准，其他客用物品的品种和数量则根据实际使用、消耗情况及周转频率确定。

三、客用物品的领发和消耗控制

（一）客用物品的领发

客房客用物品的领发应根据楼层小仓库的配备量、楼层的消耗量等明确规定具体时间。这不仅使此项工作具有计划性，方便中心库房人员的工作，还能促使楼层工作有条不紊、减少漏洞。在领发之前，楼层服务员应将本楼层小仓库的消耗及现存情况统计出来，按楼层小仓库的规定配备标准提出申领计划，填好申领表，由领班签字。中心库房在规定时间内，根据"申领表"发放客用物品，并凭"申领表"做账。

（二）客用物品的消耗控制

1. 制定消耗定额

（1）一次性消耗品的消耗定额制定

一次性消耗品消耗定额的制定方法，是以单房配备量和每天需要量为基础，确定每天需要量，然后根据预测的年平均出租率来制定年度消耗定额。其计算公式为

$$A = b \times x \times f \times 365$$

式中：A 为每项日用品的年度消耗定额；b 为每间客房每天配备额；x 为酒店客房总数；f 为预测的年平均出租率。

【例 8-1】 某酒店有客房 300 间，年平均出租率为 80%，牙膏、圆珠笔的单间客房每天配备额分别为 2 支、1 支。求该酒店牙膏、圆珠笔的年度消耗定额。

解：根据上述公式计算得：

$$牙膏的年度消耗定额 = b \times x \times f \times 365 = 2 \times 300 \times 80\% \times 365$$
$$= 17.52（万支）$$

$$圆珠笔的年度消耗定额 = b \times x \times f \times 365 = 1 \times 300 \times 8\% \times 365 = 8.76（万支）$$

（2）多次性消耗品的消耗定额制定

多次性消耗品定额的制定基于多次消耗品的年度更新率确定，其定额的确定方法，应根据酒店的星级或档次规格，确定单房配备数量，然后确定其损耗率，即可制定消耗定额。其计算公式为

$$A = b \times x \times f \times r$$

式中：A 为每项日用品的年度消耗定额；b 为每间客房每天配备额；x 为酒店客房总数；

f 为预测的年平均出租率；r 为日用品的耗损率。

【例 8-2】 某酒店有客房 400 间，床单单房配备 3 套（每套 4 张）。预计客房平均出租率为 75%。在更新周期内，床单的年度耗损率为 35%，求其年度消耗额。

解：根据上述公式计算得：

床单的年度消耗定额＝$b \times x \times f \times r$＝3×400×75%×35%＝315（套）

2. 加强日常管理

1）专人领用，专人保管，责任到人。客房客用物品的领用应由专人负责，不能多人经手。如果非得多人经手，也必须严格履行相关手续。储存和配置在各处的物品要由专人保管，做到谁管谁用，谁用谁管，避免职责不明，责任不清，互相依赖，互相推诿，从而导致物品的损耗、浪费和流失。

2）防止流失。在客用物品的日常管理中，要严格控制非正常的消耗，如服务员自己使用、送给他人使用、对客人超常规供应等。否则，很容易造成客用物品的损失和浪费。

3）合理使用。服务人员在工作中，要有成本意识，注意回收各种有价值的物品，再次利用。另外，还要防止因使用不当而造成的损耗。

4）避免库存积压，防止自然损耗。很多客用物品，尤其是客用消耗物品，都有一定的保质期，如果库存过多，造成物品积压过期，难免会出现自然损耗。这些积压的过期物品用之不妥，弃之可惜。因此，要根据市场货源供需关系确定库存数量，避免积压物品。

3. 完善制度

为了有效地控制客房客用物品的消耗，客房部必须建立一套相关制度，在客用物品的保管、领发、使用和消耗等各方面加以规定和要求。要奖优罚劣，并依据制度实施各种管理和控制措施。

4. 加强统计分析

酒店的各客房楼层要对每天的物品消耗进行统计，领班要进行核实。客房部中心库房要对每日、每周、每月、每季度、每年度的客用物品的消耗情况进行统计，并结合盘点，了解客用物品的实际消耗情况，将结果报客房部。客房部要对照消耗定额标准和有关制度实施奖罚。只要实际情况与定额标准偏离较大，就必须分析原因，找出解决处理办法。

在客用物品的消耗控制中，既要力争节约，又要讲究适度，不能因过分要求节约而影响服务质量，要有一个合理的限度。对于那些因过分节约而影响服务质量的服务员，不应予以奖励，而应提出批评，甚至进行处罚。质量才是效益的最大保证。

【情景模拟】

分组讨论如何完善客用物品的管理制度。

走进酒店

青岛海景花园大酒店

青岛海景花园大酒店坐落于青岛东部海滨，1996年开业，2006年局部装修，楼高9层，共有客房304套，是集住宿、餐饮、娱乐、商贸于一体的花园别墅型五星级酒店。酒店南邻青岛市雕塑一条街——东海路，拥有优美海岸线220多米，东有极地海洋世界、国家水准零点景区，向东30多千米可直入崂山仙境，西有奥帆中心、五四广场、音乐广场等著名景区，周边是青岛市中心金融商业区，集中了青岛市最顶级购物中心海信广场、百丽广场、阳光百货商场等高端商业区。园林式格局尽显东方文化之精华，欧美式建筑凝聚西方典雅之风范，阳光、沙滩、海景、花园构成了独具特色的风景线。凭窗而眺，白帆碧波，沙鸥集翔；观海听涛，享受自然风情。

酒店现有各类高档客房400多套，总餐位1000多个，拥有1000米²的凯旋宴会大厅，全海景全功能甜苑自助餐厅，10个大小会议室和20个高档宴会单间。酒吧、室内外泳池、健身房、桑拿洗浴中心、台球室、棋牌室、美容美发等各种配套设施，一应俱全，还配有精品商店、商务中心、医务室、礼宾车队等多项设施，为客人出行提供方便。最能体现青岛海滨风情的是夏威夷露天海水泳池和露天烧烤，每年夏季，在温馨海风荡漾下，在舒缓悠扬的音乐伴奏下，这里灯影穿梭、宾客济济，尽享夏威夷露天风情。

【思考与练习】

1. 某酒店有客房200间，年平均出租率为85%，茶杯、茶叶的每间客房每天配备额分别为2只、4包。该酒店茶杯、茶叶的年度消耗定额应该为多少？

2. 客房客用物品的选择的要求是什么？

任务三　客房布件管理

【任务目标】

1. 能够说出客房布件的种类及质量要求。
2. 熟悉客房布件的管理和控制方法。

【任务准备】

1. 将学生分成四个小组，到当地的一家酒店客房部收集关于床上、卫生间、其他客房布件图片，整理好后制作成PPT进行展示。

2. 每一组由一名中心发言人进行展示说明，要求说出该部件的种类、质量及优缺点。

情景导入

床单中的睡衣

一天，布草房的员工正在仔细清点客房服务员送来的客房撤换下来的棉织品时，一个白色的东西从一团卷着的床单中掉了出来。布草员捡起一看，是一件睡衣。布草员明白，这又是客房服务员在清扫客房卫生换床单时，没有发现床单中的睡衣，随换下的床单一起卷了出来。布草员便把这件睡衣交给客房服务员。客房服务员看到把客人的睡衣夹带出来了，有些着急。可是由于自己在操作时没有按照操作要求把床单抖开检查，而是将两条床单整个一卷就拿走了，根本就没有看到床单里的睡衣。现在也根本不可能知道这件睡衣是从哪个房间撤出来的了。白天客人都不在房间，即使客人在房间，服务员也不可能拿着睡衣挨个房间去询问。只能把睡衣放在客房服务中心，做交接班，等着有客人晚上要睡觉时，发现睡衣不见了，自己找来再说吧。这样，造成了客人着急和不便，客人会因此对酒店留下不良印象。

布件，又称为布草、布巾或棉织品。在酒店的经营活动中，不仅是一种日常生活必需品供客人使用，也是酒店客房装饰布置的重要物质，对室内气氛、格调、环境起着很大的作用。虽然客房布件也属客用物品，但因其与其他客用物品有很多不同之处，有必要进行专门的介绍。

一、客房布件的种类及质量要求

（一）客房布件的种类

根据布件的用途，客房布件可以分为三大类，即床上布件、卫生间布件和其他布件。

1）床上布件：枕套、床单、被罩、褥垫、床裙、床罩等。

2）卫生间布件：浴衣、大浴巾、小浴巾、面巾、方巾、地巾等。

3）其他布件：纱窗帘、遮光窗帘、帷幔、沙发套及其他布件（如小酒吧的餐巾等）。

（二）客房布件的质量要求

1. 床上布件的质量要求

1）纤维的长度。纤维长，纺织出来的纱均匀、光滑、条干均匀、拉力强，织成织物后平滑细腻，耐洗耐磨；纤维短，纺出的纱和制成的织物质量也较差。一般二级至四级棉的纤维长度是27～29毫米，一级（高级）棉的纤维长度是29～31毫米。

2）纱支数。纤维长，纺出的纱细而紧，纱支数高，使用中不易起毛，耐洗耐磨；纤维短则次之。棉纱的支数有三种，用于床单、枕套等的织物有20支纱、21支纱和24支纱。20支纱和21支纱多为二级至四级棉纤维纺制，24支纱要用一级棉纤维纺制。混纺纱支数要高一些，因为化学纤维多比棉纤维长，所以可达30支纱和40支纱。

3）织物密度。密度高且经纬分布均匀的织物强度和舒适度佳，可用作床单、枕套的织物密度一般为 10 米 ^{2} 228 根×244 根，高级的可超过每 10 厘米 ^{2}400 根× 400 根。

4）断裂强度。织物的断裂强度与织物的密度等都有密切的关系，通常织物的密度越高，其断裂强度越好。

5）纤维的质地。目前常用的床单、枕套的质地主要有全棉和混纺两类。全棉的织物柔软透气、使用舒适，但容易起皱、褪色、泛黄，不耐用；混纺织物则既保留了棉的优点，又吸取了化纤的易洗快干、抗皱挺括、不褪色，经洗耐用等优点。目前客房使用的床上布件，特别是床单、枕套、被罩等大多是棉涤混纺织物，一般棉涤比例为 50：50 或 65：35 等。

6）制作工艺。布件的制作工艺也直接影响布件的质量。布件的制作要求是卷边宽窄均匀、平齐，缝线平直，针脚均匀，疏密适度，规格尺寸标准。

2. 卫生间布件的质量要求

卫生间布件主要是各种毛巾，对毛巾的质量要求主要有以下几点：

1）毛圈的数量和长度。通常毛圈的数量多而且长，毛巾的柔软性和吸水性就好。但如果毛圈太长就容易被够坏，故一般要求毛圈的长度在 3 毫米左右即可。毛圈的数量和长度与毛巾的质量成正比。在购买毛巾时，不仅要看尺寸大小，而且还要看质量。

2）织物密度。毛巾是由地经纱、纬纱和毛经纱组成的，地经纱和纬纱交织成布基，毛经纱与纬纱交织成毛圈，故纬纱越密，毛圈抽纱的可能性就越小。

3）原纱强度。制作毛巾的原纱要有足够的强度，才能经得住拉扯。通常较好的毛巾，地经纱用的是股线，毛经纱用的是双根无捻纱，这样能增强耐用性和吸水性。

4）制作工艺。毛巾的边必须牢固平整，每根纬纱都必须能够包住边部的经纱，否则，边部容易磨损、起毛。另外，毛巾的折边、缝线、线距等要符合要求。

3. 窗帘的质量要求

窗帘的功能是遮光、保护隐私、装饰美化、隔音隔热，还能弥补窗户本身的一些不足。客房的窗帘有薄窗帘和厚窗帘两种，多为织物制成。薄窗帘通称纱窗帘，作用是减缓阳光的照射强度、美化房间，白天既不影响室内的人观赏室外景色，又能保护室内隐私；厚窗帘则具有窗帘的较多功能，讲究的厚窗帘除有一层装饰布外，还有一层遮光被衬。

选择客房窗帘织物时要注意以下几点：

1）纤维的质地。化纤牢固，不缩水，不褪色，颜色品种多且鲜艳，耐磨，耐拉扯，但易吸附灰尘，柔软度较差，档次较低。天然纤维（棉、毛、麻）华贵，色泽自然，坠感和手感好，浆过后平整挺拔，但会褪色，易缩水。混合纤维则兼具了以上两种纤维的优点，价格也比较适中，客房窗帘大多选用缓和纤维的织物制作。

2）纤维色纺织方法会影响到织物的柔软性、坠感、牢度和美观度。选择时要注意纺织的松紧度及纤维的粗细。细的纤维精致、平滑，质量较好；粗的纤维粗犷、动感强，但质量较差。

3）阻燃性。在纤维中加入矿物纤维，可使织物具有阻燃性，也可在织成后进行专门的阻燃处理。窗帘必须具有阻燃性。

4）色彩和图案。客房窗帘的色彩和图案要根据房间的装饰风格、冷暖感、空间感等来选择，另外还要考虑其本身的显脏性。一般不宜用太大太乱的花型图案，颜色不宜太深或过浅。太深显得压抑，过浅容易显脏。颜色跳跃不宜太大，过分华丽和跳跃的色彩影响客房的安静感，刺激客人的视觉，影响客人休息。

5）价格。选择窗帘织物时，还必须考虑价格因素，优质优价。

6）制作工艺。窗帘的制作工艺直接影响窗帘的功能与使用寿命。因此，客房的窗帘应由专业厂家制作，要求精致考究。上下折边不能小于3厘米，褶距要相等均匀。为了增加坠感，可在底边配重。

二、客用布件的规格

（一）床上布件的规格

客房的床上布件是与床及床上的其他用品配套使用的，其规格尺寸应与床的规格及其他相关用品的规格相适配。

1. 床单

床单的规格尺寸是根据床的规格尺寸和铺床的方法及要求确定的。通常按下列公式计算：

$$床单的长度＝床垫的长度＋2×床垫的厚度＋2×20\ 厘米$$
$$床单的宽度＝床垫的宽度＋2×床垫的厚度＋2×20\ 厘米$$

如果床垫的规格是120厘米×200厘米，厚度为16厘米，用于这种床的床单的规格为

$$床单的长度＝200\ 厘米＋2×16\ 厘米＋2×20\ 厘米＝272\ 厘米$$
$$床单的宽度＝120\ 厘米＋2×16\ 厘米＋2×20\ 厘米＝192\ 厘米$$

之所以按照这套公式计算床单的规格，是因为按西式铺床的方法和要求，床单不仅要覆盖床面，而且还要能包边包角，即包住床垫的四边四角，为了包角紧密，还需收四边塞进20厘米。按照公式计算出来的床单的规格是实际所需的尺寸，没有考虑缩水的因素。棉布的缩水率一般为5%～8%，购买床单时要考虑其缩水率。

2. 枕套

枕套是与枕芯配套使用的，因此，枕套的规格尺寸要根据枕芯的规格尺寸来确定。一般要求枕套比枕芯宽2～5厘米、长20～23厘米。

3. 褥垫

褥垫是铺在床垫上起防护等作用的垫子，因此，褥垫的规格要与床垫的规格相适配，通常要求略小于床垫的长度与宽度，以四边不超出床垫滚边并紧贴滚边为宜。不能过大，

也不能过小。

（二）客房卫生间毛巾的规格

客房卫生间毛巾的规格要与酒店的档次相适应，具体可参照酒店星际评定标准的有关要求。

2010 年版《旅游饭店星级的划分与评定》中对设施设备的要求如表 8-3 所示。

表 8-3　设施设备评分表（部分：4.14.1 客房布件）

设施设备评分表	要　　求	计　　分
床单、被套、枕套的纱支规格	不低于 80×60 支纱	6
	不低于 60×40 支纱	3
	不低于 40×40 支纱	1
床单、被套、枕套的含棉量	床单、被套、枕套的含棉量为 100%	1
毛巾（含浴巾、面巾、地巾、方巾等）的纱支规格	32 支纱（或螺旋 16 支），含棉量为 100%	2
	不低于 16 支纱	1
毛巾（含浴巾、面巾、地巾、方巾等）规格（一个规格不达标扣 0.5 分，扣满 2 分以上，降低一档）	浴巾：不小于 1400 毫米×800 毫米，重量不低于 750 克；面巾：不小于 750 毫米×350 毫米，重量不低于 180 克；地巾：不小于 800 毫米×500 毫米，重量不低于 450 克；方巾：不小于 320 毫米×320 毫米，重量不低于 55 克	6
	浴巾：不小于 1300 毫米×700 毫米，重量不低于 500 克；面巾：不小于 600 毫米×300 毫米，重量不低于 120 克；地巾：不小于 700 毫米×400 毫米，重量不低于 320 克；方巾：不小于 300 毫米×320 毫米，重量不低于 45 克	3
毛巾（含浴巾、面巾、地巾、方巾等）规格（一个规格不达标扣 0.5 分，扣满 2 分以上，降低一档）	浴巾：不小于 1200 毫米×600 毫米，重量不低于 400 克；面巾：不小于 550 毫米×300 毫米，重量不低于 110 克；地巾：不小于 650 毫米×350 毫米，重量不低于 280 克	1

（三）窗帘的规格

窗帘可分为标准窗帘和落地窗帘两种。

1. 标准窗帘

标准窗帘的尺寸（单位：厘米）为

长度（高度）＝窗子的长度（高度）＋2×（15～20）

标准窗帘的上下端均应超出窗帘 15～20 厘米。如果窗子的高度为 150 厘米，那么窗帘的长度应为［150＋（30～40）］厘米，即 180～190 厘米。窗帘宽度与窗帘轨道的长度相等。轨道长度等于窗子宽度两边各加 15～20 厘米。如果窗户的宽度为 250 厘米，那么窗帘的宽度应为［250＋（30～40）］厘米，即为280～290厘米。

2. 落地窗帘

是否做成落地窗帘，一般取决于窗户的大小与墙面的比例、窗户离地面的距离及整体装潢效果。如果窗户面积与墙面积之比大于 2/3，则宜做落地窗帘。如果窗台离地面的距离小于45厘米，宜做落地窗帘；大于70厘米，宜做标准窗帘；介于45～70厘米，则视整体装潢效果和窗台面积与墙面面积的比例大小而定。

落地窗帘的高度应为挂好后下端离地面2厘米，宽度则等于轨道长度。一般轨道的长度等于墙面的宽度。

3. 窗帘用料

1）用料面积计算公式为

用料面积＝（2×丈量宽度＋25厘米）×丈量高度

2）用料长度计算公式为

用料长度＝用料面积÷布料宽度×高度

以上式中的2为折中倍数，通常最大不大于3，最小不小于1.5，具体折中倍数取决于布料的厚薄。厚料可选偏小数，薄料可选偏大数。25厘米是用于接缝和重叠。在购买布料时，要考虑接拼缝及凑花型图案的需要和缩水率，要留有余地。

三、客用布件的配备

客房布件的配备是客房布件管理工作中的一个重要问题。客房布件的配备需有合理的定额标准，要防止定额的不合理而影响客房布件的正常供应及造成无谓的浪费和损耗。

通常，客房布件主要包括在用布件和备用布件两部分。在用布件即投入日常使用的周转的布件，备用布件即存在库房以备更新补充使用的布件。

（一）在用布件的配备

在确定在用布件的配备数量时，要综合考虑下列因素：

1）必须能够满足客房出租率达100%时的使用和周转需要。
2）必须能够满足客房一天24小时运营的使用和周转需要。
3）必须能够适应洗衣房的工作制度对布件周转所造成的影响。
4）必须适应酒店关于客用布件换洗的规定和要求。
5）必须考虑布件调换补充周期及可能发生的周转差额和损耗流失等情况。
6）能够保证刚洗烫过的布件有一段保养的时间。

（二）备用布件的配备

在确定备用布件的配备数量时，要综合考虑以下因素：

1）布件的损耗率。

2）计划更新补充的周期和数量。

3）预计流失布件的补充情况。

4）是否有更新布件品种及规格等计划。

5）定制和购买新布件所需的时间。

6）库存条件。

7）资金占用的损益分析。

根据经验，有店属洗衣房的酒店，其客房布件的配备定额一般都为3.5～4套。其中一套在客房使用，一套在楼层布件房或工作车上，一套在洗衣房或中心布件房，另外的半套或一套存在库房。注意：这里所说的一套是指按酒店规定标准全部客房配备时的总数。

一般来说，库存的布件不宜过多，以防止库存时间过长而造成质量损耗，各种布件的损耗情况并不完全一样。此外，有的布件可以改制再利用，因此也就无须各种布件都按3.5～4套配置。

四、客用布件的管理和控制

（一）合理存放

1. 分类存放

布件应分类存放，这样便于发放、使用和盘点。

2. 定点定量

由于布件是分散在各处的，为了便于使用和盘点，存放必须定点定量。凡是与布件使用和保管等有关的员工都必须知道布件应该存放的地点、放置的具体位置、种类、数量及摆放的方法。有了统一的规定和要求，大家有章可循，在平时的工作中，只要检查核对一下，即可知道规格种类的齐全程度，数量的多少，有无差错，既能提高工作性效率，又能加强责任心。

（二）建立布件的收发制度

1. 先洗先出

为了使布件有一定的保养时间，布件收发应遵循先洗先出的原则，避免即洗即用。

2. 保证质量

在收发布件时，要将有破损及洗烫质量不合格的布件分拣出来，防止将这些布件用于客房。

3. 对等交换

布件收发要采用对等交换的办法，即用脏的布件换取相同规格品种和数量的干净布件。通常由客房楼层勤杂工或服务员将脏的布件送洗衣房，由洗衣房指定人员清点复核，在布件换洗单（表 8-4）上签字，楼层勤杂工凭此单到中心布件房领取干净布件。

表 8-4　客房布件换洗单

楼层_____　　　　　　　　　_____月__日

品种数量	床单		枕套	浴衣	大浴巾	小浴巾	面巾	方巾	地巾	其他	签名
	大	小									
收到数											
发还数											
备注											

4．超额领用

如果使用部门需要超额领用，应填写借物申请单并报有关人员批准。如果中心布件房发放时不能足额，应开出欠单作为归还凭据。

（三）建立布件报废和再利用制度

1）布件因下列情况可以报废：①布件破损或有无法清除的污迹；②使用期限已到；③统一调换新品种、新规格等。

2）严格履行报废手续。布件报废须有严格的核对审批手续，一般由中心布件房主管核对并填写布件报废单（表 8-5），报洗衣房经理或客房部经理审批。

表 8-5　客房布件报废单

品名_____　　　规格_____　　　申报人_____　　　批准人_____

报废原因	数量	处理意见
无法除迹		
无法修补		
年限已到		
其　他		
合　　计		年　　月　　日

3）报废布件的处理。对于报废的布件，要洗净，做上标记，捆扎好集中存放。如果能再利用，可改制成其他用品。

（四）严禁布件的不正当使用

酒店要严格禁止员工对布件的不正当使用，如将在用布件当做抹布使用等，对不正当使用布件的员工要严肃处理。另外，如果发现客人不正当使用布件，也要予以劝止，如果因此致使布件报废的，应要求客人赔偿。

（五）把好洗涤关

布件洗涤是一项技术性较强的工作，有关人员应具备应有的知识经验和操作技能，还应具有良好的工作态度，认真做好布件的洗涤工作。同时，酒店要配备先进的洗涤设备和洗涤用品。酒店要重视和加强对布件洗涤工作的管理，确保布件的洗涤质量。

（六）定期盘点

酒店要定期对布件进行盘点。通过盘点，了解布件的使用、消耗和储存等情况，发现问题及时处理。

盘点布件要认真、细致和全面。盘点前，要将盘点的日期和时间通知各有关方面的人员；盘点时要停止布件的流动，防止漏盘和重盘；盘点后须填写布件盘点统计分析表（表 8-6）并存档。

表 8-6 客房布件盘点统计分析表

楼层_____　　　　　　　　　　　　_____月___日

品名	额定数量	客房		楼层布件		洗衣房		盘点总数	报废数量	补充数量	差额总数	备注
		定额	实盘	定额	实盘	定额	实盘					

（七）建立布件储量卡

建立备用布件储量卡，可随时了解库房备用布件的品种与数量，并要根据现有布件的使用和补充情况，提出布件的申购计划。

五、布件的保养

加强对布件的保养，能够提高布件的使用质量，保证并适当延长布件的使用寿命。布件主要有以下几种保养方式：

1）尽量减少存库时间。

2）新布件必须经洗涤后才能投放使用。

3）备用布件要按先进先出的原则投入使用。

4）洗涤后的布件要放置一段时间，以利其散热、透气。

5）要消除污染的损坏布件的隐患。

六、布件的储存

布件应在合适的环境按正确的方法储存。布件的储存环境和要求主要有下列几项：

1）具有良好的温湿度条件。库房的温度以不超过 20℃为佳，湿度不大于 50%，最好在 40% 以下。

2）通风透气，防止微生物繁衍。

3）墙面材料必须防渗漏、防霉蛀处理，地面材料以 PVC 地砖为佳。

4）保持清洁。

5）布件分类上架，并附有货卡。

6）布件房不能存放其他物品，特别是化学物品和食品等。

7）布件上应加防护罩，以防止积尘、变色。

8）要有消防设备和器材。

9）限制无关人员进出布件存放区域。

10）定期进行安全检查。

【情景模拟】

分组讨论如何完善客房布件管理制度。

走进酒店

7 天连锁酒店

一、企业介绍

1. 概况

7 天连锁酒店集团（7 Days Group Holdings Limited）是铂涛酒店集团旗下品牌之一。它创立于 2005 年，2009 年 11 月 20 日在美国纽约证券交易所上市（股票代码：SVN）。2013 年 6 月 27 日，7 天连锁酒店集团从美国退市，同年 7 月 17 日，被铂涛酒店集团私有化收购。7 天连锁酒店秉承让顾客"天天睡好觉"的愿景，致力于为注重价值的商旅客人提供干净、环保、舒适、安全的住宿服务，满足客户核心的住宿需求。

7 天连锁酒店在全国的分店总数已经突破 2000 家，覆盖国内 300 多个主要城市，已建成经济型连锁酒店全国网络体系。

7 天连锁酒店建立的"7 天会"拥有会员近 7000 万，是中国经济型酒店中规模最大的会员体系。作为业内科技领航者，7 天连锁酒店是少数能"7×24 小时"同时提供网上预订、电话预订、WAP 预订、短信预订，手机客户端 5 种便利预订方式的连锁酒店。

深谙企业运营之道的 7 天连锁酒店，凭借庞大的会员体系，通过科技和服务的持续创新，结合充满活力的 7 天企业文化，已成为中国经济型酒店行业的领先品牌。

2. 理念创新

在 Web 2.0 时代，"我"成为服务的核心。在经济型连锁酒店模型基础上，除了提供环保、健康的硬件环境，7 天连锁酒店还倡导"快乐自主，我的生活"的品牌理念，在产品及服务流程的设计上不断整合创新，提供更具人性化、便捷的优质酒店及会员服务。

3. 体系完善

拥有一整套基于先进 IT 技术的运营管理体系是 7 天连锁酒店的核心优势之一。

7 天连锁酒店的标准化运营体系包括：标准化人力资源管理体系、标准化店务质量控制体系、标准化财务流动管理体系、标准化开发评估推进体系和标准化工程以及采购体系。

7天连锁酒店对旗下所有连锁分店实行统一品牌形象、统一服务质量、统一运作标准、统一市场营销、统一信息管理的连锁化经营管理，为客户提供标准统一、质量的保证优质酒店及会员服务。

4. 技术领先

利用IT技术进行整合管理是7天连锁酒店的核心优势之一。其领先的IT技术系统包括：中央预订系统（CRS）、网络即时预订/确认/支付系统、短信即时预订/确认系统和WAP即时预订/确认系统。

基于行业领先的IT技术系统平台，7天连锁酒店已成为中国酒店业第一电子商务平台。

二、环保模式

2010年3月，7天连锁酒店率先取消"六小件"，客房内不再配置一次性牙刷、香皂、梳子、拖鞋、浴帽等"六小件"，房价内不再包含"六小件"费用，对于没有携带洗漱用品的住客，7天连锁酒店将为住客准备三种不同配置的生活用品包，住客可根据需要另外付费购买。"六小件"多为塑料制品，难降解、难回收，容易造成浪费，也对环境造成污染。取消"六小件"这一举措，既节约成本又符合低碳环保的时代需要。

三、管理秘诀

2011年以来，一路高歌猛进的国内经济型酒店开始背负业绩下滑的重担。如家快捷酒店2011财年净利润同比下滑2.3%，2012年第一季度归属股东的净亏损达1.032亿元；汉庭连锁酒店2011财年净利润下滑近50%，一季度出现了940万元的账目亏损。而与如家、汉庭等位居同一阶次的7天连锁酒店却逆势而上，表现不俗，其第一季度净营收为人民币5.45亿元，同比增加29.6%，这也是7天连锁酒店自2010年第一季度以来连续九个季度持续盈利。

在国内经济型酒店整体市场环境不太乐观的情况下，7天连锁酒店能保持持续盈利，它有哪些秘诀呢？

1. 将IT融入管理中

7天连锁酒店的创始人郑南雁是计算机专业出身，曾创办电脑软件公司，并曾任职携程旅游网，之后自立门户，创办了7天连锁酒店。自创办之际，郑南雁就与其团队建立了IT电子信息技术平台，并不断创新，使之演变成为酒店的核心竞争力。与其他酒店IT系统仅停留在客房预订服务不同，如今7天连锁酒店的电子商务系统已涵盖了酒店管理的方方面面，如中央预订系统、物料计划管理系统、店务系统、中央报表系统等。从而在成本控制、系统管控上更具优势，这些看似道理简单，却难以复制。7天连锁酒店的中央预订系统是业内少有的能同时接受网络、电话、WAP、短信和手机客户端五种预订模式的酒店。

2. 会员制直销模式

分销模式典型的是将酒店房源挂靠在各大在线旅游预订平台上，如携程、艺龙等网站，直销则是通过官方网站营销，会员卡是直销的核心武器。各大星级酒店和经济型酒店都在分销和直销中寻找平衡，如家酒店客源中，中介分销预订占比8%，汉庭酒店客源中中介占5%，而7天连锁酒店连锁酒店大胆地剥离了分销渠道，执行100%的直销模式，从而节省了分销过程中的中介佣金开支。

完全直销和部分分销的优劣暂时无法衡量，但可以肯定的是，凭借庞大的会员基数，

7天连锁酒店保证了充足的客流量。这也归因于7天连锁酒店强大的IT技术优势，早在2005年7天连锁酒店就建立了会员体系。2013年7月，7天连锁酒店会员近6000万人，并经过8年的快速发展，已在240多个城市拥有超过1800家连锁店；"7天会"拥有会员近6000万人，是中国酒店业规模最大的会员体系。

3. 放羊式管理

与如家等传统酒店采用的科层次管理不同，7天连锁酒店弱化了总部对单店的控制力，给予店长充分的权力，每一个店长都是经营者，而非单单是执行者。在店长之上，不再设立区域经理和总监。7天连锁酒店在单店入住率、客户好评度等几项上设立了评价指标，达到标准的店长可获得数十万元的奖金。丰厚的奖励机制及扁平式的管理，使得每一个店长、店员都以主人翁的姿态来为客人服务，从而将提供优质服务做到了极致。

4. 成本控制

去过7天连锁酒店酒店的人会发现，这家酒店没有宽敞的大堂，只有一个前台，没有设置报刊和饮水机，也没有等候区。原因很简单，7天连锁酒店讲求效率，每家门店都要求在3分钟内完成入住登记，因此没有必要在此多花成本。

7天连锁酒店的客房布置得非常紧凑，床、电视、淋浴室都是按照最优化原则设计摆放，以缩小空间。一张长长的没有抽屉的桌板横跨床头和窗台，同时兼顾电视柜和书桌的功能。原因很简单，客人没有使用抽屉的需求。7天连锁酒店没有在每个房间配备电吹风，而是在每一层的楼道间配置一个电吹风，这样也无形间减少了成本。7天连锁酒店正是在每一个细节来节省成本，而将真正的服务用到客房中来。另外，7天连锁酒店的商务大床房的枕头达到了五星级酒店标准。

综合而言，7天连锁酒店的核心竞争力在于其将电子商务较早地应用于酒店管理中，并在人才管理机制、成本控制上具备优势。未来，国内经济型酒店扩张步伐将进一步加快，包括7天连锁酒店在内的经济型酒店将面临新一轮的问题。如何在扩张中保证服务质量、控制成本、协调各品牌战略是需要思考的问题。

【思考与练习】

1. 客房布件的种类有哪些？
2. 如何做好客房布件的存放、收发、保养及储存工作？

任务四　　降低消耗和环境保护

【任务目标】

了解"绿色客房"的含义及"5R"原则。

【任务准备】

1. 将学生分成四个学习小组，上网收集并整理"绿色客房"的含义及"5R"原则相关内容。

2. 分小组发言，每个小组确定一名主要发言人，其他成员补充。

▌情景导入

上海酒店一年丢弃"六小件"1814吨

据统计机构调查表明，国内酒店业所配的一次性客房用品使用率不到50%，虽然使用率这么低，但酒店却天天换，如此累计，不仅浪费了社会资源，更造成了环境污染。这些分量加起来还不到三两的"六小件"，其浪费程度却十分惊人。上海环卫部门统计，上海一年所有丢弃的酒店"六小件"，总重量达1814吨！上海环卫局有关负责人介绍，每年为了处理这些被酒店丢弃的"六小件"，环卫部门就要投入近百万元。更重要的是，被丢弃的"六小件"的处理，成为环保专家们很头痛的难题。由于"六小件"中大多以塑料为原料，因此当这些丢弃物品被填满后，它们很难在土壤中被降解，成为了城市中的新污染源。同时，这些仅使用过一两次就被丢弃的洗浴用品，给社会造成了巨大的资源浪费。据上海某五星级宾馆的相关负责人介绍，该宾馆假如取消"六小件"供应的话，一年将节省支出20万元。假如上海所有的宾馆取消"六小件"的话，那么一年将节省上千万元。

客房部在经营管理过程中，要始终高度重视并切实做好降低消耗和环境保护工作。合理地降低消耗能够有效地控制成本费用，减轻酒店负担，提高经济效益。环境保护已经成为全人类的共同任务，酒店应以可持续发展为理念，将环境保护融入酒店客房的管理中，促进酒店合理利用资源，降低能源消耗，提供绿色产品，倡导绿色消费，促进人体健康，以赢得顾客信任和市场竞争优势，树立良好形象。

一、"绿色客房"

人们通常把与环境保护、防止污染相关的事物冠以"绿色"称号，"绿色"是指人类生存的环境受到良好和有效的保护，达到无污染的生态环境保护标准。"绿色客房"的核心是融生态环境保护的观念于客房和酒店的经营管理之中。

（一）"绿色客房"的定义

"绿色客房"是指为顾客提供的客房产品和服务符合充分利用资源、保护生态环境和对人体无害的内容和要求。

（二）实行"绿色客房"的思路

1）创建绿色企业文化。
2）提供绿色服务。
3）吸引绿色消费者。
4）推进绿色产品。
5）实施"5R"原则。

二、"5R"原则

（一）"5R"原则的含义

"5R"指研究（research）、减量（reduce）、再利用（reuse）、循环（recycle）和替代（replace），该原则具体地体现了"绿色客房"的内涵。

1. 研究

研究即把生态环境保护纳入客房和酒店的决策要素之中，重视研究客房和酒店的生态环境对策。

2. 减量

客房部可以从以下几个方面着手，进行"减量"。

1）尽量少用或不用对环境有污染破坏作用的物料用品，如塑料用品和塑料包装材料，以及含氯、氟、烃等的化学清洁剂等。

2）尽量减少能源和物资的消耗，如水、电、气、客用物品和清洁物料等。

① 改进便器抽水装置的设计，有效控制便器的用水量。在这方面，以色列和日本等国家做得比较好。他们在便器上安装两种抽水开关，一种可以用整箱水，另一种可以用半箱或更少的水，使用者可以根据需要选择使用。目前，我国正在普及这类便器，并且将来会有更先进的产品问世。

② 减少客房客用物品的配置和更换。减少配置主要是适当减少一些品种和数量，以及个别用品的量。对于一些客人不常用的用品不作为正常供应品在客房内配置，如果客人需要，可以临时提供。一些用品的数量也可以减少，如在一些通常只是单住的双人间里只配置一套客用消耗物品。个别用品的量，如沐浴液，很多酒店都在卫生间里放置一只专业的篮子或其他类似物品，提供客人放置需要更换的毛巾，并在卫生间放置醒目的告示，用于提示和解释，告示的内容可以这样设计——"尊敬的客人，请您将更换的毛巾放在篮子里。感谢您对环保的理解和支持！"一方面提示客人将想要更换的毛巾放在篮子里，换句话说，如果客人不将毛巾放在篮子里，酒店将不予更换；另一方面解释这种做法的原因和目的，即"环保"。这种尊重客人的意愿，为了双方共同利益而减少物品更换的做法在大多数酒店里都是可行的。客房里还有一些客用物品也是可以设法减少更换和补充的，如牙刷、拖鞋等。现在很多酒店在双住的客房里放置两把有明显区别的牙刷、两双有明显区别的拖鞋等。因为这些用品一般不会一次性用坏，以往人们总是担心互相混淆而丢弃，经过这样处理就可以避免过去的那种浪费。

3. 再利用

客房可以再利用的物品很多，人们对这些物品再利用的方法也很多。

1）注意回收。服务员在日常工作中，一定要注意对那些虽被用过但仍有再利用价值的物品的回收。客房服务员打扫房间时，可以回收报纸杂志、酒瓶、饮料罐、食品篮、肥皂头、剩余的卫生纸、用过的牙刷、用剩的牙膏、沐浴液、洗发液、枯萎的花草等。有些物品的包装材料和容器等也可回收。

2）合理利用。凡是具有再利用价值的物品，回收后要合理利用，这样可以减少物品消耗，可避免简单地将其作为垃圾处理而造成环境污染。例如，肥皂头、牙刷、牙膏、沐浴液、洗发液等可以用于清洁保养工作，报纸杂志等可以卖给废品收购站。

4. 循环

客房的一些物品如果在材料和设计上做些调整，可以进行循环重复使用。例如，以前很多酒店客房里使用的洗衣袋都是塑料袋，都是一次性消耗品，用过即弃，不仅浪费，而且污染环境。现在很多酒店都用布袋作为洗衣袋，且设计和制作比较考究，经久耐用。一些高档酒店还购置污水处理系统，将生活污水处理后，用于绿化浇灌和冲洗厕所等。

5. 替代

客房内的一些用品从内容和包装都可以用别的物品去替代（replace），从而提高质量，控制消耗，减少污染。例如，在客房卫生间配备大包装、循环使用的洗发液、沐浴液的容器等。

（二）推行"5R"的注意事项

客房部在推行"5R"的过程中，必须注意下列事项，以防止一些负面影响。

1. 讲究标准规范

讲究标准规范具有两层含义：一是为降低消耗和保护环境，不能降低客房服务及有关工作的质量标准，从而影响客人的满意程度；二是推行"5R要有统一的标准和规范，不能随心所欲。因此，客房部在推行"5R"时，一定要尊重有关行业管理的规定和要求，参照国际和国内的一些好的做法，同时还要考虑市场竞争等因素，要有一套严格而明确的标准和规范，要做到合理、科学、统一，有特色，有成效。

2. 注重宣传解释

酒店在推行"5R"的做法时，需要取得客人及有关方面的理解和支持。要取得他们的理解和支持，就要进行适当的宣传解释，这一点不容忽视。

1）对客人的宣传解释。酒店要用推销技巧向客人宣传解释客房"5R"的一些具体做法。所谓推销技巧，就是不能仅从保证酒店自身利益的角度向客人宣传解释，而是要注重从客人的利益角度，至少是兼顾客人的利益去宣传解释。这样客人就不会对酒店的一些做法误会或曲解，而是会积极配合和支持。客房卫生间关于毛巾更换的告示牌就是很好的例子。如果告示的内容是这样的："尊敬的客人，为了减少毛巾的洗涤费用，如果您不将毛巾放在篮子里，我们就不为您更换。"恐怕就难以得到客人的理解和支持。

2）对有关方面的宣传解释。酒店要经常面对各方面的检查，因此，酒店除了可能采取的一些技术性措施外，往往还需要做些宣传和解释工作，否则，有关方面的人员可能会认为酒店的一些做法不合规定、不达标准。

三、重视环保和创造"绿色酒店"的检查要点

1. 能源

1）酒店设施设备在不使用的状况下，服务员是否会主动将其关闭？
2）在出租率不高的情况下，酒店的空调和照明的能源消耗是否也同步降低？
3）酒店的能源消耗是否在逐年上升？
4）酒店是否采用了节能光源并对节约成本产生效果？

2. 水资源利用

1）酒店是否有节水措施？
2）酒店对用水是否进行检测和控制？
3）酒店对供水中的"跑、冒、滴、漏"是否进行常规检测？
4）酒店服务员的节约用水行为是否得到了支持和鼓励？

3. 固体垃圾

1）酒店是否回收报纸杂志、易拉罐和玻璃瓶等可回收垃圾？
2）所有固体垃圾是否倒在政府环保部门制定的地点？
3）酒店有机物垃圾是否专门堆放在一起？

4. 污物泄散

1）酒店是否对进入下水道的污水进行处理？
2）酒店是否已对所有污物泄散的法规予以重视？
3）酒店是否已经实施减少使用含氯、氟、烃等产品的计划？

5. 承包商和供应商

1）酒店是否有制定规定，尽可能购买有利于环境保护的产品？
2）酒店是否尽可能购买可再利用的产品？
3）酒店是否避免使用含氯、氟、烃等的产品，以及含氯、氟的漂白剂？

6. 经营后果

1）酒店是否意识到自己与竞争对手竞争的直接条件是"环境保护"？
2）酒店是否知道酒店的客人关注环境保护？

7. 评价标准

对以上六大类共19个问题的答案是评判酒店环保及创造"绿色酒店"工作的标准。
1）如果达到15个"是"，酒店不仅已成为"绿色酒店"，而且已经从环保中获益。

2）如果少于 10 个"是"，酒店的环保工作刚起步，但已有环保意识，需要更加努力。

3）如果少于 5 个"是"，酒店在不知不觉地浪费资金和资源，必须强化环保意识和措施，迎头赶上。

【情景模拟】

分组讨论降低客房消耗量的措施，比较哪种措施更有效。

▌走进酒店

宁波太平洋大酒店"绿色客房"的创建及设计应用

一、环境布局与设置

1）合理客房布局。设立无烟楼层与无烟客房，并有控烟、除烟措施。酒店可采用合理控制通风，配置香薰、除烟味剂、空气净化器、光触媒等装置。

2）周围环境布置。合理布局，充分利用自然景观，营造景观房。

3）内部环境布置。客房及卫生间放置对人体有益的绿色植物，关注绿色植物品种的选择与摆放规格。一般可采用无刺仙人球、绿萝、海芋、红掌、富贵竹、虎尾兰等具有生态保健功能的绿色植物。

4）新风控制制度。建立新风控制与运行制度，定期检查。

二、"音"的控制

对于"音"的控制，隔音问题一直困扰着大批酒店，绿色酒店标准规定，要求有隔音设计与措施，客房隔音效果良好。结合客房实际结构，可重点关注"机械噪声"与"外部噪声"两方面。应用和采纳的实践方案有如下：

1）减少窗户噪声的传递。采用中空断桥隔热玻璃以减少外界噪声的污染。

2）减少墙壁噪声的传递。墙壁噪声分两种，一种是房间与房间之间的干扰，一种是房与隔壁动力装置（如楼层风机）的干扰。针对于第一种情况，酒店可采取符合环保及消防要求的隔音阻燃材料作为墙面的填充来减少噪声的传递。针对第二种情况，酒店要在技改的基础上合理排放，对动力装置安装消声装置，或重新布局，改客房为操作间，以减少噪声的传递。

3）减少客房内部的噪声。在客房内，由内部引起的噪声主要有电冰箱、电热水器、空调排风管、抽水恭桶等。酒店可以选用无氟静音冰箱、在空调排风管安装静音装置或改良风管装配、更换为静音抽水恭桶。

三、绿色倡导与互动体验

绿色酒店的创建更多是体现酒店的社会责任感，创绿不仅仅是酒店的事，更应增加社会的参与，绿色标准同样也规定了在客房内要有降低客房物资消耗的措施、要与宾客主动沟通，建立互动并得到宾客的支持。

酒店客房内降低物资消耗的措施和方法主要有以下几点：

1）有征询宾客意见牌，牙刷、梳子、拖鞋做到多次使用，减少消耗。

2）有遵循宾客意见牌，毛巾、被套、床单、浴衣等客用的棉织品做到一客一换，重复使用，减少消耗。

3）客房用品使用环保包装。

4）不使用一次性洗衣袋。

5）安放26℃空调示意提示卡，提倡节能环保。

6）摆放绿色节能杂志及报刊，倡导节能。

7）摆放绿色点菜单，推广酒店绿色菜肴。

四、提倡应用科技环保

1）在窗户上安装感应装置，当空调打开时，门窗（或窗帘）自动关闭，不能手动打开，减少客人既开空调又开窗的现象，以减少能源损耗，降低湿度，提升客人舒适度。

2）房门开关设置温控电磁阀，通过客房卡了解房间内是客人还是工作人员或是空无一人，从而控制房间温度。

3）改传统的日光灯及节能灯为LED灯，节能电能损耗。

五、倡导征集"绿色"金点子

在客房也贯彻绿色客房的概念，如将牙刷分色，拖鞋分色，毛巾分色，将肥皂分为大小两种（小的供短期客使用，常住客则用大皂），对常住客提供大一号的牙膏、赠送毛巾等。

现代高星级酒店对舒适程度、质量标准要求很高，都是通过消耗大量的能源和物资而获得的，绿色酒店提倡的是可持续发展，在绿色酒店创建的过程中，创造的不仅是社会效益，更可以创造经济效益。

【思考与练习】

1. 什么是"绿色客房"？

2. "5R"指的是什么？

3. 检查和评价酒店环保工作好坏的要点有哪些？

项目九　客房部质量管理

❖ 知识目标

　1. 熟悉客房清洁保养质量的控制流程。

　2. 掌握对客服服务质量的控制要点。

　3. 了解操作过程中事故发生的原因，并掌握事故处理的方法。

　4. 掌握员工操作安全的要求。

❖ 能力目标

　1. 掌握客房检查的程序和标准。

　2. 掌握对客服务质量的控制要点。

　3. 学会处理停电、火灾、客人意外伤害等特殊情况。

　　质量控制是客房部管理工作的重要内容，是一项全员、全方位、全过程的工作。客房部要加强全面质量控制，确保客房部的工作达到应有的水准。

任务一 客房清洁保养的质量控制

【任务目标】

掌握客房检查的程序和标准。

【任务准备】

1. 将学生分为三个组，预习书上客房检查程序和标准，三个组分别描述房间、卫生间、楼面走廊的检查程序和标准。

2. 一组由一名代表发言，其他成员补充。

情景导入

睡衣为什么会混在床单里

住在某酒店 906 房间的单小姐晚上回房时，突然发现早上放在床上的睡衣不见了，而单小姐第二天一早就要退房回家，她便怒气冲冲地找大堂副理投诉。经大堂副理多方查找，终于在洗衣房洗净的床单中找到了睡衣。

客房清洁保养工作包括客房的清洁卫生和维护保养两方面的内容，它是客房部的中心任务。这项工作做得好坏直接影响酒店的主要产品——客房的质量。因此，客房部必须加强对客房清洁保养工作的质量控制。

一、贯彻"预防为主"的质量控制方针

"预防为主"的管理是全面质量管理与传统质量管理的重要区别点。客房清洁质量的控制必须以"预防为主"，就是要变客房清洁质量的"事后把关"为以"事前预防"为主，把管"结果"变为管"过程"和管"因素"，使清洁卫生的质量问题消失在质量的形成过程中，做到防患于未然。

客房清洁保养之所以成为必要，是因为"脏"的存在。客房"脏"的存在形态不外乎四种：一是尘土，二是污垢，三是渍迹，四是锈蚀。酒店客房 80%以上的污染都是人为因素造成的，如进店客人穿了不干净的鞋、随便向地上吐痰、乱扔口香糖，以及酒水饮料滴洒在地面上等。有 20%左右的污染是自然因素，即空气中的尘埃所致。因此，客房清洁卫生质量控制的关键点是采取预防性的清洁措施，将客房的主要污染源截留在客房区域之外。

（一）在酒店的大门前铺设隔尘垫

酒店的管理者应有这样的观念：既要舍得花钱买大理石、花岗石及羊毛地毯等豪华的地面材料，又要舍得花钱买相应的高效率的清洁工具和设备。选择耐磨性强，吸水性及贴地性好、长 4～6 米的深色隔尘垫铺在酒店大厅的门外，即可去掉客人脚上所带来

的80%以上的泥垢和污物。在雨天，还应增加隔尘垫的长度，并及时更换被雨水和泥土弄脏的隔尘垫。

（二）随时清洁大堂地面和电梯轿厢

大堂地面面积较大，只要随时用经牵尘剂处理过的尘拖清洁大堂地面，及时清除脚印及其他污染痕迹，并用吸尘器及其他清洁工具定时清洁电梯轿厢，客房区域被污染的机会就会大大减少。

（三）及时去除污迹

客房区域的地面一般用地毯铺设。由于地毯是用纤维制成的，很容易吸附灰尘及污染污垢，若久不处理，污垢会渗入地毯底部，从而滋生细菌，发霉发臭。这样不仅破坏地毯，而且危害人体健康。地毯上70%以上的灰尘小于3微米（人的头发直径为50微米，正常人的眼睛一般可以看清10微米的东西），因此，当人们可以用肉眼看见地毯上的灰尘时，地毯其实已经被严重污染了。客房部的管理者应教育员工和建立相应的制度：只要是有人使用过的地毯，每天都必须吸尘，一旦发现污迹，必须当天清除，因为污迹留在地毯上的时间越长，就会越难清除。

（四）做好计划性的清洁保养工作

任何酒店的设施设备都应有预防性的清洁保养计划，抓好事前控制，坚持计划卫生和计划保养制度，坚持有计划、定时、定人的清洁保养，不仅能省时、省力，保洁效果好，还能有效地延长客房设备和用品的使用寿命。这是管理人员应有的质量控制意识。

二、制定标准

客房部要对客房清洁保养工作进行质量控制，首先必须制定一整套相关标准。有了标准才能使质量控制有章可循、有据可依。客房清洁保养的质量标准应该包括结构性标准、时效性标准和功能性标准。结构性标准强调的是工作过程的质量，时效性标准强调的是时间和效率，功能性标准强调的是结果和质量。一套科学的、系统的质量标准有利于规范操作过程、提高工作效率和保证工作质量。

客房部制定有关客房清洁保养的质量标准时，要以本酒店的经营方针和市场行情为依据，而不能简单照搬别人的东西，力求所制定的标准符合本酒店的实际情况，符合科学管理的要求，并具有可操作性。

客房清洁保养的质量标准主要包括以下几个方面。

（一）客房清扫整理的次数

按大多数酒店的传统做法，一般住客房每天清扫整理三次，即上午全面清扫整理、午后简单整理、晚间做夜床（寝前整理）。一般来说，客房清扫整理的次数与此项目工作所投入的费用是成正比的，次数越多，费用也就越高。但是，确定客房清扫整理的次数，要综合考虑各种因素，不能顾此失彼、因小失大。当然，对于高档酒店来说，还是要重点考虑如何满足客人的实际需要，原则是，只要客人需要的都应尽力满足。

（二）布置规格

布置规格是指客房的布置要求，客房内所配置的设备和用品在品种、数量、规格、质量，以及摆放的位置和形式等方面都应有统一的要求，做到规格一致、标准一致。很多酒店都用表格和图片的形式来规定和解释这一标准，使标准容易被员工理解和执行。

（三）工作定额

客房的清洁保养工作通常实行定额管理，即规定各类客房的清扫整理工作的时间消耗标准或者规定客房服务员所承担的客房清扫整理工作量。实行定额管理，有利于提高工作效率，保持良好的工作态度，保证应有的质量标准。在制定客房清扫整理工作的定额标准时，要综合考虑各种因素，力争使定额标准先进合理。

（四）操作程序

操作程序是经验的总结，是人们在长期的工作实践中总结出来的一套操作标准。按操作程序操作，能够使工作有条不紊，避免时间和体力的浪费，增加操作的安全性，同时，也便于管理人员对工作过程的检查和控制。客房清洁保养工作的操作程序主要包括具体工作的操作步骤、标准做法和注意要点等内容。

（五）清洁卫生标准

客房的清洁卫生标准主要包括两方面的内容：一是感官标准，二是生化标准。客房是否清洁，是可以通过人的感觉器官来感受和评价的，而是否卫生，仅靠人的感官是无法测评的，还需要使用一些专门的仪器设备来测试和检验。因此，人们将客房的清洁标准作为感官标准，将卫生标准作为生化标准。酒店要有一套细化、量化的客房清洁卫生标准，而且要使所有相关的员工都能了解和掌握这套标准，并在工作中严格执行。

三、加强检查

要保证客房清洁保养工作的质量，有关人员必须加强检查督导。

（一）检查制度

1. 服务员自查

每一个员工都必须对自己的工作负责，客房服务员在每次客房清扫整理完毕后，都应进行自我检查，防止疏漏和差错。自查以后再报上级督导人员检查，这种做法有利于加强员工的工作责任心，提高工作的合格率和减轻上级督导人员的工作量，可以充实、丰富服务员的工作内容，促进工作环境的和谐与协调。

2. 领班检查

通常领班要对所管辖区域的客房进行全面检查，以确保客房清洁保养的质量。领班检查是服务员自查后的第一道检查关口，往往也是最后一道检查关口，领班有权决定客房是否合格，所以领班的责任重大，须由训练有素的员工来担任。领班查房的作用主要有以下几点：

1）拾遗补漏。服务员在工作中有疏漏和差错，领班通过检查可以发现并加以补充和纠正。

2）帮助指导。对于业务尚不熟练的服务员来说，领班的检查是一种帮助和指导。如果领班的工作方法得当，这种检查可以成为一种有效的岗位培训方式。

3）督促考察。领班检查是对服务员的一种督促和考察，能有效地防止客房服务员在工作中违反操作规程、消极怠工等现象，并可对客房服务员的工作表现和实绩进行考核和评估。

4）控制调节。领班通过检查可以了解很多的基层情况，并反馈给上层管理人员，为他们提供决策依据。酒店可通过领班检查来实现管理者的意图，并实现全方位的控制和调节。

3. 主管抽查

由于主管所管辖的范围比较大，客房数量比较多，主管通常是对客房进行抽查，抽查的数量一般不得少于其所管客房数的10%。主管抽查一方面可以了解基层员工的工作情况，另一方面是对领班工作的一种监督和考察。

4. 经理检查

客房部经理每天都应安排一定时间到客房楼层进行巡视和检查，这是了解楼层工作状况、控制楼层工作质量最为可靠的有效办法。对于经理来说，通过检查可以加强与基层员工的联系和交流，掌握第一手资料，这对于改善管理和服务都十分有益。

5. 大堂副理检查

大堂副理也要经常到客房楼层进行检查，尤其要对所有的贵宾房进行检查。很多酒店规定贵宾房必须经大堂副理检查认可。

6. 总经理检查

酒店总经理应该抽出一定的时间对客房楼层工作进行检查，一方面是对客房工作的重视，另一方面也是了解酒店客房的现状、客房员工的思想和业务状况的措施之一。这对于加强沟通、收集信息、掌握决策依据、改善管理和提高质量都是非常有益的。

7. 联合检查

酒店定期由总经理室召集各有关部门，如工程部、保安部、前厅部、营销部等对客房的清洁保养工作进行联合检查。这种联合检查有利于加强相关部门之间的沟通协调和解决实际问题。

8. 客人检查

酒店客房是提供给客人使用的，所以，评价客房的清洁保养质量时要重视客人的意见和建议。因此，酒店常在客房内摆放征求意见书，管理人员等也常主动当面征求客人的意见，或通过意见书收集和了解客人的意见和建议。

（二）客房检查程度和标准

查房的程序如前所述与整理客房的程序基本一致。客房检查的内容一般包括清洁卫生质量、物品摆放、设备状况和整体效果四个方面。查房的项目和标准如下：

1. 房间

1）房门。无指印、无划痕，锁完好，安全指示图、请勿打扰牌、餐牌完好齐全，安全链、门镜、把手清洁完好。

2）墙面和天花板。无裂缝、漏水或小水泡现象，无蛛网、无斑迹，无油漆脱落和墙纸起翘等现象。

3）护墙板、地脚线。清洁、完好。

4）地毯。吸尘干净、无斑迹、无烟痕。如需要则做洗涤、修补或更换标记。

5）床。铺法规范，床罩干净，床下无垃圾，床垫按时翻面，床单更换，位置端正，无破损，无毛发。

6）硬家具。干净明亮，无刮伤痕迹、无木刺，坚固无松动，位置正确。

7）软家具。无尘无迹，如需要则做修补、洗涤标记。

8）抽屉。干净，无污迹，推拉灵活自如，把手完好无损。

9）电话机。无尘无迹，指示牌清晰完好，话筒无异味、功能正常，电话线整齐有序。

10）镜子与挂画。框架无尘，镜面明亮，位置端正。

11）灯具。灯泡、灯罩清洁无尘，功率适当，接缝面墙，开关正常。

12）垃圾桶。状态完好清洁，位置端正。

13）电视机与音响。接收正常，清洁无迹，位置正确，频道设在播出时间最长的一个上，音量调到偏低。

14）壁柜。衣架品种、数量正确且干净，门、橱底、橱壁和格架清洁完好，柜内自动开关灯正常。

15）窗帘。干净、完好、无破损，位置正确，操作自如，挂钩无脱落。

16）玻璃窗。清洁明亮，窗台与窗框干净完好，开启轻松自如。

17）空调。滤网清洁，工作正常，温控符合要求。

18）小酒吧。清洁无异味，物品齐全，冰箱温度设在低挡。

19）客用品。数量、品种正确，无涂抹，无褶皱，状态完好，摆放合格。

2. 卫生间

1）门。正反面干净、无划痕，把手洁亮，状态完好。

2）墙面。清洁完好，无松动、无破损。

3）镜子。无破裂和水印发花现象，镜面干净无迹。

4）天花板。无尘无迹，无水漏或小水泡，完好无损。

5）地面。清洁无迹、无水、无毛发，接缝处完好无松动。

6）浴缸。内外清洁，镀铬件干净明亮，皂盒干净，浴缸塞、淋浴器、排水阀和开关龙头等清洁完好、无滴漏，接缝干净、无霉斑，浴帘干净完好，浴帘扣齐全，晾衣绳使用自如，冷热水压正常。

7）脸盆及梳妆台。干净，镀铬件明亮，水阀使用正常，无水迹、无毛发，灯具完好。

8）马桶。里外均清洁，使用状态良好，无损坏，冲水流畅。

9）抽风机。清洁，运转正常，噪声低，室内无异味。

10）客用品。品种、数量齐全，状态完好，摆放符合规范。

3. 楼面走廊检查

1）地毯。吸尘干净，无斑迹、无烟痕、无破损，地毯接缝处平整。

2）墙面。干净，无破损。

3）照明及指示灯。使用正常，无尘无迹。

4）空调出风口。清洁，无积灰。

5）落地烟灰缸。位置摆放正确，清洁无迹。

6）消防器材。消防器材、安全指示灯正常完好，安全门开闭自如。

各个酒店由于设施设备条件不一，检查标准和项目会略有差异。随着酒店业的发展，检查表的内容会更丰富。在检查过程中做好检查记录是保证客房清洁卫生质量的有效方法。

（三）检查的方法

对客房进行检查时，主要采用看、摸、试、嗅、听等方法。

1）看。检查人员通过目测，看客房的整体状况是否合格。

2）摸。检查人员通过手摸，看客房各处是否有灰尘。

3）试。检查人员通过试用，检查设备是否正常完好。

4）嗅。检查人员通过鼻子嗅，辨别客房内有无异味。

5）听。检查人员通过耳朵听，检查客房内有无异常声响。

由于客房内需要检查的部位和设备用品很多，为了防止疏漏，检查客房要按顺时针或逆时针方向循环依次进行。

（四）检查的注意事项

管理人员对客房清洁保养工作进行质量检查时，要注意以下几点。

1. 检查要全面

1）保证所有客房都查到。所有客房都查到并不是要求所有管理人员都要对每间客房进行检查，但酒店必须保证每间客房每天都要有人检查，这样才能全面保证客房的合格率。

2）保证所有员工都查到。由于全部客房的清洁保养是由多名服务员负责的，因此，管理人员要对多名服务员的工作进行检查，保证每个员工都能保质、保量地完成任务。

3）保证全过程检查。管理人员不能只重视对工作结果的检查，更应重视对工作过程的检查。对工作过程进行检查，能有效地规范员工的操作，保持员工良好的工作状态，提高员工的工作效率，可以及时发现和解决问题，总结、推广先进的做法和经验。

2. 把检查和培训结合起来

管理人员对员工的工作进行检查，既是质量控制的手段，又是非常有效的督导培训方法。在检查过程中，管理人员要根据员工的实际情况，进行有针对性的指导和培训，提高他们的思想和业务水平。

3. 把检查与沟通、激励结合起来

管理人员在检查过程中，要注意与员工进行交流与沟通，这是增进相互理解、消除隔阂的有效措施。另外，在检查中，要运用激励的方法调动员工的工作积极性，提高他们的自豪感和自信心，调节他们的情绪。管理人员要讲究工作的方式、方法，防止因方法不当而影响员工的情绪，挫伤他们的积极性和自尊心。特别是在发现问题时，一定要妥善解决。

4. 把检查与考核结合起来

管理人员把检查与考核结合起来，可以通过检查对员工的工作表现和实绩进行准确、公正的评估。考核要量化，考核结果要公开，要把考核的结果作为薪资分配的依据。

5. 检查其他相关内容

员工的工作状态、劳动纪律、操作规范、礼节礼貌等都会影响其工作的效率和效果，因此，管理人员要将清洁卫生的质量检查同其他相关内容的检查结合起来，将客房质量控制落到实处，做到细处，以期收到满意的效果。

四、严格考核

考核就是对员工的工作表现和实绩进行评定。对员工进行严格考核有利于加强员工的责任心，同时为其他工作，包括奖金的分配和评优、定级等提供依据。

（一）考核原则

根据客房清洁保养工作的性质和特点，对客房服务员的客房清洁保养工作进行考核时，必须依据"100－1＝0"的原则。

（二）考核的方法

1）规定各类考核项目的量化标准和具体要求。

2）用"100－1＝0"的原则进行评分。如果某个项目的某个方面没有达到标准，即扣除该项目的全部应得分；如果各个项目的总得分低于规定标准（90%），该房间得分为0。

3）用全部房间的总得分之和除以房间数加上其他考核项目得分，即为该服务员当日考核得分。

4）将当日考核结果报客房中心汇总公布。

5）每日得分之和除以当月出勤天数即为服务员当月的考核分。客房部要加强对员工的培训。通过培训使有关员工掌握客房清洁保养的知识和技能，了解质量标准，增强责任心，提高自觉性，具备胜任客房清洁保养工作的能力和态度。

【情景模拟】

根据客房检查标准，模拟一次客房质量检查活动。

▌走进酒店

新加坡香格里拉大酒店

新加坡香格里拉大酒店连续多年来被评为亚洲地区和世界上最豪华的酒店之一，是香格里拉式热情周到服务的发源地。酒店坐落于占地15英亩的茂盛的植物园之中，信步可达乌节路休闲与购物区。

酒店有750间豪华的客房与套房，分布于三座风格各异的翼楼之中：现代化的高塔翼（Tower Wing）、充满热带风情的花园翼（Garden Wing）及凸显尊贵的峡谷翼（Valley Wing）。酒店宾客可享用宁静的花园，大型不规则游泳池和世界一流的餐厅，还可享有在附近的新加坡商贸饭店和位于圣淘沙岛上的香格里拉新加坡圣淘沙度假酒店签单的待遇。

酒店花园种植超过133000株植物、花草和树木，并为景观花木、水生植物、鲜艳的热带花朵和果树的展示区。花园池塘中游动着200只日本锦鲤，红色和金色相间的鳞片反射着点点光芒，水流从瀑布飞泻而下，注入池塘。

每周五早上酒店都会在高塔翼大堂组织一次游园活动，经门童确认之后可入内参加。

酒店还为常驻客人提供酒店服务式公寓。新加坡香格里拉大酒店还提供55套四层别墅风格的豪华公寓供客人长期租住，并提供一系列配套服务和设施。

【思考与练习】

1. 客房清洁卫生质量控制有哪些预防性的措施？
2. 客房检查需要注意些什么？

任务二　　对客服务的质量控制

【任务目标】

掌握对客服务质量的控制要点。

【任务准备】

1. 将学生分成四个学习小组，收集并整理对客服务的基本标准，以及服务全过程控制方法。

2. 每组由一位中心发言人代表本小组发言，其他小组成员补充说明。

■ 走进酒店

好心办了坏事

有一位先生来找 453 房间的客人。服务员告诉这位先生说："453 房间的客人出去了，现在不在房间。"来者说："住在这个房间的人是我的朋友，我是来看他的，能不能帮我把门打开？"因为饭店有这方面的规定，服务人员不得为本房间以外的其他人开门，除非房间的主人有留言，而且为来人开门时要核对证件、姓名。服务员告诉来人："房间的主人没有留言，很抱歉不能为您开门。"来访者说："没问题，我们真的是朋友。"服务员耐心地说："要不您下次先与您的朋友联系好了再来。如果您不着急，也可以到大堂的沙发上休息一会儿，等一等。"来者又说："我知道你们是为了住店客人的财产安全，这是应该的。可我进房间不是要往外拿东西，我是要往房间里放东西，这也不行吗？要不你们陪我一起把东西放进去。"服务员说："没有客人的留言，房间门是不能开的。要不这样，您把东西放在我们这里，等到 453 房间的客人回来后，我为您转交。"来者一听说："行。"就把东西留下来了。

在来访者走后不久，453 房间的客人回来了。服务员主动把来访者留下的东西送到了客人的房间。服务员的话只说了一半，客人就打断服务员的话说："谁让你把东西留下的，那个人和我是业务关系，他就是趁我不在房间的时候来的，他是来向我行贿的，知道当面送来我是不会要的。如果我要了他的东西就麻烦了。"服务员一听这话，不知道该如何是好，站在那里一句话也说不出来。客人倒也理解服务员是好意，就对服务员说："东西还是放在你们那里，他还会来取走的，是我不要，他不会怪你们的。"

对客服务是整个酒店对客服务工作的重要方面，其质量好坏直接影响酒店的整体服务质量。因此，客房部以及整个酒店都必须高度重视客房对客服务工作，采取一系列措施和方法加强对客服务质量的控制。

一、对客服务质量控制的三大目标

对客服务质量的控制，必须有明确的目标，才能提高对客服务的整体水平和顾客的满意程度。

（一）以顾客为中心

酒店依存于顾客，因此酒店应理解顾客当前和未来的需求，满足顾客的需求并争取超越顾客的期望。

1）对客服务项目的设定和质量标准制定，必须符合顾客的需求与期望。顾客的需求和期望主要表现在以下三个方面：①物质享受，即为客人提供一个舒适宜人的住宿环境；②精神享受，即提供符合自身星级和档次的多种服务；③发展需求，即为客人提供获取知识和信息，以及进行商务活动的服务。

2）及时将反映顾客需求和期望的质量标准和相关信息在客房部全体员工中进行沟通，达成共识。

3）测量顾客的满意程度并根据结果采取相应的活动措施。

（二）促进酒店的持续改进

顾客的需求和期望是不断变化的，同时，社会经济的发展、科学技术的进步，以及酒店业的竞争，促使酒店通过对客服务质量控制，持续改进酒店的产品、服务项目和服务规程，增强竞争力，提高酒店的整体效率。持续改进服务质量，应成为酒店的一项制度；持续改进酒店的产品和服务是酒店追求的永恒目标。

（三）预防客房产品不合格

客房产品及服务是否合格，最终以是否能满足客人的要求和期望为判断依据。来自不同地区和国家的不同类型的客人，由于他们所处社会经济环境不同、经历不同，消费水平和消费习惯不同，对服务接待的要求也不尽相同，客人对服务质量的感受往往带有较大的个人特点。因此，对客服务质量的控制，不能仅仅满足于对客的规范服务，而应采取积极的措施，争取满足不同顾客的特殊要求，做好针对性服务，以此作为客房产品合格与否的控制标准。

二、规定质量标准

（一）对客服务标准制定的基本原则

对客服务标准的制定，必须遵循方便客人、方便操作和方便管理的基本原则。

1. 方便客人

制定、实施对客服务标准，是为了使客人获得满意的服务，使其有宾至如归的感觉，感到像家里一样的方便和温馨，享受家里所没有的舒适氛围，因此，对客服务标准的制定必须以此作为出发点。对客服务标准的制定，既要有规范和标准以保证服务质量，同时，又要根据客人的不同特点和要求，进行灵活和机动的针对性服务。

2. 方便操作

节约时间、方便操作，减少不必要的体力消耗，提高工作效率是制定标准应遵循的另一个原则，因此制定服务标准应以具体、实用、可操作为主。

3. 方便管理

实行标准化管理，在于减轻管理者的负担，易监控，易于贯彻管理意图，使客房对客服务有一个统一的质量标准。客房对客服务标准不是新事物，各个酒店都在运用，而且国内外不少酒店都有自己成功的经验，但这些标准是否适合自己的酒店，是否有利于提高工作效率，不能一概而论。对客服务标准的制定和使用是一种管理的艺术，因此，客房管理者凡事都要有自己的管理思想，根据客源市场的需要情况和自己酒店的特殊情况，包括客房设施条件和员工素质，甚至自己的管理风格等，来制定和实施符合客人需求的标准，而不应照抄、照搬别人的东西。

（二）对客服务的基本标准

为了提高宾客的满意程度，客房部一般应制定以下对客服务标准。

1. 服务程序标准

服务程序标准是服务环节的时间顺序标准，即在服务操作上应先做什么，后做什么。该标准是保证服务全面、标准及流畅的前提条件。

2. 服务效率标准

服务效率标准是对客服务的时效标准。这项标准是保证客人能得到及时、快捷、有效服务的前提条件，也是客房服务质量的保证。不过对于这项标准的制定，要视各个酒店的具体情况进行，且要有专业管理人员、具体操作人员的参与。

3. 服务设施、用品标准

服务设施、用品标准是酒店为客人所提供的设施、用品的质量、数量标准。这项标准是控制硬件方面影响服务质量的有效方法，是从质量、数量、状态三个方面去制定的标准。例如，在质量上，四星级酒店所用的浴巾不得小于140厘米×80厘米，重量不得低于600克；全棉，无色花、无色差，手感柔和，吸水性能好，无明显破损性疵点，在数量上要求每床配备一条，状态上要求洗涤干净，折叠整齐，放于毛巾架上。

4. 服务状态标准

服务状态标准是对服务人员言行举止所规定的标准，如接待客人时要站立服务、面带微笑、使用敬语等。

5. 服务技能标准

服务技能标准是对客房服务人员应达到的服务操作水平所指定的标准。如铺床标准、浴室清洁标准、抹浮尘标准、做夜床标准等。只有熟练掌握服务技能，才能提供优质的服务。

6. 服务规格标准

服务规格标准是针对不同类型宾客制定的不同规格标准。如在贵宾的房间放置鲜花、水果，根据贵宾的不同级别还需布置其他物品，根据长住客人的客史档案记录布置房间灯。

7. 服务质量检查和事故处理标准

服务质量检查和事故处理标准是上述各项标准贯彻执行情况的检查标准，也是衡量客房服务是否有效的尺度。此标准重点由两方面构成：一方面是对员工的奖惩标准，另一方面是对宾客进行补偿及挽回影响的具体措施。

三、重视全过程的控制

服务质量是在服务前、服务中和服务后的全过程中实现并得到保证的。

（一）事前控制：设立标准，人人皆知

程序和标准的制定是质量控制的基础，只有通过对员工的培训才能使员工理解实施质量标准的意义，懂得怎样为客人提供优质服务。

1）建立客房内部的检查机制。即制定"自查"、"互检"和"专检"的责任制和控制方案，确保服务质量的控制不流于形式。

2）加强沟通与协调。客房部应通过内部交流、表格、班前会及交接班制度等，建立起良好的沟通系统，确保对客服务信息畅通，及时满足客人的需求。

（二）事中控制：识别关键，调控偏差

识别关键活动，即找出影响对客服务质量的关键性岗位或关键性活动，也就是人们常说的服务质量的控制点。服务工作与工业生产一样，也有些"关键的工序"和关键岗位，抓住了服务过程的关键点，就抓住了服务质量的根本。确定关键活动的原则如下：

1）对服务质量影响大、起决定作用的岗位或活动。

2）经常出现不良服务的岗位或活动。

3）顾客反映大、意见多的岗位或活动。

（三）事后控制：评估总结、持续改进

任何事情都是不断发展的，人们对服务质量的要求也在不断提高，因此，质量管理应及时总结经验，关注顾客需求的变化和客房产品的新发展，把服务质量的提高作为一个持续改进的过程来进行。

1）定期召开部门质量会议，根据宾客需求的变化对服务程序和标准进行修改，对服务用品进行调整。

2）在客房部内部，营造一种质量改进的环境，通过承认和激励的方法，促进对客服务质量的不断提高。

四、对客服务工作质量控制的要求

（一）以人为本

影响对客服务质量的诸因素中，人的因素是首要因素。全体员工是酒店之本，只有全体员工的充分参与，才能使对客服务质量得到保证。

1）重视对员工的教育。要对客房部员工进行质量意识、职业道德，以及以顾客为中心的意识及敬业精神的教育，激发他们的积极性和责任感。

2）重视员工的利益和福利待遇。酒店重视员工利益和培训，才能吸引和保持优质员工队伍。

3）开展对人的心理和行为研究。服务对象是人，是人与人之间的直接接触，人的一切行为是受心理因素驱使的，客房管理者必须对服务者和被服务者的心理行为特点进行深入研究，掌握不同类型的心理因素的规律，才能有的放矢地做好针对性服务。

（二）系统管理

客房对客服务质量是一个由相互影响、相互制约、相互联系的因素构成的整体，对影响客房服务质量的人、设施、材料、能力、环境等方面进行协调管理，才能使对客服务的各个过程彼此协调一致，取得预期的结果。

（三）预防为主

"预防为主"是质量控制的关键所在。"预防为主"就是要变"事后把关"为"事前预防"。把管"结果"变为管"过程"和管"因素"，使对客服务质量问题消失在质量的形成过程中，做到防患于未然。

【情景模拟】

分组讨论如何做好对客服务质量的控制工作，并提出自己的建议。

■ 走进酒店

凯宾斯基酒店

凯宾斯基酒店是世界上最古老的豪华酒店，最初成立于 1897 年。酒店集团则创建于德国，现旗下酒店遍布欧洲、中东、非洲、南美和亚洲，在北京、柏林、布达佩斯、伊斯坦布尔、德累斯顿和圣莫里茨等地拥有 45 处以上的私人酒店和特色酒店。

一、集团
在商务旅行市场占据重要地位的同时，凯宾斯基酒店在世界许多重要城市都设有著名的连锁机构，进驻全球度假市场，以满足不断增长的客户需求。该酒店集团目前有 16 处环境优美的度假胜地的酒店，每处都提供优越的整套休闲设施、豪华水浴和令人惊叹的地理位置。

二、产品

无论对凯宾斯基酒店还是对客人来说，"礼宾"一词尤为重要。因为正是礼宾部门对个人的需求做出反应，随时提供任何所需服务。当其他酒店集团将这一服务降格的时候，凯宾斯基酒店重塑了这一理念，确保其礼宾团队最大限度地重视每一位客人，不仅要满足而且要超越客人的期望，从而始终获得高度推崇。

为了体现客人的重要性，酒店开发出了一系列礼宾服务项目。商务礼宾是凯宾斯基创新的公司客户识别项目，它为客人提供特别的折扣和优惠。

为增进和支持商务礼宾服务，凯宾斯基开发了专门的中心数据库——KARIS（关键客户费率和信息系统）。KARIS 追踪和监控公司客户生成并有利于瞬时费率报价和签约。KARIS 为凯宾斯基所特有，通过该系统，所有销售人员都可以立刻查看费率并进行交叉销售。

三、服务

全年按季节（如夏季和冬季特惠）提供休闲礼宾服务，该服务包括一系列的促销活动，用以满足有品位的休闲游客的需求。从标准间到套间的所有类型房间均提供系列服务，且包括酒店礼宾部编辑的本地介绍资料。

私人礼宾是凯宾斯基的首个客人识别项目，向受到邀请的人士提供增强的个人识别服务和一系列翻新的优惠，其中许多服务无论是否是酒店房客均可获得。

会议礼宾于 2001 年 5 月推出，并承诺在 24 小时内对所有的咨询做出反应。新项目为 10 人或 10 人以上团体提供灵活且综合性的服务，并针对具体活动提供量身定制的服务。费用因酒店而异，"日间代表服务"每位 48 欧元起，夜间住宿每位 86 欧元起。

多年以来，凯宾斯基酒店已经发展成为富有创新性并受到高度推崇的豪华酒店集团，且因为能够满足和超越高品位国际游客的需求而闻名于世。每家凯宾斯基酒店都提供优良的服务，且将酒店的特色和当地风格融入其中。

四、管理团队

酒店高层管理人员有总裁和首席执行官（reto wittwer）、首席运营官（michel novatin）、首席财务官兼行政副总裁（simon coombs）、市场销售高级副总裁（juerg siegenthaler）。

【思考与练习】

1．你是如何理解"全面质量管理"这一概念的？

2．对客服务质量控制有哪三大目标？为什么？

任务三　　客房部的安全质量管理

【任务目标】

1．学会处理停电、火灾、客人意外伤害等特殊情况。

2．了解操作过程中事故发生的原因及掌握事故处理的方法。

3. 掌握员工操作安全的要求。

【任务准备】

1. 将学生分为四个学习小组，收集并整理停电、火灾应急处理的措施，客人意外伤害的处理办法。

2. 每组由一名中心发言人发言，其他同学做补充。

情景导入

特殊情况的灵活处理

总台收银员小张正在给一位客人办理退房，核对夜审打印的宾客余额表时因为酒店意外停电，只能给客人进行手工结账。由于宾客余额表是夜审在夜间过账后打印的，所以该客人的部分电话计费无法统计。客人着急赶飞机，但考虑到应尽可能挽回饭店的损失，小张礼貌地向客人解释并请客人自报通话次数及通话时间。经客人自报并与总机核对后，小张很快办理了退房手续，没有耽误客人赶飞机。

客房安全是指客人在客房范围内人身、财产及正当权益不受侵害，也不存在可能导致侵害的因素。

客人在住店期间对客房的安全期望很大，对于在旅途之中或身处异国他乡的宾客来说，作为家外之"家"的酒店客房必须是一个安全的住所。因此，酒店有义务和责任为宾客提供安全与保护。安全是酒店各项服务活动的基础，只有在安全的环境中各种服务活动才能得以开展。但是，酒店也难免会发生人为或非人为的不可避免的意外事故。所以，酒店应加强对服务人员安全意识的培养，增强其紧急应变能力，以降低灾害发生时人员生命及财产的损失。

一、特殊情况处理

防火和防盗工作是酒店安全工作中最为重要的内容。酒店必须建立一套完整的预防措施和处理程序，防止火灾等事故的发生，以减少因此而带来的不良后果。对于饭店，尤其是星级饭店，应尽量避免发生停电、停水、意外伤害事故等事件。不过，如果发生了上述事件，服务员应设法提高自己的应变能力，灵活处理好各种突发事件。

（一）停电应急处理

停电事故可能是由外部供电系统引起的，也可能是由酒店内部设备发生故障所引起的。停电事故随时都可能发生，因此，酒店必须有应急措施。停电的应急处理方式如下：

1）保持镇定，不要慌张，不要乱跑乱挤，以免引起踩踏事故。

2）清理过道，将放在走廊上的工作车、吸尘器推到较近的空房中。

3）坚守岗位，采取措施采光（如拉开窗帘、使用小手电）。

4）向询问的客人做好解释工作，设法稳定客人的情绪，并劝客人不要离开房间。

5）在应急电源还没供上前，打开应急照明灯。

6）告诫客人不要在房间内点蜡烛等明火照明，防止出现火情。

7）及时打电话与客房中心联系，同时密切注意客人动态，做好宾客的安全保卫工作。

8）如果发现有客人被困在电梯内，要立即报告客房中心通知工程部解救。对要乘电梯的客人做出委婉的解释，并对被关在电梯里的客人进行安抚，请客人不要惊慌。事后要向客人表示歉意，赠送水果表示关心和安慰。

9）恢复供电后，应检查所属区域送电后的安全情况，对电器设备等做必要的检查。

10）平时要经常检查应急灯的插头、开关是否完好。

（二）火灾应急处理

俗话说水火无情，因此，消除隐患，防患于未然才是上策。一方面，我们要加强安全防范意识，另一方面要掌握服务安全知识。

1. 客房火灾发生的主要原因

导致酒店发生火灾的原因很多，大致有以下几种。

（1）随意性吸烟引发火灾

1）客人躺在床上、沙发上吸烟，火星点燃床单或沙发。

2）乱扔烟头、火柴棍，引起地毯、沙发、床单、衣物及废纸篓等起火。

3）烟灰缸里有未熄灭的烟头，引起烟灰缸内可燃物着火。

4）在禁止吸烟的地方违章吸烟，引发火灾。

（2）电线、电气设备引发火灾

1）由于电线短路、超负荷运行，产生电火花，引起周围可燃物起火。

2）电气设备故障、使用不当或质量差，发生爆炸，引起火灾。

（3）其他原因导致火灾

1）客人带了酒精、汽油等易燃易爆物品进房，抽烟时不小心引燃，引起火灾。

2）员工违反安全操作规程，在客房内明火作业，引发火灾。

3）防火安全系统不健全等。

2. 预防客房火灾的措施

一切防火措施都是为了防止产生燃烧的条件，防止燃烧条件互相结合、互相作用。根据物资燃烧的原理，防火的基本措施一般如下。

1）在客房区域配置完整的防火设施设备。

2）建立安全用火、用电、用气管理制度和操作规程，落实到每个员工的工作岗位。

3）楼层通道及出入口必须保持畅通，不得堵塞。

4）客房内应有禁止卧床吸烟的标志、应急疏散指示图，楼道内有安全防火灯及疏散指示标志。

5）禁止客人携带易燃、易爆物品入客房。

6）不得在客房内自行安装电气设备，禁止使用电炉、电暖气等。提醒使用电熨斗的客人注意安全。

7）客房服务人员要结合上午做卫生、下午整理房间和其他服务等，随时注意房内的火源火种，如发现未熄灭的烟头、火柴梗要及时弄灭，以防着火。

8）楼层工作人员应经常检查，发现不安全因素，如短路、打火、漏电、超负荷用电等问题，应马上通知工程部派人检查处理。

9）熟悉各种消防设施和设备的存放地点。

10）训练每一位客房服务员掌握灭火设备的使用方法和技能。

3. 酒店常见灭火设施

酒店常见灭火设施如表 9-1 所示。

表 9-1　酒店常见灭火设施

设备名称	用　　途	使 用 方 法
消防栓	用水来扑灭火灾,主要通过消防栓装置进行	打开消防柜,卸下出水口的堵头,安上消防栓接扣,接上消防水带,然后将水带甩开,拧开水闸门,将水送到火场
自动喷淋器	一般安在客房的天花板上	当室内温度达到花洒的启动温度时,会使花洒喷水口开放,水便喷到溅水盘上形成均匀洒水,洒水面积一般为 10 米^{2}左右
干粉灭火器	适用于扑救石油及其制品、可燃液体、可燃气体、可燃固体物质的初期火灾,也可以扑灭电气设备的火灾	拔出保险销,挤压提把,将干粉对着火源外部,由外向内喷射
泡沫灭火器	适用于易燃液体火灾。切勿用于扑救点走火	将灭火器颠倒握牢,使泡沫由外向内射向火源
1211 灭火器	主要用于扑救易燃、可燃液体、气体、带电设备等物质的初期火险,也可对固体（如竹、木、纸、织物）的表面火灾进行扑救。更适用于扑救精密仪器、计算机、珍贵文献及贵重物资仓库等处的初期火灾等	拔去保险销,挤压压把,喷向火源根部

4. 消防基础知识

防火工作是饭店客房安全保卫工作的重要内容。饭店服务员对消防基础知识应做到"三懂"和"四会"。

1）三懂：懂得本岗位发生火灾的危险性；懂得怎样预防火灾及相应的预防措施；懂得灭火方法。

2）四会：会报警；会使用消防器材；会扑救初期火灾；会疏导宾客。

5. 火灾的处理

酒店是人员较集中的地方，且流动性很大。一旦发生火灾，往往会出现慌不择路的现象，加之烟雾弥漫和高温有毒气体，极易使人迷失方向，拥塞在通道上，造成秩序混乱，给疏散工作带来困难，并易造成重大伤亡。因此，当发生火灾时，应按照下面的方法进行应急处理。

1）保持沉着冷静，切忌惊慌失措；切断所有电源、气源，熄灭一切明火。

2）拨打酒店规定的报警电话或总机报警；必须迅速报告酒店总指挥，经总指挥同意后拨打"119"报警电话。

3）报警时讲清起火具体地点、燃烧何物、火势大小，以及报警人的姓名、身份、所在部门和岗位等。

4）如有可能，应先利用附近适合火情的灭火器材，如轻便灭火器、水枪等，有组织地扑灭初期火灾，阻止火灾扩散。

5）听到疏散信号，应迅速打开安全通道，引导客人疏散。

6）客人离开房间后要立即关上房门。

7）各层楼梯口、路口要有人把守，疏导客人，避免拥堵造成人员伤亡。

8）检查每个房间内是否有客人滞留，及时疏散，保证客人安全。

9）清点客人，防止遗漏。

10）安抚客人情绪，维持好现场秩序。

11）清点员工，保证每位员工的安全。

12）保护现场，如实向有关部门反映情况。

▌ 案例分析

两起火灾悲剧

1. 福州市某酒店大火

2005年，福州市某酒店突发大火，五名住店旅客从着火的10楼窗户跳下逃生，结果三人当场身亡，二人落在楼下一辆面包车顶上摔成重伤。该酒店10楼一服务员称，起火的具体位置在该层1001房间，火势很快蔓延到楼层的南向面。当时起火房间里共有五名男子，一起跑到窗边呼救，没想到随后火焰太猛无法逃生，情急之下跳楼。

2. 哈尔滨市某酒店特大火灾

2003年，哈尔滨市某酒店发生特大火灾事故，死亡33人，伤10人，直接财产损失158393元。后查明起火原因系该酒店工作人员在取暖煤油炉未熄灭的状态下加注溶剂油，引起爆燃导致火灾。

问题：针对上述案例的情况，请运用所学的防火救灾知识阐述正确的处理方法。

（三）客人意外伤害处理

客人入住酒店，在日常生活中，难免有一些磕磕碰碰，如在下雨、卫生间地面湿滑、洗澡间水温失衡、地毯不平等条件的影响下，滑倒、摔跤、烫伤、割伤等，造成不同程度的伤害。对此，在客人受到伤害后，酒店应立即采取救护措施，让客人能感受到家一般的温暖。

1. **住客受伤的处理**

1）如果发现客人受伤，应立即上前安慰客人，稳定受伤客人的情绪，并要马上征询客人意见是否需要去医院。

2）查验客人伤势，注意观察伤情变化，在医生到来后告知伤情。

3）如果情况紧急（如溺水、出血不止），服务员应利用所掌握的急救知识立即组织抢救。

4）如有必要应立即通知有关部门及相关负责人，并维护好现场秩序。

5）等候大堂值班经理及保安部人员到场做进一步的处理。

6）根据客人的伤势情况，由医务人员向伤者提出合理化建议，如需到医院治疗，由前厅部大堂副理安排专人护送客人，并安排人员留守。

7）对因酒店原因造成伤害的客人，主管或经理应备上慰问品到客人房间探视慰问，对所发生的事情向客人表示歉意。

8）如果是设备原因给客人造成的伤害，还应立即通知维修部门对房间设备进行检查维修。

9）在服务上给予受伤客人特殊照顾，视情况进房间问候，询问客人在服务上是否有其他需要。

10）对事情发生的经过应做好记录，查明事故发生的原因，从中吸取教训，防止类似事件再次发生。

2. **住客其他意外事故的处理**

（1）触电

1）发生触电事故后，应尽快帮助触电者脱离电源，但需注意的是，抢救者应注意自己的安全。

2）用木棒、竹竿、干绳子等绝缘物拉开电闸或关闭电源开关。

3）当触电者脱离电源后，对轻症神志仍清醒者，就地休息1～2小时，减轻心脏负担，加快恢复，并迅速通知当地医务人员救治；对于呼吸和心跳停止的重症者，应进行人工呼吸，使心肺复苏，并不间断地进行，直至进入医疗机构进行二级急救为止。

（2）刀伤

1）刀伤分为切伤和割伤，无论程度如何、出血多少都不可轻视，因为有了伤口就极易引起细菌感染，所以，一切处理用具必须是经过消毒的，即使应急所用的也应是干净的。

2）一般可用压迫止血法，用纱布或干净手巾绑扎伤口近处，以减少血流量，绑扎不能过松，否则达不到减流效果，而太紧则会导致组织坏死。

3）如伤口不干净，可用凉开水进行冲洗，然后再包扎伤口。

（3）自然灾害

1）自然灾害包括水灾、地震、飓风、龙卷风、暴风雪等，常常是不可预料或无法抗拒的，因此极易引起客人的恐慌。作为酒店服务人员应以轻松的心情、沉着的态度来稳定客人的心情，同时客房部应做好相关的安全计划。

2）防止自然事故发生的很重要的一项工作就是消除不安全隐患。酒店应具备各种应对自然灾害的设备器材，并定期检查，保证其处于完好的使用状态；在日常工作中发现问题要及时汇报，及时处理，对不安全隐患要立即排除，落实好安全责任制。

■ 案例分析

妥善处理醉酒客人

3 月 31 日 20:00，前厅部经理接到大堂副理的报告，称二楼有紧急情况。大家到现场后发现 2518 客房客人躺在二楼餐饮区域的大理石地上，神志不清，不停呕吐。身上、头发上沾满了呕吐物，强烈的酒气刺激着每个人的嗅觉。前厅部经理与大堂副理、保安、行李员一起动手将客人抬上轮椅，送到房间，让他休息，并叮嘱客人同伴如情况不见好转立即与大堂副理联系。不久，2518 房客人的同伴张先生来电话叫大堂副理过去，说情况更加严重了。在征得张先生的同意后，前厅部经理当机立断，让大堂副理打 120 急救，说明酒店地址、客人病情、房间号、联系方式，并在大堂等候急救车，以便引领。很快，闪烁着蓝灯的白色救护车呼啸着来到酒店正门。医院的担架上不了电梯，2518 房离大堂又较远，前厅部经理、大堂副理与医生、行李员、保安员到房间再次用轮椅将仍在剧烈呕吐的客人送到大堂，把浴巾垫在客人头下吸取呕吐物，提醒客人同伴带好随身物品，并通知客房中心立即打扫 2518 房。前厅部经理与 2518 房客人的同伴张先生交换名片，以便保持联系。救护车走后，大家才发现行李员、保安员的上衣沾满了客人的呕吐物。

深夜，从医院传来消息，2518 房客人脱离了危险，其爱人也及时到医院护理。酒店员工们这才把心放下。次日，2518 房客人的爱人来酒店结账，并表示由衷的感谢。

问题：请分析这则案例中服务人员对所发生的事故都采取了哪些正确的处理方法？

二、职业安全知识

在客房服务工作中，我们不仅要保证客人的安全，同时还要注意自己的安全，这就要求我们在工作中，一定要遵守操作规范，严格执行工作纪律，熟悉服务现场的各种设备，发现各种隐患或可疑情况，要及时请示，报告领导。

（一）操作过程中发生事故的原因

据统计，80%的事故都是由于服务员安全工作意识淡薄、不遵守操作规程、违反劳动纪律、工作不专心、精神不集中等原因造成的，只有 20%是由设备原因所致。操作过程中发生事故的原因及处理方法如表 9-2 所示。

表 9-2　操作过程中发生事故的原因及处理方法

事故发生的原因	处理方法
员工的危险行为因素： ① 进房间不开电灯 ② 把手伸进垃圾桶里 ③ 清洁浴室时没有注意到洗脸台上的刮胡刀 ④ 挂浴帘时不使用梯形凳，而是站在浴缸的边缘上 ⑤ 行动匆忙或走捷径 ⑥ 抬举重物的方式不恰当 ⑦ 忽视安全指示、警告或守则 ⑧ 不懂装懂，满不在乎 ⑨ 注意力不集中，操作时心不在焉	① 及时将情况向上级领导报告，听候处理意见 ② 根据伤势情况，酒店应立即采取措施，如送酒店医务室或医院进行及时的治疗 ③ 查明致伤原因 ④ 尽快通知家属 ⑤ 对造成的隐患应及时处理，以免其他人员再次受到类似的伤害 ⑥ 服务员应写出工伤经过，为日后事故处理作准备
工作环境不安全因素： ① 楼层通道乱堆放杂物 ② 地面上有水或油污 ③ 安全防护装置失灵	
工具或设备操作维护不当因素	

（二）员工安全操作须知

作为一名合格的工作人员必须清楚地了解工作中的安全要求。为避免工伤事故的发生，服务员在工作中必须做到以下几点。

1）工作中应留意是否有危险状况，发现隐患及时排除。

2）不可将手伸进垃圾桶，以防被尖物刺伤。

3）地面有水、油污要及时抹干。

4）爬高、举重物注意姿势，爬高要用梯架，高空作业要系安全带。

5）客房清扫时，门要敞开。

6）工具要靠边靠墙放，线要收好，以防绊倒。

7）玻璃、镜子破裂要先用强力胶纸贴住，尽快更换，家具不稳要维修，有钉子要及时去除。

8）制服裤子太长要修短。

9）使用清洁剂要用橡胶手套；清洁剂、杀虫剂要与食品分开放。

10）小心使用化学药水。

11）绝对禁止带电作业。

12）强化员工的自我防护意识。客房服务人员大多数都是女性，在工作中还要有自我保护意识，对客人既要彬彬有礼，热情主动，也要保持一定距离。客人召唤入房时，要将房门打开，对客人关门要保持警惕，客人邀请时不要坐下，更不要坐在床上。尽量找借口拒绝客人邀请外出。不要轻信和陶醉在客人的花言巧语中而失去警惕。

【情景模拟】

分组讨论发生火灾后应如何处理。

▌走进酒店

四 季 酒 店

四季酒店是一家国际性奢华酒店管理集团,总部位于加拿大多伦多,1961 年由伊萨多·夏普(Isadore Sharp)先生创办,2014 年为止已在 38 个国家拥有 92 家酒店及度假酒店,并有超过 60 项酒店发展计划正在酝酿中。四季酒店是世界最佳酒店集团之一。除创始人夏普先生之外,比尔·盖茨(Bill Gates)和阿尔瓦利德·本·塔拉尔(Prince Alwaleed Bin Talal)王子也是四季酒店集团的大股东。

一、品牌故事

1961 年,四季酒店集团在加拿大多伦多市中心创办了第一家汽车旅馆,并以当时新一代的国际商务旅客为服务对象。四季酒店集团在欧洲经营的第一家酒店——公园旅馆(Inn on the Park),即伦敦柏丽大道四季酒店。夏普先生为集团奠定的未来发展方向是以适中的规模、宽敞的客房、亲切友善的员工和无微不至的服务,来管理专门提供优质服务的中型酒店。

1982 年,四季酒店集团推出住宅物业,为客人提供全产权或共享产权的市区住宅和度假别墅,并配套四季酒店的个性化服务。

2013 年 9 月 23 日,艾伦·史密斯(Allen Smith)先生正式出任四季酒店集团总裁兼首席执行官。

二、品牌文化

1. 高度定制化服务

四季酒店集团希望全球 90 多家四季酒店成为中国高端宾客在境内外旅游的首选,深入了解宾客,为他们带来定制化的服务体验。

2. 待人如己的法则

四季酒店集团吸纳了大量的优秀人才。几十年前,四季就开始践行"待人如己"的法则。这一法则指导着四季酒店集团对宾客、商业伙伴、投资人,以及内部人员之间的所有沟通。

3. 创新精神

作为奢华酒店管理集团,四季在北美地区最先引入各项如今已成为行业标准的设施和服务,如沐浴设施、浴袍、吹风机以及双线、多线电话等。

四季酒店集团亦是第一家提供欧式礼宾服务、全天候房内用餐和包括家庭式、素食主义和健康菜单在内的创意菜单的酒店。其他品牌特色包括每日两次的客房整理服务、一小时熨衣服务,以及全天四小时干洗和干衣服务。

四季酒店集团最近的创新举措如下:

1)品牌专属私人飞机:四季酒店发布业内首创的品牌专属私人飞机,机身印有四季酒店英文字样和品牌标志,外观和内部都由四季酒店的设计团队打造,能容纳 52 位宾客,并将于 2015 年 2 月在四季酒店环球之旅中首飞。

2)可更换上层床垫的睡床:四季酒店与席梦思合作共同推出在不更换底垫的情况下可由客人根据自己喜好选择硬、适中、软三种床垫。

3)15 分钟客房服务:为宾客提供在 15 分钟之内即能享受客房用餐服务的菜单,该服务已被推广至全世界的各家四季酒店中。

4)当地专家博客:四季酒店集团在旗下包括比弗利山、布宜诺斯艾利斯及布拉格在内的多家酒店推出了当地专家博客。

应移动技术及高科技设备的需求日益增长,更多的新创意正计划在全世界的各家四季酒店推广。四季于近期推出了全新四季会议及活动网站,为宾客提供全新的搜索工具,并深入显示细节信息。

三、四季体验

1. 四季私人飞机体验

作为行业首架品牌专属私人飞机,四季酒店私人飞机由波音 757 全面改造而来,机身印有四季酒店英文字样,机尾则印有品牌标志,飞机外观和内部设计均由酒店设计团队倾力打造。客舱内采用可平躺皮质座椅,并配有机上无线网络。乘客还可通过机组人员预约目的地酒店的水疗护理、高尔夫比赛开球观摩,以及进行私人旅行线路的安排等。

2. 完美睡眠

四季酒店集团与世界闻名的床垫品牌席梦思共同推出革命性床垫设计,使旅客们可以在每次入住四季酒店时选择最为适合自己的定制化睡眠。在不更换底层床垫的情况下,酒店可根据宾客需求放置"较硬"、"适中"及"柔软"三种不同规格的上层床垫。床垫中特有的 Gel Touch 泡沫中芯可吸收多余热量,令整夜睡眠都处于最舒适的温度范围内。

从睡床开始,到隔音、照明、饮食及服务等环节,四季都逐一考量,每间四季客房都经由声学专家精密检测隔音效果,酒店的风扇及供热系统都被安置在天花板内部以减少可能的噪声干扰。夜床服务时,客房服务人员会在睡前时段调暗室内灯光,调整房间温度,拉上窗帘,降低睡床高度,酒店更会以舒缓的音乐营造舒适的睡前氛围。

在床品选择上,四季为宾客准备了保暖而轻薄的羽绒被。同时,四季可根据宾客的偏好提供泡沫填充、羽毛填充或是专业矫形枕头。

3. 非凡体验系列

(1)泰国金三角四季帐篷酒店

旅客们可在接受训练后骑行大象穿越泰国热带丛林,在神秘的山间小道中跋山涉水,沿着宽阔的湄公河顺流而下,探索别具风情的当地文化。现在宾客还能亲身参与金三角亚洲象基金会的实地调研,获取第一手资料。

(2)巴黎乔治五世四季酒店

巴黎乔治五世四季酒店作为地标性建筑,始建于 1928 年,与香榭丽舍大街近在咫尺。酒店拥有由劳斯莱斯设计师与爱马仕携手专为酒店打造的幻影,更有历史悠久的传奇酒窖,在此宾客可深入乔治五世的传奇酒窖,品尝世界各地的珍藏佳酿。

（3）佛罗伦萨四季酒店

酒店拥有一个 35000 米^2 的私人植物园，融合了 15 世纪的官殿和 16 世纪的修道院建筑物，并设有多个美丽的休憩空间，四周环绕着的则是高大树荫和古色古香的石墙。佛罗伦萨的地标性建筑老桥的桥顶私人露台专向四季宾客开放。观赏落日美景之余，宾客更可品尝到由酒店米其林星级餐厅特别准备的四道美食大餐。

（4）杭州西子湖四季酒店

杭州西子湖四季酒店外型设计采用中国传统江南式园林建筑风格，雕梁画栋，楼台亭阁，仿若古代帝皇的避暑山庄，糅合宁静舒适的居庭与现代化的先进科技。宾客可从西湖泛舟，缓缓进入酒店之内。

（5）哥斯达黎加四季度假酒店

哥斯达黎加四季度假酒店的宾客可以借助带有卓越 GPS 导航功能的望远镜观察南天星空，在对宇宙的浩瀚惊叹不已的同时，将享用到特别准备的调入了陨星尘埃的美味佳肴。一台连接相机和望远镜的高科技设备随时抓取璀璨星空，将这一难忘之夜制成独一无二的纪念品。

4．健康生活理念

四季酒店为宾客提供各具特色的水疗服务及瑜伽课程，让客人能够休养生息。各家四季水疗中心采用顶级品牌的护肤产品，并在水疗护理的设计上充分结合当地特色。

5．会议及活动

四季酒店为会议活动筹划者提供多种场地选择，为客人们带来多种体验。四季酒店在全球打造了 13 个世界级高尔夫球场，为宾客们提供一展身手的机会。对于全球各家四季酒店的策划会议及活动可登录四季专属网站，详细了解目的地特色、活动及四季酒店商务设施与服务。

四、四季发展史

四季酒店 2002 年就进入中国市场，中国的第八家酒店深圳四季酒店于 2013 年 9 月底启幕。加上已有的位于北京、广州、杭州、香港、澳门和上海的七家酒店，四季酒店在中国最重要的城市和黄金地点都已拥有酒店。四季酒店对于未来在中国市场的项目非常期待，在接下来的四到五年中，在中国市场其已有不少于六个项目正在不同发展阶段中。四季酒店更在中国推出多个社交媒体平台，包括微博、微信、豆瓣等，为旅行者们提供详细的目的地及酒店信息。

2014 年，四季酒店集团已在 38 个国家拥有 92 家酒店，同时还提供私人住宅和住宅俱乐部。

【思考与练习】

1．住店客人生病应如何服务？

2．客人在酒店内滑倒摔伤后，伤情比较严重，该如何处理？

3．在客房服务工作中，能够引发工伤事故的原因有哪些？

4．作为一名客房服务员，为了保证自身安全，预防工伤事故的发生，应该怎样做？

主要参考文献

陈丽敏. 2012. 客房服务. 重庆：重庆大学出版社.

邓泽民. 2009. 客房服务与管理. 北京：中国铁道出版社.

范运铭，陈莹. 2012. 客房服务与管理. 3 版. 北京：高等教育出版社.

管立刚. 2011. 客房服务. 北京：中央广播电视出版社.

赵历. 2011. 客房服务. 北京：清华大学出版社.